幕末ハードボイルド

明治維新を支えた志士たちとアウトロー

JN169380

目次

まえがき

黒船の来航で幕を開けた混迷の時代は、いわゆる明治維新を迎えるまで、政治的事件や争乱がめまぐるしく展開した。

幕府の屋台骨が揺らぐ一方で朝廷の発言権は増し、その混乱に乗じて長州藩や薩摩藩などの外様大名が台頭した。そして、数々の争いを経て幕府は倒れた。この過程で、時代を動かしたのは坂本《さかもと》龍馬《りょうま》や高杉晋作《たかすぎしんさく》、新選組などの若き「志士」たちだった。——幕末とは一般にこう理解されている。歴史を動かす歯車となったのは彼らのような下級武士や公家層であり、明治維新とは下級官僚による政権交代劇だった、という見方だ。

だが実際は、豪農・豪商、医師や僧侶、学者などのいわゆる草莽、あらゆる身分階層の人が参加していた。なかでも、戊辰戦争の頃に特異な動きを見せた博徒は、ほとんど顧みられることがない。

当時も違法であった博奕《ばくち》を生業《なりわい》とし、社会秩序からはみ出した無法者である彼らも、幕府や藩に求められ、肩で風をきって各戦地を渡り歩いた。博徒たちもまた「志士」と同じように若く、意気さかんで、時に利他的ですらあった。

戊辰《ぼしん》戦争が勃発すると、武装集団化していた博徒は存在感を発揮する。それまで博徒のネットワークを警察力として利用してきた幕府と諸藩は、軍事力として活用するようになったのだ。親分のために命を投げ出す戦闘慣れした集団は、臆病な武士よりも頼もしく、傭兵《ようへい》として利用価値があった。博徒の側もよく応え、脂っこい打算も働かせながら、おおいに暴れた。

各戦地で遺棄された敗兵の亡骸を埋葬したのも土地の博徒だった。その背景には、彼らが生きるうえで切り離せなかった地域社会とのつながりがあった。

さらに、戊辰戦争後の混乱期から維新期には、当時、不足していた公共の担い手となり、福祉活動や慈善事業などを展開して社会貢献を果たした親分もいた。遺体の埋葬と、この社会事業の両方を連鎖的に行った者もいる。

瓦礫の中から立ち上がり、復興と新たな街づくりに貢献した彼らの行いは、後世のメディアでろ過されるうちに「俠客《きょうかく》」と認識されていった。

本書では、清水次郎長や国定忠治など一般的によく知られた博徒も取り上げている。彼らに対し、映画や小説などの影響で「かっこいい」イメージを抱く人もいるだろう。江戸時代以降、アウトローは講談や歌舞伎などで大衆文化の華とされてきたから、それも当然かもしれない。

肯定的に「侠客」、否定的に「やくざ」と呼びならわされてきた博徒には、当然、負の側面が多かった。——「力を誇示し、命を軽視する」「権力におもねり、酒や金などの欲につけこんで人を懐柔し、支配する」「疑似家族を形成し、絶対的な上下関係を強いる」といった特徴である。

こうした非情さは、きわめて暴力的でもあった幕末という時代によくなじんだ。

博徒の「侠客」「やくざ」の両面を紹介しながら、彼らがもっとも活躍した戊辰戦争との関わりを軸に、アウトロー目線の幕末史を描いてみたい。

本書関連年表（太字は博徒関係の事項）

文化二（一八〇五）年	**関東の悪党・無宿を取り締まるため関東取締出役を設置**
文化七（一八一〇）年	**国定忠治が誕生**
文政三（一八二〇）年	**清水次郎長が誕生**
文政八（一八二五）年	外国船打払令が出される
天保三（一八三二）年	**黒駒勝蔵が誕生（?月）**
天保三（一八三二）年	**鼠小僧が処刑される（八月）**
天保四（一八三三）年	**上坂仙吉（会津の小鉄）が誕生（五月）**
天保四（一八三三）年	天保の大飢饉（天保一〇年まで）
天保八（一八三七）年	大塩平八郎の乱が起きる
天保一〇（一八三九）年	鎖国政策を批判をした学者が弾圧される〔蛮社の獄〕
弘化四（一八四七）年	**笹川繁蔵が飯岡助五郎に暗殺される**

嘉永二（一八四九）年	**勢力富五郎が万歳山で自決**
嘉永三（一八五〇）年	**国定忠治が上州大戸の関所で磔刑となる**
嘉永六（一八五三）年	ペリー艦隊が浦賀に来航
嘉永七（一八五四）年	ペリーが再来航（一月）
	日米和親条約を締結、下田・箱館を開港（三月）
安政五（一八五八）年	井伊直弼が大老に就任（四月）
	日米修好通商条約を締結（六月）
	安政の大獄が始まる（九月）
安政六（一八五九）年	横浜・長崎・新潟を開港
安政七（一八六〇）年	水戸・薩摩浪士が井伊直弼を暗殺〔桜田門外の変〕
文久二（一八六二）年	老中・安藤信正が襲撃される〔坂下門外の変〕（一月）
	将軍家茂と皇女和宮の婚儀が行われる（二月）
	長州藩が藩論を尊王攘夷に転換（七月）
	薩摩藩士が英国人を殺傷〔生麦事件〕（八月）
	会津藩主・松平容保が京都守護職に就任（八月）
文久三（一八六三）年	浪士組が結成される（二月）

家茂が将軍として約二〇〇年ぶりに上洛（三月）
長州藩が下関でアメリカ商船などを砲撃（五月）
高杉晋作が奇兵隊を結成（六月）
黒駒勝蔵と清水次郎長の抗争が激化（六月）
薩摩藩とイギリスが交戦〔薩英戦争〕（七月）
朝廷のクーデターで長州勢、急進派七卿を追放〔八月十八日の政変〕（八月）

元治元（一八六四）年

水戸の尊攘派が筑波山で挙兵〔天狗党の乱〕（三月）
新選組が尊攘派浪士を襲撃〔池田屋事件〕（六月）
長州藩が御所周辺で会津藩などと交戦〔禁門の変〕（七月）
四か国連合艦隊が下関を砲撃〔下関戦争〕（八月）
第一次幕長戦争（八月）
高杉晋作が内戦を起こす（十二月）

慶応元（一八六五）年

高杉晋作が讃岐の日柳燕石のもとに逃れる

慶応二（一八六六）年
薩長同盟が成立（一月）
第二次幕長戦争、家茂が急死したため休戦（六月）
徳川慶喜が将軍に就任（十二月）

慶応三（一八六七）年

孝明天皇が病没（十二月）

大政奉還（十月）

王政復古の大号令（十二月）

庄内藩士が江戸薩摩藩邸を焼き打ちする（十二月）

慶応四（一八六八）年

旧幕府軍と新政府軍が鳥羽・伏見で交戦〔戊辰戦争開始〕（一月）

黒駒勝蔵が赤報隊に入隊（一月）

水野弥太郎が捕縛され牢内で死去（二月）

相楽総三ら赤報隊が偽官軍として処刑される（三月）

五ヶ条の御誓文が出される（三月）

江戸城無血開城（四月）

清水次郎長が清水港の警固を命じられる（五月）

北越戦争が勃発（五月）

奥羽越列藩同盟が成立（五月）

上野戦争（五月）

仙台藩が白河口の戦いで敗北（七月）

明治元（一八六八）年

年号を明治に改元（九月）

会津藩が降伏する（九月）
榎本武揚らが蝦夷地を占領、箱館戦争が勃発（十二月）

明治二（一八六九）年　榎本武揚らが降伏して戊辰戦争が終結（五月）
版籍奉還（六月）

明治四（一八七一）年　廃藩置県（七月）
黒駒勝蔵が処刑される（十月）

明治一〇（一八七七）年　西南戦争が勃発

明治一七（一八八四）年　**賭博犯処分規則、博徒の検挙がはじまる（一月）**
群馬事件（五月）
秩父事件（十月）

明治一八（一八八五）年　**会津の小鉄が死去**

明治二六（一八九三）年　**清水次郎長が死去**

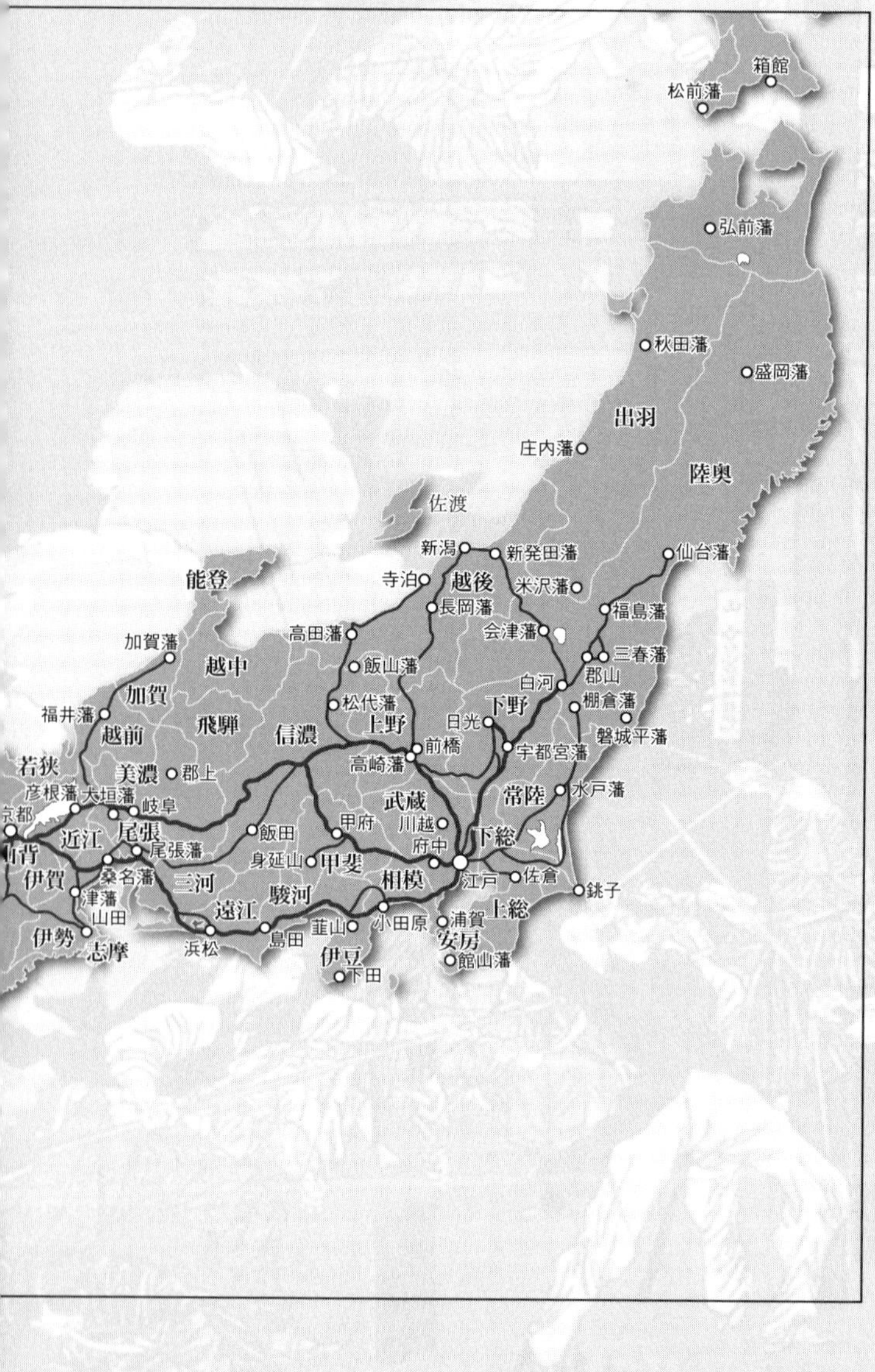

箱館
松前藩
弘前藩
秋田藩
盛岡藩
出羽
庄内藩
陸奥
佐渡
新潟
新発田藩
仙台藩
寺泊
越後
米沢藩
能登
長岡藩
福島藩
高田藩
会津藩
加賀藩
越中
三春藩
飯山藩
郡山
白河
加賀
松代藩
下野
棚倉藩
福井藩
飛騨
信濃
上野
日光
越前
前橋
宇都宮藩
磐城平藩
若狭
美濃
郡上
高崎藩
彦根藩
大垣藩
岐阜
武蔵
常陸
水戸藩
京都
甲府
川越
近江
尾張
飯田
下総
尾張藩
身延山
甲斐
府中
伊賀
桑名藩
三河
相模
江戸
佐倉
津藩
駿河
銚子
山田
遠江
小田原
上総
伊勢
韮山
浦賀
志摩
浜松
島田
安房
伊豆
館山藩
下田

幕末期の日本

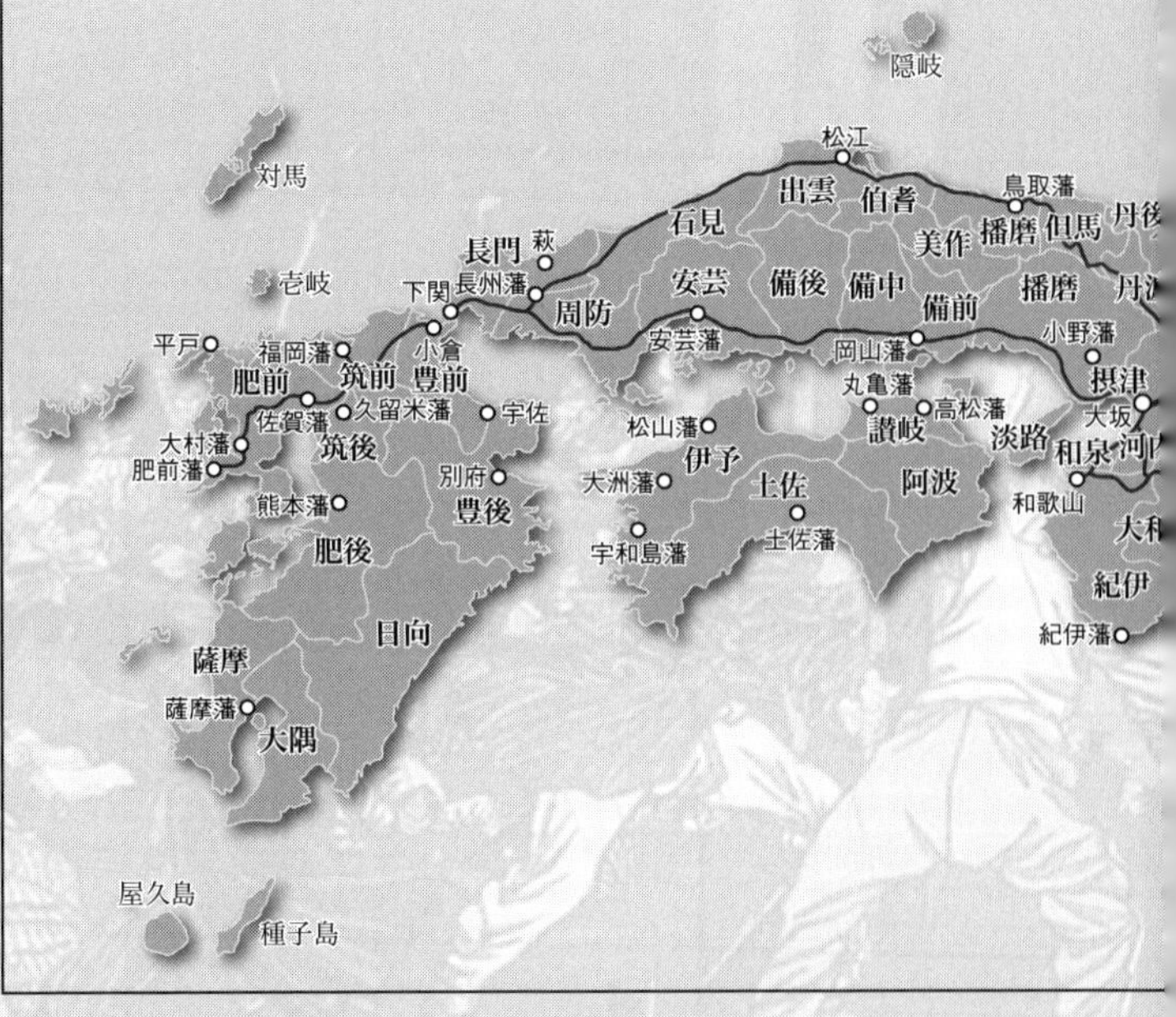

隠岐
松江
対馬
出雲
伯耆
鳥取藩
石見
美作
播磨
但馬
長門
萩
壱岐
下関
長州藩
周防
安芸
備後
備中
備前
播磨
安芸藩
岡山藩
小野藩
平戸
福岡藩
小倉
筑前
豊前
肥前
佐賀藩
久留米藩
宇佐
丸亀藩
高松藩
摂津
大坂
大村藩
肥前藩
筑後
松山藩
讃岐
淡路
和泉
伊予
別府
大洲藩
土佐
阿波
和歌山
熊本藩
豊後
宇和島藩
土佐藩
肥後
紀伊
日向
紀伊藩
薩摩
薩摩藩
大隅
屋久島
種子島

第一章 幕末——やくざの時代

「奴」「火消」「雲助」 アウトローを生んだ職業名鑑

◉ルーツは戦国期の異形の無頼漢

「やくざ」という言葉は、一説によると博奕《ばくち》用語に由来するという。花札博奕の点数の八・九・三を足した合計二〇が最低点であることから、八・九・三を「やくざ」と読み、「役立たず」という意味に転じたというものだ。

やくざ・博徒《ばくと》（博奕打ち）・渡世人《とせいにん》といった言葉が登場したのは江戸時代中期で、それまでは、かぶき者・奴《やっこ》・男伊達《おとこだて》・通り者・侠客《きょうかく》などさまざまに呼ばれていた。いずれも室町期に現れ、博奕を好んだ点で共通している。

博奕の歴史は古いが、賭場の稼ぎで生計を立てる博徒がもっとも増えたのが江戸時代であり、後期以降は関東を中心に博徒、無宿《むしゅく》の横行が社会問題となった。

無宿とは、当時の戸籍である人別帳《にんべつちょう》から外された者のことで、清水次郎長《しみずのじろちょう》や国定忠治《くにさだちゅうじ》といった幕末の有名な親分はほとんどが無宿で博徒である。この時代、博徒はしばしば歌舞伎や講談、浮世絵などに描かれて庶民文化に浸透した。なぜそのような現象が起きたのだろうか。ここではまず博徒が勢力を増すまでのアウトロー史をたどり、その背景を探ってみたい。

＊

一六〇〇年の関ケ原《せきはら》の戦いの結果、おびただしい数の浪人が生まれた。徳川《とくがわ》方でも戦後処理の結果は悲喜こもごもで、同じ譜代《ふだい》でも大名に取り立てられた者もいれば、格下の旗本《はたもと》になった者もいて、さらにあぶれた者は浪人となってさまよった。戦国の遺風が吹き荒れた江戸時代初頭、こうした不満を抱えた者たちは「自分はまだやれるのだ」という武力と気概を見せつけようとして、町で暴れることも多かったという。

浪人たちの多くは武士のいでたちを捨て、かぶき者や奴（小姓《こしょう》や中間《ちゅうげん》など武家奉公人）のような乱れた風俗を好み、あえて奇矯《ききょう》に振る舞った。幕府の公式記録『徳川実紀《とくがわじっき》』にも残る彼らの言動からは、頼まれたことを命がけで果たそうとするなど、戦国武士のような潔癖性と反逆精神がうかがえる。

やがて、こうした中から「旗本奴」という無法集団が現れ、江戸市中で目立つようになる。やはり極端な容姿・行動で見栄を張り、豪放ぶりを見せつけながら町をのし歩いた。有名な旗本奴の水野十郎左衛門《みずのじゅうろうざえもん》と「町奴」の幡随院長兵衛《ばんずいいんちょうべえ》との喧嘩はのちに歌舞伎で話題を呼び、その反権力の気風が「侠客」「男伊達」ともてはやされた。だが実態は、元武士という特権意識を振りかざす鼻つまみ者であり、彼らに対抗すべく現れた町方の無頼漢、町奴ともしばしば衝突した。

町奴の多くは浪人くずれや町人で、特徴は旗本奴と似ていた。長兵衛の出自《しゅつじ》ははっきりしないが、北九州の豪族・松浦党《まつらとう》の残党であり、武家奉公人の人足《にんそく》を手配する「割元《わりもと》（口入屋《くちいれや》、元締《もとじめ》とも）」というのが通説となっている。江戸初期の建設ラッシュでは、鉱山・林業・輸送・普請（土木建設業）などの現場で割元の出番が多かった。さらに、世襲的な家臣よりも臨時雇いの人足のほうが安く雇えたため、長兵衛のように武家の内情に詳しい割元の町奴が活躍したのである。

幡随院長兵衛。国芳による錦絵

割元が、「寄子《よりこ》」と呼ばれた人足を幕府の普請に出す場合、寄子は割元の得意先である旗本の家来とみなされる。もし寄子が現場で問題を起こせば旗本が処罰され、割元は旗本に対して責任を負う。そのため、割元は雑多な者からなる寄子に対してにらみを利かせつつ、旗本から信頼を得なければならない。町奴に度胸と統率力をもった親分肌の人物が多かったのには、こうした事情があった。

割元は、いつでも依頼に応じられるよ

う、一定数の寄子を大部屋に住まわせていた。寄子には食いつめた血気盛んな若者が多く、仕事がない日はこの大部屋で博奕や喧嘩が始まるというのが常であった。当時の落書に記された「はやりもの、ばくち」は、まさにこの風俗を写し取っている。

割元がこうした寄子たちを厳しく管理するのに応用したのが、武家社会の主従関係である。割元の多くが浪人くずれで、得意先が武家だったこともあり、武士の規範を取り入れやすかったのだろう。これは、のちのやくざ社会の親分子分関係のひとつのルーツとなる。

下剋上《げこくじょう》的な殺伐とした土壌で育ったかぶき者や旗本奴、町奴は、都市建設が落ち着いた江戸時代前期、幕府の弾圧によって姿を消す。諸藩は中間（武家奉公人）を人足として雇うようになり、江戸の割元は減っていった。

中間は、足軽と小物の間に位置する従者で、雑役を担当する。日銭で暮らす職であり、やはり博奕を好んだ。力自慢の駕籠《かご》かき、宿場で荷物運びに従事した雲助《くもすけ》も同様である。雲助が寝泊まりした小屋での博奕には、近在の村から人足として駆り出された百姓が加わることもあり、博奕の沼から抜けられなくなる者もいた。

一年雇用の「渡り中間」が、江戸城本丸の付近で博奕をしていたことが露見して大問題になったこともある。渡り中間は、大名が行列の数に加えて威勢を誇るために雇った者たちで、あろうことか大名の家臣が賭場を貸していた。捜査した火付盗賊改《ひつけとうぞくあらため》役《やく》の長谷川平蔵《はせがわへいぞう》は、それまで目付《めつけ》（監察官）が見て見ぬふりをしてきたのを、寛政《かんせい》の改革を機に検挙に踏み切ったのだ。大名屋敷は幕府にとってほぼ治外法権で容易に踏み込めなかったため、中間の部屋が賭場になるのはよくあることだった。

◉火消は「江戸の華」か厄介者か

幕末に人気を博した風俗書『江戸繁盛記《えどはんじょうき》』（寺門静軒《てらかどせいけん》）の「侠客《おとこだて》」の項目に「工丁《こうてい》・魚男《ぎょなん》・諸土《しょど》著人《ちゃくじん》中、火丁《ひけし》、もっとも客気《かくき》あり」とある。職人、魚屋など江戸っ子にもいろいろいるが、火消がもっとも男気がある、というのだ。

この火消人足こそ、旗本奴・町奴の特徴を受け継ぐ新たな侠客だった。都市の発展とともに台頭した火消もまた、割元と寄子のように親方子方集団を形成し、その頭目は親分と目された。

防火服のない江戸時代、頭から水をかぶって火の中に飛び込んでいく消火活動は命がけだった。例えば、現場で組の纏《まとい》を立てる纏持ちは、組頭の命令なしには持ち場から動けない。そのため纏持ちには組でもっとも勇気がある若者が選ばれ、纏持ち自身、町を守っているという強烈な誇りを感じていた。

火消は武家火消（管轄により大名火消、定火消《じょうびけし》などがある）と町火消に大きくわけられ、前者が旗本奴の、後者が町奴の反逆的精神を受け継いだ。

武家火消を象徴するのが、幕府直轄の定火消に専門職として雇われた「臥煙《がえん》」である。臥煙にはとりわけ荒っぽい者が多かった。旗本の屋敷に設けられた大部屋で丸太を枕にごろ寝をして待機し、出動の櫓太鼓《やぐらだいこ》がなると、不寝《ねず》の番が大槌《おおつち》で丸太の端を叩いて起こす。一斉に飛び起きて現場へ走る臥煙の姿は、ふんどし一丁に白足袋、素肌に法被《はっぴ》を羽織っただけの軽装だった。素肌がトレードマークゆえ入墨で肌を飾った者も多く、若者はそのいなせないでたちに憧れた。江戸研究家の三田村鳶魚《みたむらえんぎょ》も、「これほど無法に強いものはいつになってもマアあるまい」「江戸第一の元気もの」（「江戸ッ子」『三田村鳶魚全集第七巻』所収）などと評している。

臥煙には屋敷ごとに元締がいたが、前述した割元（口入屋）とは違い比較的寛大だった。臥煙は第一線で死力を尽くす専業とあって、より好待遇の旗本や大名のもとへ鞍替えする者もいたため、機嫌をそこねたくなかったのだ。だが、こうした体質は臥煙を増長させていく。

纏を掲げる町火消

もともと臥煙は出世街道から外れた旗本・御家人の次男三男が多く、その不満から荒っぽい者も少なくなかった。博奕に負けて商家で押し借りをしたり、内職で作っていた銭さし（銭の穴に通すひも）を押し売りしたりして、煙たがられていたのである。なお、銭さしの押し売りは、町をうろつく中間や足軽にもおなじみの小遣い稼ぎだった。

一方、町火消の主力は鳶《とび》職人である。当時は建物を解体して延焼を防ぐ消火方法をとっていたためで、火事の多い江戸では火消＝鳶と考えられるようになった。

町火消には、組ごとに法被や股引などの必需品や危険手当が支給されたほか、纏や梯子を持つ道具持ち、組頭や頭取など幹部クラスはさらに優遇され、相当な心づけが渡された。

こうした町方からの期待に応えるべく、火消は喧嘩の仲裁や用心棒のような仕事も引き受けるようになる。すると、「町の治安を守っているのは自分たちだ」という誇りがゆがみ、なかには特権意識をひけらかす火消も現れるようになる。そもそも危険な現場で働く者は「飲む・打つ・買う」の刹那的な生活にはまりやすい。そして、そこにはもめごとがつきものだ。「火消と唱へ、いろは番付にて四十余組の人足、鳶の者といへるもの、火事場にて消防を等閑になし、これまた盗みをなし…」（武陽隠士《ぶようインし》『世事見聞録《せじけんぶんろく》』）といった堕落した火消もいたようだ。肝心の消防活動を怠《おこた》り、普請のたびに祝儀を強要し、喧嘩をふっかけて仲裁を買って出て礼を求め、盗みを犯し…と、ごろつき同然の町火消がいたのもまた事実である。

◉任侠道へ通じた相撲道

「八丁堀《はっちょうぼり》の旦那」こと与力・火消・力士の頭は「江戸の三男《さんおとこ》」と呼ばれ、町人の憧れの的だった。押し出しがよく裕福で、粋な身なりのため女性にもモテたという。三者のうち、力士もまた火消のように侠客の流れをくむ存在である。

角界というと今では格式ばったイメージが強いが、江戸時代はじつに荒っぽい世界だった。当時は女性の見物が禁じられており、相撲興業といえば血気盛んな男たちが好む定番の娯楽で、白熱した見物客同士の喧嘩も珍しくなかった。江戸初期の遊里案内書『色道大鏡《しきどうおおかがみ》』の「悪性」の項目には「風呂 角力 芝居 兵法 男だて そばきり ばくち 大酒」とあり、博奕や男伊達、大酒飲みなどと並んで、「始末に負えない厄介なもの」とされていたことがわかる。

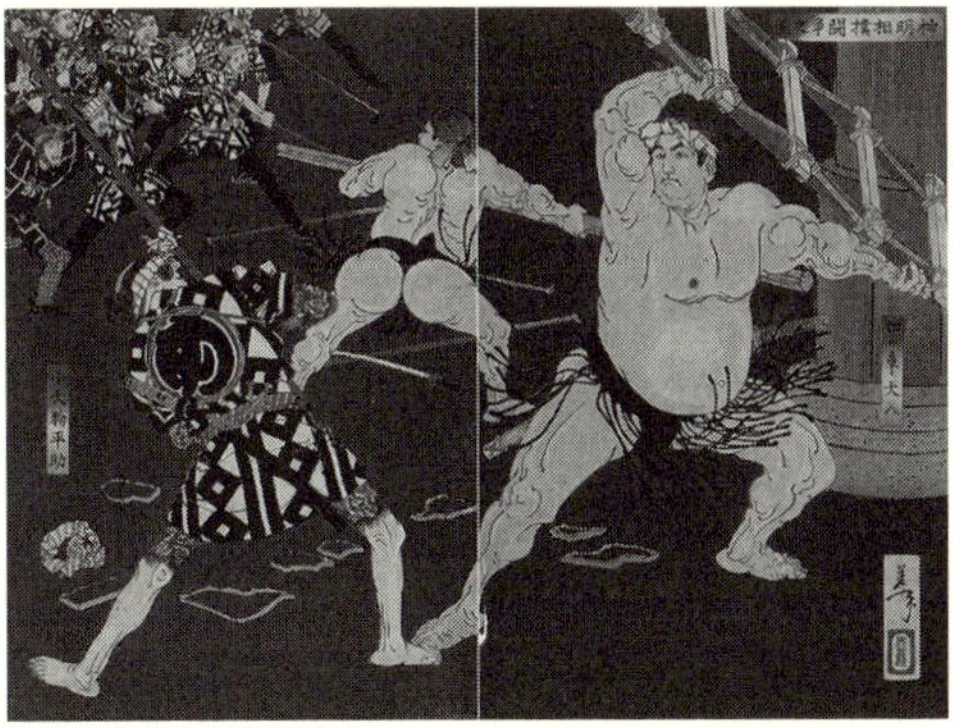

「め組の喧嘩」。町火消と力士たちの乱闘さわぎ

火消がそうであったように、江戸の花形は悪と紙一重だ。江戸の大相撲での夢に破れ、国へ戻った力士くずれが腕力を買われて賭場の用心棒となり、喧嘩出入りに駆り出されて博徒になる…といったケースは、アウトロー社会の常道だった。相撲界との縁故を活かして地方巡業の手引きをして顔役にのし上がっていく者もいたし、逆に、力自慢の無頼、遊侠の徒が力士に転じることもあった。飯岡助《いいおかのすけ》五郎《ごろう》、勢力富《せいりきとみ》五郎《ごろう》（ともに下総の博徒）など、後述する幕末の有名な博徒にも力士出身者が多い。

幕府は「良民を惑わす」として、慶安元（一六四八）年、寛文元（一六六一）年、同一三（一六七三）年、貞享四（一六八七）年、元禄七（一六九四）年、同一六（一七〇三）年……と、しばしば辻相撲（草相撲）と勧進相撲を禁じた。寛文一〇（一六七〇）年の江戸相撲の年寄に対する布達では、「無職渡世《ぶしょくとせい》（博徒のこと）の風俗で徒党を組み、博奕をする力士を罰する」とあるから、この頃すでに無頼集団化した力士が問題視されていたようだ。

一方で貞享元（一六八四）年には深川八幡《ふかがわはちまん》での勧進相撲が許可されている。これは、大名にも抱えられず部屋にも所属していない「浪人力士」の職業支援のためだった。浪人力士を厳しく取り締まる責任者を立てることも命じられ、組合が整備されていった。

己の腕一本が頼みの世界で名を上げ、男を立てられる力士は一握りしかいない。屈強な力士たちが、自分の「強さ」を認めてくれる任侠の世界へ足を踏み入れたのは、自然なことでもあった。明治末期までの角界は、権威性や規範とは程遠い、きわめて武闘的かつ危険な社会だったのだ。暴力も罪も「男らしさ」で紛らわせて、博徒と混ざり合い、力士は動乱の幕末に突入していく。

博徒の時代へ

◉町人を惑わせた博奕と「通り者」

浪人を発祥として町人層が主体となったやくざは、江戸後期からは博徒そのものを指すようになった。博奕は幕府に禁じられていたはずだが、実態はどうだったのだろうか。そして、なぜ博徒がやくざの主流になったのだろうか。

＊

現在、賭博罪には「反社会的」というイメージが強く、背徳感がつきまとう。しかし、近世までの博奕に対する罪悪感は現代のそれとはかけ離れていた。手軽な娯楽として庶民一般が親しんでいたし、中世にさかのぼると、博奕の強い者は称賛されるという風潮すらあった。

江戸中期頃、町人のなかに「通り者」と呼ばれる博徒が現れた。通り者とはやくざ、俠客を意味し、「筋が通った」「気が利いた粋な男」といったニュアンスも含む。しかし、なかには妓楼《ぎろう》に女性を売り飛ばして上前《うわまえ》をはねるなど卑劣な者もいて、その実態は幅広い。「白無垢鉄火《しろむくでっか》」（鉄火とは博奕のこと）と呼ばれた上級の通り者になると、茶の湯や俳諧をたしなみ、町役人にも顔がきくため、一見したところ旦那のようだったという。

やがて「博奕を知らない者は野暮」という空気が広まるほどに博奕は普及していった。次に挙げる享保年間（一七一六〜一七三五）の禁令には、博徒の派手な暮らしぶりが記されている。

賭博を生業とする者は豪邸に住み、華美な服をまとい、観劇に出かけては酒宴にふけっている。これを見た若者は博徒に憧れ、取り締まる村役人は博徒から賄賂を受け取り、手を結んでいる。こうした風潮のなかで賭博を知らない者は百人のうち十人もいるかどうか。

蘭学医の杉田玄白《すぎたげんぱく》も、世相を論じた著書『後見草《のちみぐさ》』で市井における博奕ブームを活写している。盛り場の浅草では、丁半博奕などの手軽な賭け事に没頭する人の群れが、夜間でも一里（約四キロメートル）近く続いていたという。爛熟した江戸後期の町人文化のなかで、博奕は庶民にとってもなくてはならない遊びとなっていた。

同じ頃、幕府は寛政の改革（一七八七〜一七九三）を機に取り締まりを強化した。以下の禁令には博徒の代名詞である「長脇差《ながわきざし》」も登場し、武装集団化した博徒に役人が手を焼く構図が浮かび上がる。

近ごろ関東で、子分を抱えて長脇差を差し、派手な衣服を着て通り者と称して不届きをはたらく者がいる。村ではこうした者を見つけ次第、長脇差を没収し、領主・役所に届けよ。

◉関東農村部で広がる博奕

博奕は、地方の農村、漁村にも浸透していた。今も名を知られる幕末の博徒の多くは、関東の豪農の次男、三男が多い。そして、彼らの賭場の上客が、中農以上の旦那衆だった。

武陽隠士による世相批評書『世事見聞録』は、農村部の博徒の実像を批判的に紹介している。なかには、入墨刑を科されると箔《はく》がつくとして浮かれる者や、人を殺せばさらに大きな顔ができると喜ぶ者がいたという。こうしたなか、博徒に憧れ、才覚もなしに村を飛び出す「不斗出者《ふとでもの》」も増え、犯罪予備軍として警戒されていた。博徒集団が増えるにつれ、犯罪の数も規模も拡大したことは容易に想像できる。

博奕が農村社会に根づいた歴史的背景のひとつに、寺社との深い関係がある。博奕の主催者である貸元（親分）が取る賭け金の一部を「テラ銭」と呼ぶが、「テラ」とはまさに寺のことで、荘園時代に寺社で博奕が行われた名残である。「賭場を開帳する」という言葉も、こうした歴史から生まれた。寺社領は治外法権だったため、境内での博奕は幕府もほぼ黙認していた。

江戸時代を通して増えた寺社の祭礼では、芝居や見世物、相撲、露店などと並び、博奕が娯楽として定着していく。後期に取り締まりが強化されてからも、祭礼における寺社での博奕は「ハレ」の観念と結びついて見逃されることが多かった。寛政一一（一七九九）年の村触れでは、寺社での娯楽を禁じつつ一層農作業に励むよう説諭されたが、現実は「御法度も天下のお触れ三日切といふ事になりて、誰有て恐るる者もなく、守る者もなし」（『世事見聞録』）と、触れは三日坊主式に軽視された。

もっとも、役人も本腰を入れて取り締まったわけではなかった。幕府の禁令は現在の法律とは違って「説諭」の性格が強かったため、効果が上がらなかったのである。宿場での賭博を「取り締まると公用に支障をきたす」としてご都合主義的に目をつぶるなどはその一例であった。

国定忠治《くにさだちゅうじ》、大前田英五郎《おおまえだえいごろう》など上州博徒が好んだ野天博打や山博奕の広がりも、当時ならではの現象だろう。上州の赤城《あかぎ》山や榛名《はるな》山、常陸《ひたち》の筑波《つくば》山、伊勢の荒神《こうじん》山などが「名所」だった。広い山中での博奕は役人の手入れを受けにくく、テラ銭のあがり（掛け金の総額）が一日に数百〜数千両に達することもあったという。

◉庶民の「理想」を背負う

江戸後期から幕末にかけて、関東地方の博徒の勢いは増すばかりであった。

火消と違って正業をもたない博徒の親分は、子分を抱えて一家を形成し、自分の縄張内にある賭場の上がりで暮らしを立てる。このため、博徒は「無職渡世」とも呼ばれた。

封建体制のひずみから生じたアウトローは、支配層である武士に対する不満を抱え、自分なりの「正義」を「強きをくじき弱気を助ける」という建前に託した。この掟のもとに、「命を惜しまずに他人を助け、施し、約束を死守する」といった行動原理を育てていったのだ。実態はどうであれ、彼らの言動は歌舞伎や講談などでろ過されるうちに美化され、庶民の喝采を浴び、文化風俗にまで影響を及ぼした。あるいは、歌舞伎や浮世絵、講談で描かれた侠客を逆輸入するかたちで、現実のアウトローたちが影響を受けた。架空の世界でいばらの道を歩もうとする侠客の姿は、悲劇が好きな国民性をくすぐり、やくざがはびこるのを許してきたともいえる。

なお、侠客の「本場」中国でその理念が紹介されたのは、二〇〇〇年以上前にさかのぼる。前漢の歴史家・司馬遷《しばせん》が残した大著『史記《しき》』の「遊侠列伝（巻六四）」に記された侠客の定義によると、「遊侠の徒は、法を破るものの、行動が勇猛果敢であり、約束したことは必ず守り抜き、困っている他者のために命をかける。自身の才能を決して誇らず、自慢することを何よりも恥とする」。これとは正反対だとして批判されたのが、王族と結び利権をむさぼる官僚だった。

一方、日本の侠客研究の先駆者である尾形鶴吉《おがたつるきち》の『本邦侠客の研究』によれば、侠客賛美の起源は国民性にもあるという。

日本人は「お上《かみ》」に弱い、とは現代でも耳にする言葉だ。尾形によると、そのルーツは戦国時代以降の「恐怖的な政治（封建体制のこと）」であり、民が権力の前で卑屈な態度をとり続けることでできあがったのだという。封建体制は崩れはじめると反動を呼びやすく、はみ出し者の反逆精神をうながす。お上に弱く、自分では矢面に立ちたくない庶民は反逆者を「侠客」と呼んで声援を送ってきた――という説明である。

さらに尾形は、「国民性としての武士道」との関係も指摘し、「侠客道とは庶民化した武士道」と結論づけている。尾形の観点で説明すると、次のようになる。

侠客は、服従を強いる武士と封建体制を憎みつつも、心の底では羨むといういびつな感情を保っていた。結果、自分は武士には劣らないと見栄を張りながらも、武士を真似たかのように「義理」を命より重んじるという、強烈な「自己犠牲」の精神を金看板に掲げるようになった。

確かに、今も日本人は、全人口の数パーセントしかいなかったはずの「サムライ」を自分の先祖にしたがる不思議な国民性を持つ。江戸時代の庶民も、侠客に武士道の影響を感じ取りながらも喝采を送っていたのかもしれない。

ただし、江戸時代を通して現実の「侠客道」は変質していった。関東で博徒集団が増えるにつれて、「常時、戦闘に応じられるための親分子分体制」が重視されたからだ。幕府の手入れや、他の一家との衝突がいつ起きてもおかしくない状況のなかで、血まみれの抗争劇と組織維持のために彼らは団結した。

封建体制の崩壊と八州廻り

◉関東に博徒が増えたわけ

幕府にとって、お縄をかいくぐり武装集団化した関東博徒の勢いは、農民騒動と同様に警戒すべき対象だった。

関東には、大名領のほか、旗本領、幕府の直轄地である天領が多く、さらに寺社領も混在し、領地がモザイク状に入り組んでいた。例えば、旗本領で博徒を捕らえようとしても、管轄外の寺社領や大名領に逃げ込まれると、捜査の手続きが煩雑なため捕らえるのはきわめて難しかった。つまり、江戸を追われた罪人や無宿、博徒にとっては住み心地のいい場所だったのだ。

なかでも犯罪の温床になっていたのが、関東に多かった天領である。天領に置かれた代官所には、管轄する範囲の広さのわりには人員が少なかったため（数人～二〇人程度）警察権が緩く、博徒の増加に対応できなくなっていく。さらに、代官は禄が少ないため年貢を取ることにのみ執心し、不正に走りやすかった。結果、農村が荒廃し、無宿が増えるという悪循環におちいった。

五街道など交通の要衝が多かったことも、博徒の増加につながった。街道沿いの宿場や港では人や物が行き交い、歓楽地となり、消費が活発になる。輸送面に着目すると、清水次郎長が勢力を張った東海道には富士川舟運と伊勢湾海運が、笹川繁蔵《ささがわのしげぞう》や勢力富五郎《せいりきとみごろう》、飯岡助五郎《いいおかのすけごろう》ら『天保《てんぽう》水滸伝《すいこでん》』の上総《かずさ》・下総《しもうさ》方面は江戸へ醤油・干鰯《ほしか》を運ぶ利根川船便が通っている。また、日光裏街道に国定忠治、甲州街道に黒駒勝蔵《くろこまのかつぞう》……と、「博徒街道図」が描けるほど、街道別沿いに有名な博徒が根づいた。

清水次郎長

街道の整備が進むと庶民の物見遊山の旅が一般的になり、温泉地、寺社周辺にも湯治《とうじ》客や参詣者を目当てにした賭場が増えた。周辺には旅籠《はたご》や料理屋、妓楼《ぎろう》が建ち並び、金が回って博徒の収入源となった。

なお、港湾地域では近代以降も独自のアウトロー社会が築かれた。江戸時代の経済学者・佐藤《さとう》信淵《のぶひろ》による『経済要録』に「漁民ははなはだ放埓《ほうらつ》であり、酒をたしなみ博打を楽しみ金銭をちりあくたのように浪費する」とあるように、漁業とアウトローとの親和性は古くから指摘されていた。

手入れを避けやすいことから江戸期を通して広まった船中の賭場は、中世以降から定着していた。中世に発達した回船業のネットワークと商業、金融の仕組みは公権力をしのぐほどであり、回船業者は権力側から「海賊」「悪党」と呼ばれた。手形を流通させて海の交通路を制した彼らはやがて武装して力を増すと、もめごとの仲介や訴訟も請け負って財をなした。

◉無宿という社会問題

賭場の上がりで暮らしを立てた博徒がもっとも頼みとしたのが貨幣経済である。

貨幣経済の背景には、農業技術の向上と産業の発達があった。博徒の取り締まり上もっとも重視された上州を例にとると、養蚕《ようさん》である。幕末の開港とともに生糸が輸出品のトップに躍り出たことで、生糸の生産量が急伸した。織物産業は女性の労働力に大きく依存していたため、亭主が怠けて博奕に手を出し、女性が家計を支えるといった例も目立つようになる。上州名物「かかあ天下とからっ風」の歴史的背景だ。

現金を手にした者が消費や娯楽を求めて家業を怠り、博奕で身を持ち崩すなどして無宿となる。貨幣経済はこうして封建体制を揺るがし、共同体の格差も広げた。

このように本人の意思で無宿になる場合もあれば、親族からの勘当、刑罰による所払《ところばら》い（追放刑）によって人別帳から消される例も少なくなかった。勘当による無宿は、犯罪を繰り返す者の親族が、連帯責任を避けるために村役人に除外を申し出ることで生まれた。江戸時代の刑罰は、村での制裁も幕府の刑罰も、共同体から排除することが原則であった。もっとも、無宿がその後、博徒集団などに加わる場合も、もとの居住地の近くを拠点とする例が多かった。

貧困によりやむなく無宿となるケースもあった。江戸後期から深刻な天災や疫病、飢饉が相次ぎ、土地を捨てざるを得なくなった下層民が浮浪して無宿化したのだ。

町の下層社会は、定住者である零細商人・職人・日雇い層などからなる。これら店子《たなこ》や寄子《よりこ》の多くが宿場や武家、商家に使用人として間借りする独身者であり、雇用を切られると無宿に転落した。無宿・博徒だけではなく、その予備軍である店子や寄子もまた、強盗など犯罪に手を染める例が少なくなかった。

◉凶悪犯対策の広域警察、八州廻り

関東で増え続ける犯罪を防ぐため、幕府は文化二（一八〇五）年、関東八州の無宿・博徒・盗賊を捕縛できる「関東取締出役《かんとうとりしまりしゅつやく》」、俗にいう「八州廻り《はっしゅうまわ》」を設置する。八州とは、武蔵《むさし》（東京・埼玉・神奈川の一部）、安房《あわ》（千葉南部）、上野《こうずけ》（群馬）、下野《しもつけ》（栃木）、常陸《ひたち》（茨城）、上総《かずさ》（千葉の一部)、下総《しもうさ》(千葉・茨城の一部)、相模《さがみ》(神奈川)のことである。

八州廻りは、代官配下の手付《てつけ》・手代《てだい》から八〜一二人を選び、原則として二人一組になって巡回する。手付は御家人から、手代は土地を熟知した町人・百姓から採用された。さらにその下に足軽や雑役を従えると、計二〇〜三〇人ほどになる。

これだけの人数で関東全域を捜査するなど、とうてい無理な話だ。そこで、廻村先で捜査をスムーズに進め、かつ村々の自衛力を強化するため、近隣の数十か村をまとめた横の連帯組織「改革(寄場)組合村」を発足させた。組合村には「寄場《よせば》」という親村を立て、仮の牢屋と白洲《しらす》(当時の法廷)を置いた。

八州廻りが巡回する村では、その土地の「道案内《みちあんない》」が捜査に協力する。道案内とは、十手を預かる末端の警吏《けいり》のことである。多くは犯罪歴のある無宿や博徒で、その道の知識やネットワークを活かして捜査にあたる。本来は村役人を任命するよう定められていたが、八州廻り側も検挙率を上げるために目をつぶり、無宿や博徒ににらみのきく土地の親分が務めるのが通例となった。

なお、こうした制度は古くからあり、平安時代の警察である検非違使《けびいし》も、「放免《ほうめん》」と呼ばれた元犯罪者を捜査に活用していた。

道案内は、御用を仰せつかっているという警察権を振りかざして利権をむさぼった。例えば、口書《くちがき》(口述調書)の偽造や、噂話に基づく捜査などはまだましな方で、もめごとに介入して礼金を巻き上げたり、私怨を持つ者に罪をなすりつけたり、事件をでっちあげて恐喝したりといった手口が常態化していった。道案内は領民から毛嫌いされ、「同業」の博徒からも軽蔑される存在となり、道案内への反感が逆にアウトローへの肩入れを誘ったりもした。

さらに、道案内を相手にする八州廻りにも不正が蔓延し、接待する村役人・宿場と癒着《ゆちゃく》した。例えば道案内と同様の手口で賄賂や女性の接待を強要するなどして、権益を吸い尽くした。天保一〇（一八三九）年、八州廻り一三人と火付盗賊改《ひつけとうぞくあらため》五人の計一八人が一斉摘発され、主犯の堀《ほり》口泰助《ぐちやすすけ》が遠島、他が追放刑に処された事件は、その一例にすぎない。

八州廻りと道案内が腐敗した最大の要因は、双方の低賃金と、低い身分に不相応な権限の大きさにあった。道案内は村から年に二回、米一升を支給されるのみで、八州廻りは二〇俵《ひょう》二人扶持《ににんぶち》。さらに、八州廻りは一年のほとんどを出張に費やすうえに、煩雑な事務作業もこなさなければならない。凶悪犯を相手にする八州廻りは武闘派が務めていたと想像しがちだが、事務作業に慣れたベテランから選ばれていた。小さな盗みでも緻密な捜査を行い、作成に数日はかかる細かな調書を作成しなければならず、民事・刑事訴訟の実務に精通していないと務まらないからだ。こうした負担の多さから、仕事への意欲も質も低下した。

幕末になると、八州廻りは増員されたものの、相次ぐ政治事件への対応に追われ、いよいよ博徒は野放しとなる。例えば、大老《たいろう》・井伊直弼《いいなおすけ》は、対立する徳川斉昭《とくがわなりあき》ら水戸藩側の情報探索に八州廻りを隠密として活用した（井伊正弘編『井伊家史料　幕末風聞探索書』）。元治元（一八六四）年、水戸の過激尊攘派が蜂起した天狗党《てんぐとう》の乱では、臨時で任命された八州廻りが浪士追討に加わっている。

一方、江戸および近在の町村では、八州廻りの代わりに火付盗賊改が、博徒・盗賊・放火犯の取り締まりにあたった。江戸で道案内にあたる「目明《めあか》し」は、「二足の草鞋《わらじ》」「岡っ引き」「御用聞き」「手先」「下引き」などとも呼ばれ、同心の私的使用人として捜査に協力した。

目明しも低賃金で、やはり警察権力をかさに着て大きな顔で権益を漁った。目明しに使われる子分たちですら「近所を一廻りすれば二朱や一分の小遣いはすぐ出来る」(三田村鳶魚『捕物の話』)というありさまだった。

幕府は目明しの使用をしばしば禁じたが、効果はあがらず、幕末期には四〇〇〇人弱(子分も含めると一五〇〇〇人以上)もの目明しがいたという。与力《よりき》・同心《どうしん》もまた、建前としては目明しの存在を否定しながら裏社会の情報網に頼っていた。

このように、不正を不正で取り締まるというやり方は諸藩にも広まっており、近代以降も引き継がれていった。

剣術の時代と博徒集団

◉農村剣術の広がり

江戸後期以降、関東の武装博徒集団に対して、幕府が手をこまぬいていたことを述べてきた。無宿、博徒は単に武器類を所有していただけではない。関東の村々で剣術が広がると、剣術や槍術などの武術を身につけ、戦闘力も上げていた。幕末期には、剣術を媒介として政治活動に加わる博徒も現れるようになる。

幕府は文化二（一八〇五）年以降、百姓や町人が武芸を習得することを禁じていた。幕府が支配体制上でもっとも警戒したのは身分の境界があいまいになることであり、武芸禁止の触れでも「家業をおろそかにして身分を忘れ、態度が大きくなっている」と強調した。なお、八州廻りの設置も、そのあまりに不徹底なシステムを考慮すると、犯罪防止や治安維持より身分・風俗統制を重視していたとの説もある。

農村部で武芸が広まった大きな要因は、治安対策である。村人にとっては、外部からやってくる無宿や博徒、宗教者、芸能民など異質な生き方をする人はみな無法者であり、警戒の対象となる。江戸時代には瞽女《ごぜ》や座頭《ざとう》、虚無僧《こむそう》、修験僧《しゅげんそう》などへの施しは慣例となっていたが、訪問者が急増し、暴力的に金銭や宿を求める者が目立つようになったため、村々で協力して自衛に乗り出したのだ。手に余る場合は鉄砲の使用を許可するとの触れが出るほどであった。

仕官できず落ちぶれた浪人が村に侵入し、暴力をふるう事件も全国で増えていた。上野国那波《なわ》郡阿弥大寺《あみだいじ》村（群馬県伊勢崎市）の記録によると、文久三（一八六三）年、領外から名主の屋敷への訪問者は一〇〇人にも達し、うち七八人が浪人だった。そして、そのほとんどが宿と金銭を強要したという（落合延孝《おちあいのぶたか》『八州廻りと博徒』）。村に侵入した浪人と刀を交えねばならない事態が目前に迫り、実戦を想定した剣術が求められていたのだ。

深刻な事態に備え、剣術以外で非情な防衛策をとる村もあった。例えば、盗みの標的になりやすい名主などの指導者層が、藩に内々に申し入れて盗賊らを捕らえて処刑する「叺《かます》かぶり」という手段があった（菊池勇夫『飢饉の社会史』）。

自衛と暴力は表裏一体だ。豪農出身者が多かった博徒の親分に目を向けると、その生家（名主）が暴力装置（剣術・人材・武器類）を備えており、自衛と自発的暴力の両方を使いこなしていたことになる。領主や役人は、治安対策の名目で自衛策は認めざるをえない。道案内を認めたように、矛盾に目をつぶった必要悪であった。

一方、領主側の事情により剣術が広がった例も多い。江戸後期以降、諸藩は深刻な財政難におちいり、富裕な百姓・町人から御用金を徴収し、その見返りとして名字帯刀を許した。士分に取り立てられ、帯刀も許されたとなれば、剣の腕も上げたくなるものだ。やがて、腕を磨いて自ら道場を開く者まで現れるようになる。学問も武芸も、もはや武士だけのものではなくなった。

こうして、武士が弱体化する一方で庶民層は封建体制を越境する力を蓄えた。さらに、道場を介して対外危機感を募らせた浪士たちと交わり、政治参加への意欲もたかぶらせていく。

◉上州気質と馬庭念流

上州や武州の多摩地方など、関東のなかでも特に武勇の気風が強い地域があった。そうした土地では、武士団が形成された中世以降、武芸が庶民層にまで浸透し、無頼集団も際立っていた。例えば、博徒王国の上州では、戦国の世が終わっても武器と剣術が温存された。上州の農村に定着した馬庭念流《まにわねんりゅう》をめぐる象徴的な一件がある。

文政六（一八二三）年。上州で門人を増やしていた北辰一刀流《ほくしんいっとうりゅう》の千葉周作《ちばしゅうさく》と門人たちが伊香保《いかほ》神社（群馬県渋川市）に献額をしようとしたところ、馬庭念流の門人五〇〇余名、博徒ら数百人が集まり、阻もうとした。一触即発のところへ代官所、村役人が決死の仲介に入って事なきを得たが、少し遅れていたら大規模な武力衝突に発展し、相当数の犠牲者が出ていただろう。

結果、北辰一刀流は撤退して上州では急速に衰退した。その後、千葉が江戸に戻って開いた玄《げん》武館《ぶかん》道場は、幕末の剣術ブームを受けて練兵館《れんぺいかん》（神道無念流《しんとうむねんりゅう》）、士学館《しがくかん》（鏡新明智流《きょうしんめいちりゅう》）と並び立つ規模に発展する。清河八郎《きよかわはちろう》、新選組《しんせんぐみ》の藤堂平助《とうどうへいすけ》、山南敬助《やまなみけいすけ》、伊東甲子太郎《いとうかしたろう》らがここに集い、千葉の弟・定吉《さだきち》の道場では坂本龍馬《さかもとりょうま》が学んでいる。

一方、上州では馬庭念流が引き続き繁栄した。国定忠治も馬庭念流の相当な使い手だったとされる。

馬庭念流が多胡《たご》郡馬庭村（群馬県高崎市吉井町）の郷士《ごうし》、樋口《ひぐち》家に伝わってきたように、忠治の国定村も、土着した国定氏が武士の誇りを継承しようと名字を残して武術を伝えていった。忠治は、樋口家より永代免許を認められた本間仙五郎《ほんませんごろう》に師事し、免許皆伝の腕前だったという（高橋敏『国定忠治』）。隣村の赤堀市場《あかぼりいちば》村（群馬県伊勢崎市）から聞こえてくる本間の名声を頼りに入門したらしい。

◉幕末に花開いた多摩の尚武の心

特徴的な農村剣術としてもうひとつ挙げておきたいのが、新選組の郷《さと》・武州多摩の天然理心流《てんねんりしんりゅう》である。四代目を継いだ局長・近藤勇《こんどういさみ》は、文久三（一八六三）年に上洛《じょうらく》するまで、多摩地方で出稽古に赴いていた。百姓の武芸習得が禁じられてから五〇年、農村剣術はもはや公然としたブームになっていたのだ。

新選組の近藤、土方歳三《ひじかたとしぞう》は多摩の豪農出身ということもあり、小説やドラマなどでは「武士になりたい」という出世願望譚とともに語られてきた。今では通説のようになっているが、それは彼らの実像だったのだろうか。

馬の放牧に適した広大な武蔵野は古来、「武士の国」であり、多摩はその中心地として侍の歴史を紡いできた。中世には「武蔵七党《むさししちとう》」という武士団が台頭し、八王子《はちおうじ》を拠点とする横山党《よこやまとう》、日野に根づいた西党《にしとう》は特に名高く、鎌倉幕府の存亡にも関わった。戦国期以降は、小田原の北条《ほうじょう》氏の家臣団を経て、徳川幕府の樹立に貢献する。

家康は関東移封にあたり、秀吉に討たれた北条の残党と武田の遺臣を迎え入れた。旧北条支配地である広範囲（伊豆・相模・多摩）を、北条の重臣だった江川太郎左衛門《えがわたろうざえもん》に預けて天領とし、武田家遺臣にはそのまま関東支配を任せた。

武田の遺臣が受け持った八王子は、武田・北条の交接点にして関東の要衝である。家康は、両家の支配体系を受け継ぐことで、中世以来の武士団を天領支配に活用したのである。なお、秀吉の刀狩りは多摩では行われていない。

このように、多摩の百姓は長い間、武闘的な性格を保ってきた。近藤が、新選組で隊士を追加募集する際に「兵は東国に限る」と手紙で語ったのも、多摩の気風への誇りが胸にあったからだろう。ドラマや映画で描かれる「武士に憧れ、武士の身分を欲する」近藤像とは隔たっていないだろうか。

天然理心流を継いだ近藤勇

多摩広域に広まった天然理心流は、一八世紀末に近藤内蔵之助《こんどうくらのすけ》が創始した総合武術（剣術、柔術、棒術、気合術）である。内蔵之助は、「八王子千人同《せんにんどう》心《しん》」が武術に熱心なことに目をつけて八王子に赴き、二代目・三助《さんすけ》の頃にかけて八王子で門人を増やした。

八王子千人同心とは、家康が関東防衛の目的で組織させた槍隊で、武田の遺臣からなる。関ケ原の戦いの頃に北条の遺臣らを加えて千人規模となったためこの名がついた。トップの組頭は旗本と同じ同心身分だが、その他は幕府が唯一公認した半農半士である。日光東照宮の火の番や江戸の見回りを担当し、田舎侍と揶揄《やゆ》されたりもしたが、文武の習得を怠らなかった。そのため、幕末期には旗本・御家人に代わり実戦可能な幕府直属隊として活躍する。千人同心のこうした気風は多摩全体に及んだ。

天然理心流三代目・近藤周助《こんどうしゅうすけ》のとき、近藤や土方ら新選組の主要隊士、彼らのスポンサーとなる多摩の豪農たちが入門した。名主・小島政則《こじままさのり》は三四か村をまとめる寄場名主として、地域の治安対策にあたっていた。土方の義兄である佐藤彦五郎《さとうひこごろう》も同門で、改革組合村に属す日野の名主である。彦五郎の場合、屋敷が火災に遭ったとき、消火活動中の村役人と自身の祖母が混乱に乗じて殺されるという事件が起き、自衛目的もあって周助の門を叩いた。すでに博徒対策として用心棒も雇っており、治安対策を急いでいた矢先の出来事だったという。新選組史では触れられないが、彼ら名主は八州廻り制度のもと、立場上、必要に迫られて入門したという事情もあったのだ。

周助は、名主たちの支援も得て江戸に試衛館道場を建て、これを近藤が引き継ぐ。天然理心流はドラマなどの影響で「田舎剣法」といった印象が根強いが、弟子の系統をみると、多摩の百姓を中心に教えていたのは周助だけで、先代三助の弟子たちによる他系統を含めると、全体としては武士の門人の方が多かった（佐藤文明『未完の「多摩共和国」 新選組と民権の郷』）。

時代と博徒――「義民」と「侠客」を行き来する

◉侠客ブームと義民・佐倉宗吾

武器を手にした関東の博徒集団は、幕末期、一揆や打ちこわしに加勢するようになる。一方、領主の命で一揆の鎮圧に駆り出される場面も増え、もはやどちらが無法集団かわからないような状況になっていく。

地域社会に根差したアウトロー集団が、領民の依頼を受けて一揆や世直し運動に加わった結果、義民視された例は世界各地で見られた。彼らは、「地域社会の公共的正義」を代弁しているのだという（安丸良夫『一揆・監獄・コスモロジー 周縁性の歴史学』）。

民衆運動と義賊との関連を研究したイギリスの歴史家、エリック・ホブズボームによれば、民衆が作り上げた義賊像は次のようになる。――「多くの場合、若い独身男性からなる二〇人程度の無法者集団で、不当な罪によりアウトロー化する。豊かな者から奪って貧しいものに与え、許されて共同体に迎えられることもあるが、最後は権力によって処刑される」。ホブズボームは著書『匪賊の社会史』などでイギリスの例としてロビンフッドを挙げている。

日本では、鼠小僧次郎吉《ねずみこぞうじろきち》、石川五右衛門《いしかわごえもん》が義賊として有名だが、幕末維新期、歌舞伎などで広く知られた佐倉惣五郎《さくらそうごろう》、国定忠治もホブズボームの定義に近い「義民」と見なされた。

芝居などの「佐倉宗吾」の名でも知られる惣五郎は、百姓一揆を背景とした義民伝説の主人公である。江戸時代前期、下総国佐倉藩の村人たちは、領民が飢餓に苦しんでいるのを知りながら過酷な年貢を課す役人に耐えかね、一揆をくわだてた。惣五郎はいきり立つ村人たちをなだめ、まずは役人に訴えることにした。

惣五郎ら名主たちは役人に哀訴したが、受け入れられなかった。次の段階として老中への駕籠訴《かごそ》を決行するも、失敗。惣五郎は身を呈して村を守ろうと決め、単身、将軍への直訴《じきそ》に踏み切る。だが、一百姓が将軍に訴え出るなど天下の御法度であり、耳を傾けてもらえたとしても、処刑は避けられない。惣五郎の願いも、妻子とともに死の代償を払ってようやく聞き入れられ、村は救われた。

以上が物語のあらましである。伝説的な人物ゆえ諸説あるが、処刑地は千葉県成田市の東勝寺《とうしょうじ》のあたりが通説となっている。死後も長く人々に慕われ、今も地元では彼の名が、地名や駅名に残っている。

惣五郎の死から一〇〇年以上が経った嘉永四（一八五一）年、惣五郎を描いた歌舞伎『東山《ひがしやま》桜荘子《さくらそうし》』が江戸で上演され、大きな反響を呼んだ。同時期に刊行された『堀田騒動記《ほったそうどうき》』『地蔵堂《じごくどう》通夜物語《つやものがたり》』などの文献をもとに、翌年には大坂で『花曇佐倉曙《はなぐもりさくらのあけぼの》』が上演されたほか『佐倉荘子後日文談』『東叡山農夫願書』などの歌舞伎作品が相次いで生まれ、惣五郎ブームが席巻した。同じ頃、講談師・宝井琴凌《たからいきんりょう》による国定忠治の物語や、下総博徒の喧嘩を描いた『天保水滸伝』がやや遅れて登場。当時の爆発的な水滸伝ブームとの相乗効果で人気を獲得していった。講談などによる侠客ブームは、「義民・惣五郎ブーム」と影響を受け合いながら発展する。

東勝寺《とうしょうじ》に建つ記念館で見られる惣五郎の姿は、脇差こそさしていないものの、三度笠に紺の合羽という渡世人姿である。死を賭して村人のために闘った姿が、後世の人々の目には侠客のように映ったのだろう。一方、講談や芝居などを通して大衆が「知った」忠治らやくざの横顔は、貧民救済などの美談が強調されて義民のようになっていく。惣五郎とアウトローを見つめる人々の視線は交わり、願望が溶け合ってそれぞれが英雄視されていった。

歌舞伎作品にもなった佐倉宗吾「直訴」の逸話

江戸時代、徒党を組み、強訴《ごうそ》することは厳しく禁じられ、正当な訴えであっても首謀者は死罪となるのが原則だった。だから、人々はよほどの覚悟がなければ蜂起しない。惣五郎も反権力の無法者も、自分たちの代わりになってくれるという点では、庶民のひとつの英雄だったのだろう。

◉甲州博徒と農民騒動

『徳川実記』明和四（一七六七）年三月の項目に「関東の国郡甲州の人民等は、気性強く執拗にして殊更《ことさら》武蔵、下総、上野、下野、常陸等の国々には不良の徒多く、窮乏《きゅうぼう》の村々に応ぜざる衣服をかざり」と記録されている。八州廻り制度が始まる三〇年以上前から、関八州の「不良の徒」と並び、甲州人も支配しにくかったというのだ。

博徒を巻き込んだ農民騒動は関八州だけでなく、周縁地の甲斐や信州でも多かった。信州では惣五郎に刺激された一揆が計画されるなど、この二国には幕藩体制に抵抗的な特徴があったようだ。

とりわけ象徴的なのが、天保七（一八三六）年の甲斐《かい》騒動（郡内騒動・天保騒動とも）である。この年、三年前の深刻な飢饉から立ち直れていない村々を凶作が襲った。村人たちは、この状況下で米を買い占める米商人の屋敷を、緻密な計画のもとに相次いで破壊した。打ちこわしには相当数の無宿や盗賊も加わっており、武器で脅されて参加を強要された百姓も少なくなかったという（高橋敏『博徒の幕末維新』）。

甲州は、武装した百姓による騒動が関東のなかでも際立っており、難治国とされていた。その最大の要因は、大部分が天領だったためだ。これまで述べてきたように、まとまった武士団を持たない天領の警察権はもろく、博徒を生みやすい。甲州でも、与力・同心四〇〇人弱、近郷から一〇〇〇人以上の人足をかき集めたが、膨れ上がった百姓勢に押されてしまった。

結果、一揆側は一七〇人ほどの牢死者を出すなど犠牲を払ったが、このときに体験した集団的高揚は歴史を動かす脅威となる。幕府や近隣諸藩の支配者層には、こののちの大塩《おおしお》の乱と並ぶ規模として記憶され、計り知れない衝撃を与えた。

騒動の後、代官らは処分され、民政に長けた代官・江川太郎左衛門（英龍《ひでたつ》）が新たに赴任する。だが、その後も地域社会に根差した博徒、無宿が絶えることはなかった。清水次郎長のライバルとして知られた黒駒勝蔵などが、幕末の動乱に応じて独自の動きを見せていく。

◉地域社会に根差した忠治伝説

史上もっとも義民視された博徒といえば、国定忠治だろう。不安定な世情のなかで農村社会と深く交わりながら、庶民層と為政者側から注視された。

名主の家に生まれた忠治は少年時代から粗暴さを持て余し、一七歳で人を殺めて無宿になると、やくざの道に足を踏み入れた。その後も殺人を重ねて縄張りを広げ、博徒として名を売っていく。道案内の三室勘助《みむろのかんすけ》を、その甥の板割浅太郎《いたわりのあさたろう》に謀殺させるなど、抗争劇ではじつに残忍な顔を見せた。やがて子分たちが相次いで捕縛されると、潜伏先で中風を病み、ついにお縄となる。

忠治を侠客とみなす風潮は、すでに江戸時代にできあがっていた。その大元が、数ある忠治伝説の種本である通称『赤城録』（『劇盗忠二小伝』）。忠治を取り調べた八州廻りから聞き取った話をもとにした、比較的飾りの少ない忠治像が書かれている。著者は、国定村の代官も務めた歴とした旗本の羽倉外記《はくらげき》（簡堂《かんどう》）である。

羽倉は、幕末の名代官・江川太郎左衛門（英龍）、勘定奉行など要職を歴任した川路聖謨《かわじとしあきら》と「幕府三兄弟」と並び称された幕臣である。学者としてもすぐれ、渡辺崋山《わたなべかざん》らの「尚歯会《しょうしかい》」に属して海外事情にも精通していた。革新派として老中・水野忠邦《みずのただくに》に抜擢されて天保の改革を助けたが、水野の失脚とともに職を追われ隠遁した。

忠治伝説に大きく影響を与えたのが、『赤城録』の次のような記述である。

忠治はカタギの者は決して子分にはせず、犯罪に巻き込まない。天保七（一八三六）年の飢饉の折には私財を投じて窮民を救ったため、赤城周辺では飢える者がいなかった。その頃、私は隣の郡の代官だったが、飢餓で苦しむ者がいなかったとはいえない。私は恥ずかしさのあまり赤面し、背筋を冷汗が流れた。翌年の春、忠治は日照り対策のため、賭場のあがりを元手に村の沼をさらった。これにより、村は干ばつから救われた。そんな忠治を、村人は父のように慕っている。

後半に書かれた水利普請は、「窮民に一両と米一俵、麦一俵ずつを配った」と、村役人の日記など同時代の記録にも残っている（落合延孝『八州廻りと博徒』）。
忠治の人物像については、江戸で忠治を取り調べた幕臣・小俣景徳《おまたかげのり》が明治時代にこう述べている。

国定忠次の如きはまず親分と申してもしかるべきであろうかと存じます。彼は貧民を救うという侠客でありました。召捕うと思っても捕らえることができぬのでありました。何故なれば、国中でも恩を被った人がたくさんおりますから、貧民が、忠次を召捕りに来たということを聞くと、直ちに注進するので、なかなか摑まえることができませんで、十余年間その行衛が分からずにおりましたが、中気を病んで妾宅におる所を捕らえられたのでありました。

（旧事諮問会編、進士慶幹校注『旧事諮問録』）。

歌舞伎でも人気のあった国定忠治

この発言は明治二〇年代のものだが、「面倒見のよい忠治像」は生前から広く知れ渡っており、死後、美化されて義民のイメージが強化されたのだろう。
羽倉は、幕府や領主が村に頼らざるを得なかった事実を認めながら、忠治を「凡盗ではなく劇盗」と表現した。この「敵ながらあっぱれ」という思いを羽倉が『赤城録』にしたためたのは、忠治の磔刑後、還暦を過ぎた頃のことだ。かつて代官として赴任したわずかな期間に伝え聞いた忠治の名が、鮮烈な印象を残していたのだろう。忠治の伝記が、幕府のブレーンによって熱心に書き留められた、という事実は大きい。

◉処刑後まもなく「義民」となる

羽倉外記が国定忠治の伝記を記す前年の嘉永三(一八五〇)年。会話もままならないほどに中風の病状が悪化していた忠治は、愛人・お町、お徳ら子分七名とともに捕縛された。博奕に賭場荒らし、殺人など悪事の限りを尽くしてきたなかで、もっとも重視された罪は大戸の関所破りだった。

牢に入った忠治は、いさぎよく裁きを受け、罪人として天下に姿をさらすつもりで模範囚となった。遠く江戸にまで聞こえた悪党・忠治のしおらしい姿もまた、忠治伝説の要素となる。

江戸伝馬《てんま》町の獄を出た忠治は、罪人用の唐丸《とうまる》駕籠《かご》に乗り、磔刑《たっけい》の地・大戸関所まで死出の旅路を行く。この道行こそ、忠治伝説最大の見せ場だ。愛人のお徳が作らせた唐丸駕籠の中から銭を撒《ま》く忠治の役者のような男ぶりは、江戸・近在から集まった大群衆の目を射とめた。

人相書きによる忠治の容姿は「丈高く色白で小太り体形。月代は青々として濃く、顔立ちは鼻筋が通って美男である」。装いは、「唐更紗の座布団二枚、紅色の座布団を重ねたうえに、着物と襦袢は浅黄と白無垢、手甲・脚絆も白で統一した死に装束。首からぶらさげた大きな数珠が際立つ」――という芝居がかったものだった。

処刑地の大戸に着き、地元の銘酒を勧められた忠治は一杯だけ飲み干すと、役人一同に律儀な礼を述べた。

「悪党としてお国のために磔刑を仰せつけられ、ありがたく幸せに存じます。江戸の牢では身持ちを大切にいたしましたので、このように御法のもとで裁きを受けられました。よい状態のまま刑に臨めて、うれしく思います」

最期は凄絶だった。槍で突かれるごとにかっと目を見開き、一三、一四度目にしてようやく果てたという。捕縛後を見届けた役人、見聞きした村人たちは強い衝撃を受けたと伝わる。

十手を握ろうとはせず、見せしめとしての処刑を受け入れ、芝居のような最期を演じきった忠治には、まさに義民となる条件がそろっていた。おとなしく牢につながれた忠治の様子を見聞きした人々は、心の中の極悪人を「義民忠治」で上塗りしていった。

忠治伝説においては忠治の美談だけではなく、不正を重ね、飢饉に立ち往生していた役人や幕府への不満も同時に語られた。忠治を捕らえた八州廻りの中山誠一郎《なかやませいいちろう》も、巡回先の下総で、博徒の罪を見逃す見返りにその妾を囲うなどした罪が明らかになっている。

こうして、早くも処刑の翌年頃には忠治の一件を報じた歌『上州国定忠治くどき』ができ、その一枚刷（瓦版）が売り出された。天保飢饉のくだりの忠治は「神か仏か命の親か」と大げさに表現されているが、これだけ早い時期に伝説が生まれたことに人々の関心の強さが感じられる。明治一五（一八八二）年、忠治の三三回忌として養寿寺《ようじゅじ》（群馬県）に忠治の墓が建てられた。旧伊勢崎藩の儒学者・新井雀里《あらいじゃくり》による碑文の忠治は、『水滸伝』の豪傑になぞらえられている。

*

下から上までが右往左往した時代、機動力に長けた博徒は、義民の登場を求める共同体の期待をときに受け止めた。なかでも国定忠治は、その虚像・実像ともに、人々の願いが高まったなかで生まれたアウトローだったともいえる。

幕末水滸伝――アウトローヒーローの誕生

◉水滸伝ブームと侠客講談の登場

これまで見てきたように、侠客は歌舞伎などの大衆文化を通して庶民に親しまれ、幕末期には為政者も興味を寄せるようになり、アウトローブームとも呼ぶべき状況となった。その最大の「功労者」は講談師であった。

講談の定番といえば従来は軍記ものだったが、弘化元（一八四四）年に演目の規制がなくなったことなどから、侠客ものの人気がじわじわと上がった。天保期（一八三〇～一八四四）になると講釈師の数は八〇〇人ほどに達し、安政期（一八五四～一八六〇）には江戸の講釈場が二二〇軒を超えた。（国立歴史民俗博物館編『民衆文化とつくられたヒーローたち アウトローの幕末維新史』）。以降、明治二〇年代をピークに明治末頃まで講談は庶民の娯楽であり続けた。

侠客講談ブームの火付け役となったのが、天保期に活躍した初代・錦城斎典山《きんじょうさいてんざん》である。張扇《はりせん》と拍子木《ひょうしぎ》の演出を考案し、侠客や盗賊の話は天下一品だと評された。武州の博徒出身との説もあり、その語り口も真に迫っていたという。いなせで人柄は気風がよく、いつも着物の下に単衣ものを重ね着し、講談を始めるときに上着を脱ぎ、単衣一枚で話したと伝わる（増田知哉『侠客・博奕打ち物語』）。

幕末期、浮世絵や読本《よみほん》などを中心に爆発的にヒットした「水滸伝」も、講談ブームを盛り立てた。実在の博徒が、不正役人を倒す水滸伝の豪傑に見立てられて美化されたのである。

『水滸伝』は、中国の北宋末期、梁山泊《りょうざんぱく》に集う一〇八人の豪傑が、腐敗した役人に反旗を翻して戦う姿を描いた長編小説である。日本では江戸時代半ばに岡島冠山《おかじまかんざん》が和訳を完成させると、以後、滝沢馬琴《たきざわばきん》『南総里見八犬伝《なんそうさとみはっけんでん》』など多くの翻案作品が生まれた。浮世絵では、歌川国芳《うたがわくによし》の出世作である水滸伝シリーズが絶大な人気を得て、手ぬぐいやのれんなどの水滸伝グッズも登場、入墨が町方《まちかた》で流行し、侠客ものがひとつのジャンルといえるほどの隆盛を迎えた。

先の見えない不穏な時代を迎え、反権力の男たちを痛快に描く水滸伝は、侠客を英雄視する風潮と相まって庶民に迎えられた。

◉山籠もりと激闘のドラマ、『天保水滸伝』

過熱する水滸伝ブームは、天保期・嘉永期・慶応期に大暴れした博徒を主人公とした講談や浪曲「幕末版水滸伝」を生んだ。下総を舞台に、飯岡助五郎《いいおかのすけごろう》と笹川繁蔵《ささがわのしげぞう》・勢力富五郎《せいりきとみごろう》の出入りを描いた『天保水滸伝』、国定忠治の物語『嘉永水滸伝』、武蔵の親分・小金井小次郎《こがねいこじろう》と火消の頭・新門辰五郎《しんもんたつごろう》の交情を綴った『慶応水滸伝』などである。これらはのちに歌舞伎や新聞小説でも人気を呼び、明治以降、全国に知れ渡っていく。

アウトロー講談の先駆けともいえる宝井琴凌《たからいきんりょう》の『天保水滸伝』は、利根川下流域の河岸や港に住み着いた博徒たちの物語である。十手持ちの飯岡助五郎、敵対する笹川繁蔵、その子分・勢力富五郎はみな元力士で無宿の博徒。相模《さがみ》国三浦《みうら》郡出身の助五郎は力士の夢破れて飯岡に流れ着き、博徒の親分として勢力を張る。対する繁蔵は、醤油・酢製造業も営む名主の家に生まれ、少年時代から漢学や剣術を身につけ、助五郎が十手を預かるようになると賭場をめぐり争うようになる。天保一五（一八四四）年、利根川河畔での両者の決闘は『天保水滸伝』でもヤマ場だ。

少人数の八州廻りが、共同体と絡み合った道案内に依存することで、かろうじて機能したことはすでに述べた。道案内が扱う犯罪集団の規模は江戸の目明しよりはるかに大きく、より広域の警察権を握った。『天保水滸伝』は、まさにこの構造を際立たせており、前代未聞の規模で繰り広げられた捕り物劇が江戸っ子を沸かせたのである。

助五郎に謀殺された繁蔵の跡目を継いだ富五郎は、縄張りを安定させるべく行動範囲を広げた。そんな折、下総・小金原《こがねはら》で行われる将軍の御鹿狩の大演習のため、八州廻りが富五郎への総攻撃を決行する。嘉永二（一八四九）年三月のことだ。

大武装集団を束ね、剣術の腕もある富五郎に対し、八州廻り側も威信をかけて臨む。五人の八州廻りがそれぞれ一〇〇人を率い、さらに近在七〇か村からの動員も加えて一五〇〇人に膨れ上がった軍勢が陣取って、一帯は戦場のようになった。それでも、富五郎が金毘羅《こんぴら》山で自決を遂げるまで、五二日もかかった。

早くも一か月後、外神田《そとかんだ》（東京都千代田区）の情報屋こと古本商・藤岡屋由蔵《ふじおかやよしぞう》の『藤岡屋日記』に騒動のことが書かれた。名前の誤記など事実の相違はあるものの、富五郎らが大量の鉄砲や刀剣類で武装していたこと、縄張り内の百姓たちが味方をしていたことなども伝えられ、大軍勢を向こうに張った富五郎の戦いぶりは江戸っ子の度肝を抜いた。藤岡屋の記述では「富五郎は悪党ではあるが、富裕層から奪った金銭を貧民に与えていた」など、すでに義民の演出がなされており、金毘羅山での最期は、侠客的な潔さで彩られている。

富五郎の死から二五年後の明治七（一八七四）年、地元有志が金毘羅山に富五郎の石碑を建てた。石碑に刻まれた歌も「時鳥こんぴら山の一声か関八州にひびく勢力」と、侠客を偲《しの》ぶような趣がある。地元でいつしか「勢力山」と呼ばれた金毘羅山（万歳山とも）での最期は、『水滸伝』の梁山泊のイメージで広まった。一方、敵の助五郎には実像よりも悪いイメージが定着した。

◉退廃的な世相と「侠客」の濫用

『慶応水滸伝』の主人公のひとり、小金井小次郎は下小金井村の名主・関家の次男に生まれ、甲州街道筋を縄張りとした博徒の親分である。地元では大の相撲好きで知られ、小金井でも相撲や芝居の興業に入れ上げていた。

もうひとりの主役である火消の頭・新門辰五郎との出会いは弘化三（一八四六）年、小次郎二九歳、辰五郎四七歳の頃のことだ。懲役刑を科されて送られた佃島《つくだじま》で意気投合し、兄弟分となった。その後、黒船騒ぎの余波に世が揺れていた安政三（一八五六）年、小次郎は博奕の罪で三宅島に流され、赦免される明治初年までを島で過ごした。

辰五郎は、下谷山崎町の錺《かざり》職人の倅に生まれ、「を組」の頭・町田仁右衛門の養子となった。「新門」という名乗りは、仁右衛門が浅草寺の新門の警備を命じられたことに由来すると伝わる。辰五郎は仁右衛門から「を組」と新門の警備を引き継ぐと、上野・浅草一帯を取り締まり、その場所代で莫大な財をなしたという。

浅草寺の新門は、輪王寺宮《りんのうじのみや》・舜仁准后《しゅんじんじゅんこう》が浅草寺に隠居した際、上野に行くための通用門として造らせた門である。輪王寺は天台宗の門跡寺院（皇族・公家が住職を務める寺院）であり、徳川家の菩提寺である寛永寺の住持も兼ね、日光や上野一帯を管轄するなど大きな権勢を誇った。

辰五郎は、新門の警備をすることでこの輪王寺の後ろ盾を得て、徳川家とつながり、さらにはのちに寛永寺で謹慎する徳川慶喜との浅からぬ縁ができた。元治元（一八六四）年、慶喜に随伴して上洛し、辰五郎の娘・芳《よし》は慶喜の側室となっている。

上洛時の辰五郎を見かけた歌舞伎役者・尾上松助《おのえまつすけ》（四代目）によると、襟に「新門」の文字を、背中に家紋を染め抜いた半纏《はんてん》を着て大小を差し、二〇〇人もの子分たちを従え、相当な威勢だったようだ。ところが、「おかしなことにその仕事師（子分たちのこと）というのがじつは半分は偽者で、ひょいと見ると、松井源水《まついげんすい》（香具師《やし》・曲芸師）の独楽回しの中僧《ちゅうぞう》だの、凧絵《たこえ》をかく芳信《よしのぶ》なんて男だの、みんないなせな装いをして這入っているんですからね。びっくりしましたよ」というのが実態だったらしい。一隊を預かる者として慶喜の名を落とさないよう、男ぶりのいい江戸っ子をかき集めたのだろう。

歌舞伎「慶応水滸伝」より

『慶応水滸伝』では、小次郎と幕府の関係

も強調されている。幕末も押し詰まった頃、小次郎が幕府への「赤心」を訴え、幕府のために死力を尽くしたいからと赦免《しゃめん》を求めるくだりは、見せ場のひとつだ。実際、小次郎の訴えは韮山郡代《にらやまぐんだい》に通されたのだが、小次郎の真意がどれほどのものだったのかは、はっきりしていない。辰五郎のように、幕府との関係を示す実証も乏しい。

東京都小金井市に建つ小次郎の墓碑銘は幕臣・山岡鉄舟《やまおかてっしゅう》によるものだ。幕府との縁を思わせるが、山岡は求められるままに膨大な数の書を残しているため、小次郎と深い縁があったかどうかは不明である。明治以降に小次郎の知名度が上がったのは、『慶応水滸伝』を通して江戸の名物男だった辰五郎との交流が広まったため、と見るのが自然だろう。

親分と呼ばれた男たちは、正道を外れたからこそ、名を売ることを何よりも大事にし、権威のお墨付きも欲しがった。小次郎が、文才のある権威的人物に伝記を書かせたのもそのためだろう。その人物とは、記者出身で、一家の食客となっていた講談師の三世柳亭種彦《りゅうていたねひこ》(本名は高畠藍泉《たかばたけらんせん》)。江戸中後期、『偐紫田舎源氏《にせむらさきいなかげんじ》』などのベストセラーを残した戯作者の三世を名乗るほどだから、筆力・人気ともに定評はあったはずだ。三世種彦は小次郎が死んだ翌年の明治一五(一八八二)年九月に早くも『落花清風《らっかせいふう》 慶応水滸伝』を刊行。このいわゆる『慶応水滸伝』が種本となり、芝居や新聞小説などにアレンジされて全国に広まった。明治二七(一八九四)年、菊五郎《きくごろう》一座が市村座《いちむらざ》でこれを上演したとき、小次郎の娘・花《はな》は「あんなに人殺しはしていない。嘘の芝居はやめて」と怒ったという(皆木繁宏『小金井小次郎伝』)。それまでに、脚色された作品が増えていたということだろう。

幕末に始まる水滸伝ブームにより、明治期を通して「侠客」という言葉はさらに無造作に使われるようになり、大衆文化におけるやくざの理想化は進んだ。

講談から時代劇へ

◎講談師の功罪

侠客は江戸時代以降、歌舞伎や浄瑠璃《じょうるり》、浮世絵、講談などを通して、かっこよく、あるいは悪人として描かれてきた。物語上のやくざは、最大の特徴であるずば抜けた強さを除けば、毒にも薬にもなる存在だった。

娯楽作品は社会を投影する。やくざものの人気作品を見ると、発表された頃の時代背景や、かつての日本人がアウトローに何を感じていたのかが垣間見える。

幕末以降は、講談を軸にやくざものの娯楽作品が大きく展開した。

「講釈師 見てきたような 嘘をつき」という古い川柳は、どんなドラマチックな話でも実話だと信じ込ませるような話術を詠んだものだ。歴史家の宮地正人によると、幕府の正統性を講釈によって広めた軍記ものの講談によって、江戸時代の人は歴史を知ってきた。また、講談師は集めた素材を実録物として貸本屋に回していたから、史料編纂と歴史ものの執筆にも関わっていたという（「歴史的事実とは何か――文字資料と非文字資料のあいだ――」神奈川大学学術機関リポジトリ『非文字資料研究〇五：〇四―〇九』）。

明治時代になると、速記者が講談を文章化したものが新聞に掲載されて全国に広まっていく。新聞が普及した明治末期、巷《ちまた》の講談も人気を保ってはいたが、俠客や武勇伝、仇《あだ》討《う》ちものはやがて浪曲にその座を奪われた。浪曲のなかでも絶大な人気を誇ったのが、二代目広沢虎造《ひろさわとらぞう》による清水次郎長伝、玉川勝太郎《たまがわかつたろう》の天保水滸伝である。彼らのドスのきいた胴間声《どうまごえ》による博徒の抗争劇は、職人や車夫《しゃふ》など肉体労働者から特に好評だった。

速記者が書き起こした講談小説は「書き講談」とも呼ばれ、明治末期に新たな講談ブームを巻き起こす。話題の書き講談を集めて掲載した雑誌『講談倶楽部』のヒットにより「少年講談」というジャンルが生まれ、時代の要請を受けながら「教育」としても機能したのだ。こうした書き講談はのちに時代小説へと発展する。

『講談倶楽部』の生みの親にして講談社の祖・野間清治《のませいじ》は自叙伝でこう述べている。

一般民衆に、忠孝仁義《ちゅうこうじんぎ》の大道を打ち込み、理想的日本国民たらしむべき適当な機関として何があるか。（中略）あの沢山《たくさん》ある講談のある種のものを読物にしたら、民衆教育の絶好の資料となるのではなかろうか。それは概して、武勇仁義の物語である。侠客とか仇討ちとか、武勇伝とか出世物語とか…（中略）たとえ石川五右衛門や鼠小僧の如きものを取扱った講談にしても、義太夫にしても、浪花節にしても、義理人情を教える上に、日本精神の涵養《かんよう》の上に、どれほど役立っているか分からない。（野間清治『私之半生』）。

もともと講談は、数日かけて語られる構成になっていたため起承転結が明確であり、結末には時代の価値観を反映させるものと決まっていた。明治期の少年たちが熱中した講談小説には、野間の言葉にあるような仁義や武勇がテーマとして掲げられていた。そうしたテーマは少年たちを感化しやすく、昭和初期生まれまでのいわゆる軍国少年に多大な影響を与えたのである。

◎戦前の忠治人気から股旅時代劇へ

大人の世界で明治〜昭和初期にかけて大ヒットしたのが、国定忠治ものの作品群である。講談では宝井《たからい》馬琴《ばきん》の『国定忠治』、宝井琴凌《きんりょう》『馬方忠治《うまかたちゅうじ》』、二代目松林伯円《しょうりんはくえん》『江戸っ子忠治』などが名高い。読み物でもっとも初期の作品である明治一三（一八八〇）年の絵草紙『嘉永水滸《かえいすいこ》国定忠治《くにさだちゅうじ》実伝《じつでん》』では、「悪いことをしても後でよいことをすれば報われる」といった仏教的な教訓で結ばれており、まだ江戸期の空気を残した民衆教化本といった趣がある。

巷説やフィクションを織り交ぜたこれらの作品は、当時のラジオ劇や映画、舞台の脚本に多大な影響を与えた。なかでも新国劇の『国定忠治』は、主演・沢田正二郎の名セリフを子どもが真似するなど、社会現象ともいえるほどの人気ぶりだった。

一連の忠治ものは、ピークである大正末期〜昭和初期という暗い時代を反映した作風が目立つ。人物像も、ひとりの人間として苦悩する姿がクローズアップされていたり、どこか退廃的だったりして、戦後の映画『次郎長三国志』のような明るい次郎長ものとは好対照である。

こうして、大衆は講談を中心とした膨大な数の作品を通して、やくざの「必要悪」という側面すら愛し、「義理人情」という民衆道徳に郷愁を感じてきた。そして戦後は『木《こ》枯《がら》し紋次郎《もんじろう》』、『座頭市物語《ざとういちものがたり》』など、戦前の股旅映画の系譜を引いた時代劇で新たなアウトローヒーローが生まれた。今や時代劇は下火だが、股旅時代劇は一昔前まで大衆文化の花形だったのだ。江戸時代以降のアウトローカルチャーは、一種のお家芸といってもいいだろう。

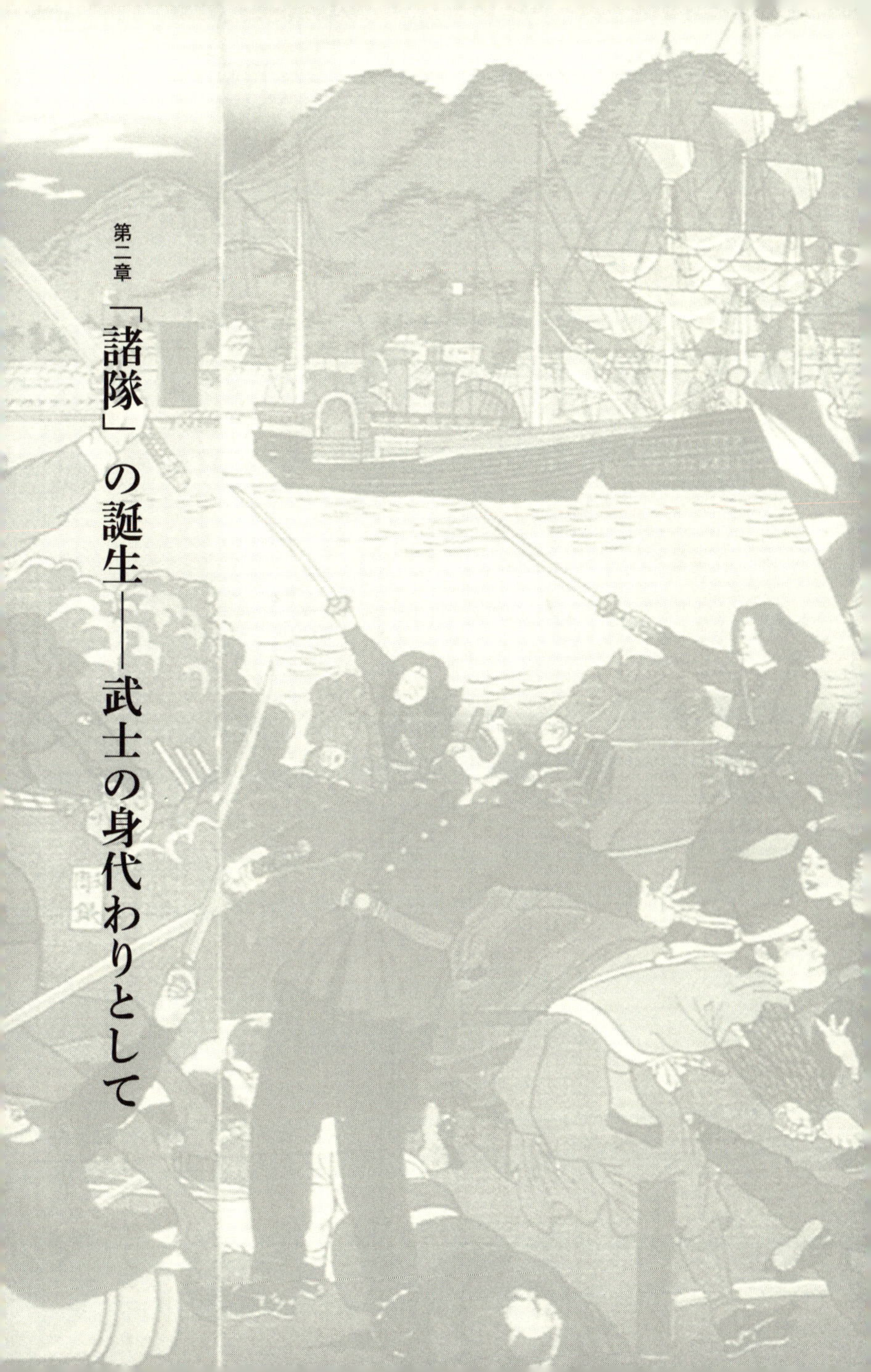

第二章 「諸隊」の誕生――武士の身代わりとして

政治闘争と集団武力の時代へ

◉黒船ショックと政治参加熱

一八世紀半ばからヨーロッパで起きた産業革命の波は極東の島国まで押し寄せ、市場を求める欧米諸国が通商を申し入れてきた。幕府は開国を余儀なくされ、アメリカなど五か国と通商条約を締結する。

以降、幕府の屋台骨は揺らぎ、全国的に政治参加熱が上昇していく。諸藩ではイデオロギーを軸にした政権変動が戊辰《ぼしん》戦争期まで続いた。

＊

政治の混乱と、開国による物価の暴騰は諸階層の生活を直撃し、攘夷運動を盛り上げた。外国人排斥を叫ぶ尊王攘夷派を弾圧した安政《あんせい》の大獄、その報復として起こされた桜田門外《さくらだもんがい》の変を経て、各地で外国人殺傷事件が相次いだ。暗殺と報復の応酬戦ともいえるテロの時代が幕を開けた。

貿易が始まったとき、特に大きな打撃を受けたのが製糸・織物業だった。輸出品として需要が増した生糸を日本の商人が買い占めたことで国内分が不足し、価格が高騰した。例えば、開港からわずか二か月後、織物業の中心地である桐生《きりゅう》（群馬県）三五か村は、緊急に輸出を禁じるよう幕府に嘆願したほどだ。一方、外国からは安価な木綿製品が流入し、織物業界では経営難におちいる者もいて打撃をこうむる。こうした背景から、生糸商や、輸入品取扱業へ鞍替えした商人は攘夷派浪士の標的となり、店を破壊されたりした。

開港後の混乱に乗じ、豪商や豪農が米を高値で売りさばくなどして利ざやを稼ぐ一方で、農村部では自作農から転落した貧農層が増えた。飢饉や天災がこれに追い打ちをかけ、本来、自作農を中心に成り立ってきた村の共同体が崩壊の危機に直面する。この状況は維新期まで続いた。

黒船来航を機に幕府の威信が失墜していったことでそれまでの言論規制が崩れたことも、この時期の特徴である。これにより、雄藩が台頭し、町人や百姓らいわゆる草莽の政治参加欲をあおった。

アヘン戦争の衝撃を受け、島津斉彬《しまづなりあきら》（薩摩《さつま》藩）や松平慶永《まつだいらよしなが》（春嶽《しゅんがく》、福井《ふくい》藩）ら改革派の大名は、外交という一大事を幕府が専決すべきではないと開国前から訴えていた。また、斉彬らは開国・通商を求めており、天皇をさほど重視していなかった。ところが、日米通商修好条約に孝明《こうめい》天皇が難色を示したことで状況が一変する。攘夷こそ公論にすべき天皇の意思である――そう主張して幕府を追及する声が全国に広まったのだ。この「攘夷の手段化」がその後の政治をねじれさせ、尊王攘夷にひた走る「志士」が生まれた。

政治の舞台となった上方《かみがた》では、諸国の情報が入りやすかったこともあり、長州《ちょうしゅう》藩などの攘夷派を支援しつつ政治参加する庶民層が増えていく。その背景には、開港を非難する尊攘派への期待や、朝廷に親近感を抱いてきた京都町人の長州びいきの風潮があった。

◉近代陸海軍のあけぼの

「攘夷のための開国・富国強兵か」「富国強兵のための攘夷実行か」――。この論争が繰り広げられるなかで、幕府にまず突きつけられた課題は、軍備をすみやかに近代化することだった。

幕府は海軍を持たなかったため、海軍の整備を急ぐ。ペリー艦隊の来航から三か月後には大船建造の禁を解き、諸外国から船舶を購入した。慶応《けいおう》元（一八六五）年には、軍制改革に参画した小栗忠順《おぐりただまさ》の申し出により、横須賀に造船所（製鉄所）が起工する。また、長崎に海軍伝習所を設け、諸藩から伝習生を募って航海技術や科学知識を習得させた。江戸でも軍艦教授所（軍艦操練所→軍艦所→海軍所と改称）を開設し、教育の充実を図った。

陸軍では、文久二（一八六二）年以降、軍事改革が行われた。歩兵・騎兵・砲兵の三兵《さんぺい》を編成して将軍直属の常備軍とし、慶応二（一八六六）年、横浜に伝習所（調練場）を開設。フランス人の教官が兵および将官の指導にあたった。伝習所はのちに江戸に移され、江戸各地に歩兵・騎兵・砲兵の屯所が設けられた。

三兵の育成は、きわめて画期的だった。一八世紀初頭より日本列島の近海に外国船が現れるようになり、海防が課題となると、「現実に稼働できるまとまった軍事力」が求められた。つまり、「大量の小銃・大砲を使いこなせる組織」のことであり、「隊」と名付けられた三兵こそ、この新たな軍事組織として期待を集めたのだ。

三重津海軍所（佐賀県）のようす

三兵のように外敵と戦える軍事組織は、それまで存在しなかった。これは、幕藩体制が「将軍の威光により、大名と外敵が制圧されている」という前提のもとに成り立っていたからだ。幕藩体制が整った元禄《げんろく》期以降は、諸藩の「大番組《おおばんぐみ》」「馬廻組《うままわりぐみ》」などの戦闘員としての役目も名ばかりとなっていった。

なお、黒船来航の一四年も前に、外敵を意識した戦闘隊を立案した幕臣がいた。伊豆韮山《にらやま》の代官・江川《えがわ》太郎左《たろうざ》衛門《えもん》（英龍《ひでたつ》）である。江川が考案したのは、史上初の西洋式軍隊であり、近代徴兵制の先駆ともいわれる「農兵」。だが、あまりに早すぎて見向きもされなかった。江川は、親族の石井修三《いしいしゅうぞう》に歩兵の文献を翻訳させ、のちに幕府の歩兵が使う「右向け右」などの号令をいち早く取り入れていた。江川の農兵構想は、もともと佐藤彦五郎《さとうひこごろう》ら多摩《たま》などの支配地域の名主《なぬし》とともに、自警活動の一環として取り組んでいたものでもあり、新選組《しんせんぐみ》の土方歳三《ひじかたとしぞう》は義兄の彦五郎を通じて江川の農兵を知っていたという。

◉戦闘のあり方を変えた「諸隊」

ぬるま湯に浸りきった武士に代わる戦闘組織として鍛えられた三兵は、諸藩にも広まっていく。テロと内乱が続発した文久《ぶんきゅう》～慶応《けいおう》期（一八六一～一八六八）には、藩士だけでなく百姓・町人・僧侶・神主ら諸階層からなる「諸隊《しょたい》」と呼ばれる民兵的な草莽《そうもう》部隊が全国に無数に誕生した。長州藩では、幕府軍との戦闘において、武士・庶民混成の「奇兵隊《きへいたい》」が主力になったほどだ。

庶民からなる兵が可能になった最大の理由は、武器の扱いやすさにあった。弓や槍、剣術に比べると、銃は短期間の調練で誰でも操作できるうえ、弓などの古来の武器よりも殺傷能力が高い。そのため、銃を扱うのは武士でなくてもいいということになった。

歩兵は、同じ身分の多数の兵士と、これを指揮する少数の将を要する。このため、家格の高い武士ほど歩兵として訓練を受けることを嫌がった。長州藩の場合、家老・村田清風《むらたせいふう》が奇兵隊の前身ともいえる「神器陣《じんきじん》」という軍事組織を、天保一四（一八四三）年に編成していた。やはり最初は武士が反発したようだが、この「地ならし」が効いたのか幕長《ばくちょう》戦争において奇兵隊などの諸隊が強さを発揮し、隊編成がばらばらの幕府軍を圧倒した。

幕長戦争における長州藩の諸隊の活躍は、他の藩をおおいに刺激した。幕長戦争を評して、よく「刀剣が時代遅れになった」といわれるが、「歩兵による集団戦闘システムが実証された」というのが実態である。

諸隊がもっとも活躍したのは戊辰戦争のときだ。諸隊から見た戊辰戦争は、倒幕派と佐幕派の戦闘というだけでなく、「庶民が初めて参加した全国規模の戦争」であった。諸隊の戦闘への参加は、明治維新期の最後の内戦、西南《せいなん》戦争まで続く。西南戦争では白兵戦が終わりを告げた。

諸隊の誕生により、武士が戦闘を存在理由としてきた建前が完全に消えた。国家レベルの軍隊を確立するためには、もはや「武士（のプライド）」など無用の長物となったのだ。この意識は、明治五（一八七二）年、『徴兵告諭《ちょうへいこくゆ》』で明確に打ち出された。同布告では「武士」を「双刀ヲ帯ビ武士ト称シ厚顔坐食シ、甚シキニ至テハ人ヲ殺シ……」と辛辣に表現し、役立たずの浪費者扱いをしている。

◉政治闘争を経て戊辰戦争に突入

暗殺とその報復によるテロ合戦は、文久三（一八六三）年以降、さらに規模を拡大し、翌元治《げんじ》元（一八六四）年の池田屋《いけだや》事件、禁門《きんもん》の変などを経て内乱の時代に突入する。

攘夷派は、感情的・生理的な外国嫌いであった孝明天皇の威を借りて過激化し、公家《くげ》と結びついて朝廷を掌握した。しかし、当の孝明天皇は、攘夷派浪士・公家の言動こそ対外危機を招き、朝廷の秩序を脅かすとして憂慮していた。この天皇の意思に気づいた会津《あいづ》藩、薩摩藩などによる文久三（一八六三）年八月一八日のクーデターで、長州藩および長州系の攘夷派公家は朝廷から排除された。

孝明天皇は会津藩などの働きを評価しつつ、「これまでの攘夷派寄りの発言は多勢に無勢であり、本心ではない」と弁解した。このため、尊攘派がありがたがってきた天皇の威力は落ちた。

元治元（一八六四）年、長州藩は失地回復を狙って上洛し、御所周辺で会津藩、薩摩藩などと激突したが敗北。この大規模な争乱「禁門の変」で幕府は勢いづくが、慶応二（一八六六）年の第二次幕長戦争で惨敗した。それでも、家茂《いえもち》が病死したことを受けて将軍となった徳川慶喜《よしのぶ》が兵庫・大坂の開港の勅許を取りつけ、ペリー来航以後の外交案件を解決して立場は保った。

一方、政局から転落した薩長は互いに歩み寄り、武力倒幕を目指すようになる。そんな折、慶喜が大政奉還《たいせいほうかん》を上奏《じょうそう》する。倒幕派は、慶喜が引き続き実権を握らないように王政復古《おうせいふっこ》のクーデターに持ち込むが、慶喜を含めた公武合体《こうぶがったい》政権を松平春嶽（福井藩）らに主張され、その「公論」を否定できなかった。倒幕派は足踏みをさせられる。

状況が行き詰まるなか、江戸の薩摩藩邸が襲撃される事件が起きた。これは、薩摩藩士の挑発を受けた幕府勢力が薩摩藩邸を焼き討ちしたもので、事件が上方に伝わると、慶応四（一八六八）年正月、ついに幕府軍が動いて鳥羽伏見《とばふしみ》の戦いが勃発する。

鳥羽伏見戦で幕府軍があっけなく敗走すると、大政奉還以来、日和見を決め込んでいた諸藩はつぎつぎに「官軍」支持を表明していく。つまり、朝廷（新政府）の命でも動かなかった諸藩を従わせたのは、錦旗《きんき》の後ろ盾を得た武力への恐れだったのだ。

◉戊辰戦に駆り出される博徒たち

鳥羽伏見戦により戊辰戦争が幕を開けると、佐幕・倒幕両軍があらゆる層の軍事力を求め、諸隊が動き出す。このとき、にわかに脚光を浴びたのが、統制のとれた武力を持つ博徒集団だった。博徒たちは両軍から金や士分取り立てを餌にスカウトされるようになる。彼らの多くは「見返り」目的で戦に赴いたが、倒幕派のイデオロギーにも共鳴して諸隊に加わった博徒もいた。

アウトローは本来、反体制のはずだが、実際にはそうした政治的意識を持たない者が多かった。開港以降、幕藩体制が弱体化するのを幸いとして、彼らは博奕や縄張り争いに没頭した。例えば、清水次郎長《しみずのじろちょう》と宿敵・黒駒勝蔵《くろこまのかつぞう》の抗争は、天誅《てんちゅう》騒ぎが頻発し、寺田屋《てらだや》騒動や生麦《なまむぎ》事件の起きた文久《ぶんきゅう》二（一八六二）年に起きている。博徒たちが時代の渦に飲み込まれ、あるいは自ら飛び込んでいくのは戊辰戦争まで待たねばならない。

戊辰戦争では、戦闘力として求められたほか、共同体の秩序保持のために自警団に活用された博徒も少なくない。

幕府が瓦解すると、江戸からは諸藩の武士や幕臣が消え、戦争が始まるとの風聞もあって町が大混乱におちいった。武士相手の商人・職人らは職を失って浮浪の徒となり、騒動に紛れて武士になりすます者も増え、強盗、強姦、詐欺などの犯罪が相次いだ。近隣の村々や全国でも同様の状態が見られた。

日本列島が一種の無政府状態となるなか、諸藩が頼ったのが博徒だった。領主や豪農らは、自警のために博徒を雇ったのだ。あの清水次郎長も、過去の罪科帳消しを条件に東海道の取り締まりを命じられている。もはやどちらが悪党かわからない状態となっていた。

博奕に参加していた地域住民は、博徒の収入源である賭場を支えていたから、賭場を介して博徒は地域社会とつながっていた。地域の顔役でもあった博徒たちは、戊辰戦争の頃から多発した百姓騒動の取り締まりを依頼されたり、逆にその指導者に推されたりして維新期を迎えていく。

◉「子分一〇〇〇人」という表現は本当か

名の通った親分を表現する際、よく「子分五〇〇（五〇〇〇）人」などという。こうした表現は、あくまで博徒側の虚飾や伝承を通して広まった一種のハッタリではあるが、実際はどのくらいの戦力を動員したのだろうか。

戦後間もない頃の博徒集団を細密に調査した岩井弘融によると、いわゆる部屋住みと通いをあわせて、「常時、中核が二四、二五人もあれば実力一流」（岩井弘融『病理集団の構造　親分乾分集団研究』）だという。これを近世の村で考えると、二五人程度の命知らずが武器をとり集まれば、地域社会でかなりの暴力となったはずだ。五〇人、一〇〇人と増えたら、さらに威力は増す。

村方文書に記録された博徒の喧嘩事件などをみると、五〇、六〇人〜一〇〇人余りといったところが目立つ。例えば、慶応三（一八六七）年、武蔵国入間郡北永井村《むさしいるまきたながい》の博徒、村上《むらかみ》兄弟の喧嘩における五〇人程度（東大和市教育委員会『里正日誌』）、武蔵国所沢《ところざわ》の博徒が一〇〇人余り、狭山《さやま》の博徒が六〇人余り集まった蜂起騒動の記録がある（高尾善希「幕末関東村落における博徒集団と地域社会――武蔵国多摩軍・入間郡域の事例を中心に」『遊戯史研究21』所収）。

つまり、博徒の親分が即戦力としてすぐに動かせる人数は、数十〜一〇〇人程度、多くて二〇〇人程度。この数字は、実際に戊辰戦争に参加した博徒集団の数とおおむね一致する。財力・武力とも乏しい諸藩にとって、実戦部隊として一〇〇人単位をすぐに動かせるというのはかなり心強いことだった。よくいわれる「子分数千人」は、支配の及ぶ範囲までを含めた誇張表現である。

高杉晋作を悩ませた奇兵隊の暴れ者

◉攘夷戦が生んだ庶民混合隊

諸隊のなかでももっとも知名度が高いのは、高杉晋作《たかすぎしんさく》が創設した長州藩の奇兵隊《きへいたい》である。武士・庶民の混成隊として藩の主力をなし、命運をともにした。

高杉は、藩主の毛利敬親《もうりたかちか》・定広《さだひろ》父子に仕えながら、激烈な尊王攘夷論者だった吉田松陰《よしだしょういん》の弟子となり、感化された。松陰が主宰した松下村塾《しょうかそんじゅく》からは、伊藤博文《いとうひろぶみ》（初代総理大臣）、山県有朋《やまがたありとも》（陸軍大将・総理大臣ほか）、品川弥二郎《しながわやじろう》（内務大臣）、山田顕義《やまだあきよし》（司法大臣）、入江九一《いりえくいち》（禁門の変で戦死）・前原一誠《まえばらいっせい》（参議）、吉田稔麿《よしだとしまろ》（池田屋事件で横死）など、幕末維新期に活躍した人材を多く輩出した。高杉と「双璧」と称された久坂玄瑞《くさかげんずい》は、藩内の尊攘派をリードしながら、諸藩の激派とも連携した。

天皇を崇拝していた松陰は、外国と条約を結んだ幕府を厳しく非難し、老中・間部詮勝《まなべあきかつ》の暗殺をくわだてるようになる。松陰の過激な言動は幕府の知るところとなり、時の大老・井伊直弼《いいなおすけ》の弾圧に連座して処刑された。

一方、長州藩は政局に食い込むことを目指し、公武（朝廷と幕府）の仲立ちに着手。直目付《じきめつけ》・長井雅楽《ながいうた》による「航海遠略策《こうかいえんりゃくさく》」を藩論として幕府に提案した。「航海遠略策」は、開港後の現状を冷静に踏まえた建設的な内容だったことから、公武合体派に評価され、藩のもくろみ通りに事は進んでいった。しかし、幕府による開国を既成事実として認める長井の案は、久坂ら藩の攘夷派には許しがたいものだった。久坂は長井を暗殺しようと動き、同時に全国の尊攘派と結んで朝廷工作に入る。

そんな折、高杉に、志願していた海外渡航の話が舞い込む。幕府の貿易視察団に幕臣の従者として加わり、清国《しん》・上海《シャンハイ》に行けることになったのだ。この上海での経験が、その後の考え方を左右していく。

高杉が上海で見たのは、かつての大国が列強の食い物にされた無残な姿だった。約二〇年前にアヘン戦争でイギリスに負けた清国は、貿易の主導権を諸外国に奪われ、植民地化していた。高杉は、外圧に屈した結果を目の当たりにし、日本も同じ道をたどるのではないかという危機感と焦燥にかられる。

高杉晋作が創設した奇兵隊

そして帰国後、突き動かされるように過激な攘夷活動に走る。久坂ら同志と外国人の暗殺を計画したり、英国公使館を焼き払ったりと、テロ活動を展開した。こうしたなか、長州藩は文久二（一八六二）年、久坂や桂小五郎《かつらこごろう》の働きかけにより、藩論を公武合体から攘夷に切り替えた。久坂らと結んだ攘夷派公家の働きかけで上洛を命じられた将軍家茂は、「文久三（一八六三）年五月一〇日」を攘夷実行の期限とすることを誓わされた。
長州藩は急進的な攘夷論で一本化するため、罪人として処刑された松陰の復権を進め、松陰に連座して失脚していた勢力が復帰する。
家茂が攘夷の期限として約束させられた文久三

（一八六三）年五月一〇日。長州藩は下関砲台から、関門海峡を通過する外国商船を砲撃した。だが、この「攘夷実行」に続く藩はなく、長州藩は外国軍艦から立て続けに報復を受けて惨敗し、一気に守り戦に転じる。この窮地を救うために高杉が提案したのが、奇兵隊だった。

高杉が藩主父子に提案したという言葉「願わくば馬関《ばかん》（下関）のことは臣に任ぜよ。臣に一策あり。請う、有志の士を募り、一隊を創立し、名付けて奇兵隊といわん」（日本史籍協会編『奇兵隊日記』）にあるように、奇兵隊は藩の正規兵ではなかった。藩主・毛利敬親は快諾し、高杉は初代総督に就任した。奇兵隊はさっそく下関沿岸に出て戦ったが、四か国連合艦隊の近代兵器には、手も足も出なかった。

奇兵隊の隊員数は、もっとも多い時期で五〇〇人ほど。内訳は、武士が五割、百姓四割、その他が一割。武士も八割以上が足軽《あしがる》・中間《ちゅうげん》・陪臣《ばいしん》など最下級の士分であり、百姓も七割が平百姓だった。全国では奇兵隊のような庶民を加えた諸隊がつぎつぎに誕生し、その数は四〇〇を超えたといわれる。

◉領内で怖がられたあぶれ者集団

「聞いて恐《おそ》ろし　見ていやらし　添うてうれしい奇兵隊」

山口県内、とりわけ徳地《とくじ》（山口県山口市）地方でよく知られた奇兵隊の俗謡である。「外見が怖く、いやな噂も聞くだろうが、一緒になってみると頼りになる、意外と悪い人たちではない」といった意味だろう。奇兵隊は世間ではならず者集団とみなされていたから、宣伝としてこの歌ができ、広められた。作者は高杉との伝承がある。

実際、奇兵隊には百姓の次男、三男や中間などのあぶれ者が目立ち、一見したところ、ごろつき集団のように見えた。そして、それゆえのトラブルも後を絶たなかった。

歌ができる背景には、奇兵隊の好感度を上げる目的だけではなく、当時、藩が直面していた内《ない》憂外患《ゆうがいかん》の危機もあった。「内憂」は、朝廷での勢力を失ったことによる内紛であり、「外患」は前述の下関《しものせき》戦争である。

長州藩は、会津藩、薩摩藩が仕掛けた政変で都を追われ、その後、巻き返しを図って起こした禁門の変でも敗北した。その結果、一連の事態を招いた尊攘派が失脚し、これと対立してきた保守派閥が台頭していた。

一方、高杉は奇兵隊の結成と同時に藩士で構成された正規軍「先鋒隊《せんぽうたい》」に精鋭一〇〇人を加えて再編を進めた。すると、身分の違う先鋒隊と奇兵隊は衝突するようになる。烏合《うごう》の衆だと見下された奇兵隊士たちは鬱屈した感情を爆発させ、ついに乱闘事件が起きてしまう。奇兵隊が、先鋒隊の宿舎である教法寺《きょうほうじ》を襲撃し、隊士ひとりを殺したのだ。高杉は事件の責任をとるかたちで総督を辞任した。

やがて奇兵隊は、藩の実権を握った保守層から解散を命じられたが、これに反発して徳地に転陣する。冒頭の俗謡はこの折にできたという。徳地では、「士民の支持を得られるよう礼儀正しく」「農家にみだりに立ち寄らない」「農作業の邪魔をしてはならない」「言葉遣いは丁寧に。乱暴な言動は慎む」「牛馬が通ったら道の端によけて通すこと」「作物を植えていない畑でも踏み荒らしてはならない」……といった厳しい「諭告」が出され、少しずつ隊士の評判もあがり、志願兵が増えた。諭告の内容は、「～してはならない」と言動を禁じるものがほとんどであり、普段の隊士の言動が浮かび上がってくる。言葉遣いに関する諭告には「いかつかましき儀これなき様」とあり、やはりガラが悪い者が多かったことがうかがえる。

中央は高杉晋作。右の伊藤博文は力士隊を率い、奇兵隊を支えた

◉脱退騒動の末路

現在では、士民混成の奇兵隊に対して「反封建的」「民主的な市民兵」といった印象を抱く人もいるようだ。戦前、徴兵制の先駆として称賛された奇兵隊は、戦後、明治維新の評価の変遷とともにイメージを変え、近年では政党の宣伝に使われるなど、複雑に変化した。

ではその実態はというと、高杉が当初、藩政府に出した案では「藩士・陪臣・軽卒を選ばず同様に相交わり」と、「武士階級内の有志」を集めるのが目的だった。とはいえ、武士の人口は全体の一割ほどしかいないためなかなか数がそろわず、結果的に庶民を募った、というのが実情だったのだ。士分取り立てをちらつかせて半強制的に兵を募る村もあったという。

しかし、奇兵隊に入っても百姓らには武器が与えられるのみで、名字帯刀《みょうじたいとう》はなかった。おまけに、隊服には袖印の素材まで細かい規定が設けられるなど、身分差別が徹底された。

こうした状況下で不満をためながらも、隊士たちは実績を重ねて戦闘力をつけていった。下関戦争の次に体験したのは、高杉が保守層から政権を奪取するために起こした藩の内戦だ。

当初、保守層に押さえ込まれていた奇兵隊など諸隊は高杉の挙兵に呼応せず、むしろ保守層に歩み寄ろうとしていた。高杉は、ほとんどの味方がそっぽを向くなか、遊撃隊《ゆうげきたい》や力士隊《りきしたい》などわずか八〇名（異説あり）ほどの手勢を率いて挙兵した。そして、下関の新地会所《しんちかいしょ》（藩の財政拠点）を襲撃したのち軍艦を奪うと、保守層は鎮圧軍を放ち、戦闘が始まる。

しばらく戦況をうかがっていた奇兵隊は三週間ほど経つと藩政府陣営を奇襲して、高杉に加勢した。以後、高杉とともに各地を転戦して藩政府軍を負かしていく。結果、高杉は狙い通りに藩権力を奪い返した。顔ぶれを一新した藩政府は「藩の正当性を幕府と朝廷に訴え、聞き入れられなければ戦闘も辞さない」という「武備恭順」を藩論とした。

だがその後、戦功のあった奇兵隊士らによる増長が目立つようになる。政治に口を出す者も出始め、藩政を監視すると称して藩主の菩提寺である東光寺《とうこうじ》にたむろしたりした。高杉もこれには苦慮したようで、佐世八十郎《させやそろう》（前原一誠）宛ての手紙で、奇兵隊結成を「やむをえず」と表現するなど、後悔の念をにじませた。だが、藩としては着実に力をつけていた奇兵隊に頼るほかなかった。

内戦後の長州藩は、勢いづいたまま戊辰戦争に突入する。その頃になると、攘夷戦を経験したことでイギリスから一目置かれるようになり、水面下で薩摩藩と接近して武備を充実させた。戊辰戦争が終わり、奇兵隊は意気揚々と凱旋した。すると、長州藩改め山口藩《やまぐち》は、五〇〇〇人以上に膨れ上がった奇兵隊などの諸隊を持て余すようになる。こうしたなかで起きたのが「脱退騒動」だった。

明治二（一八六九）年一一月二七日、藩は諸隊の半分の約二二五〇人を常備軍に再編し、残りを解散すると公表した。常備軍は御親兵《ごしんぺい》（国軍）になる予定だった。

これを知った奇兵隊士ら諸隊の面々は激怒した。論功行賞《ろんこうこうしょう》も行われていないうえ、実績よりも身分を重視した「精選」に、不満が噴出したのだ。選ばれなかった者の多くは、奉公人などの日雇い層や百姓の次男、三男であり、家に帰っても耕す田畑もない。

強引に集められて、戦が終われば身分が低いからと切り捨てられる――。「精選」からもれた一二〇〇人ほどが藩政府に抗戦しようと隊を抜け出し、宮市《みやいち》（山口県防府市）に集まった。ここに、新政府に疑問や不満を抱く諸階層の者も加わり、抵抗軍は約二〇〇〇人に達する。さらに、これに刺激されて藩内各地で百姓一揆が起きた。

新政府の要職に就いていた木戸孝允《きどたかよし》（桂小五郎から改名）は、毛利敬親に上京を依頼するなどの所用でちょうど国元へ戻っていた。そして奇兵隊の脱退騒動を知ると、急きょ、武力鎮圧に動く。このとき、東京からは長州出身者からなる御親兵や大久保利通《おおくぼとしみち》ら薩摩人も山口入りしており、薩摩勢が武力介入のそぶりを見せた。木戸は、薩摩の介入を許して大事に至らないようにと、脱走兵らに対する厳しい弾圧に踏み切る。

脱走兵は一〇〇人以上が見せしめのようにして刑死を遂げた。逃亡先の故郷で捕らえられて斬首された者など、悲惨な記録も残っている。なかでも、明治三（一八七〇）年三月二日、柊《ひいらぎ》の刑場で首をはねられた佐々木祥一郎《ささきしょういちろう》という元隊士の凄惨な死は語り草になった。脱退騒動の首謀者のひとりだった佐々木は、刑場に引き立てられる際、抵抗して暴れた。このため役人に鉄棒で叩きのめされて血みどろになりながら息絶えたという。佐々木は奇兵隊創立当初からの隊士で、小倉《こくら》戦争のときは高杉のそばで奮戦した。脱退騒動のときも、最悪の事態を避けるため交渉にあたっていた。それだけに、処刑に対して最後まで納得できなかったようだ。

このように、「維新の立役者」である長州藩の奇兵隊は陰惨な末路をたどった。

戊辰戦争を機に戦死者への国家規模の顕彰が始まったが、長州藩は開戦前からこれを行っていた。文久二（一八六二）年、孝明天皇が非業の死を遂げた者の祭祀を命じたためで、奇兵隊など諸隊の招魂場を藩内に設けていたのだ。

死者に栄誉を与えることで、兵は「国のために死ぬ」と士気が高まる。だが、勝ったにもかかわらず身分差で切り捨てられたとなれば、その怒りは計り知れない。「死」に武士のそれのような意味づけをされ、信じ込んでしまっただけに、死んでなお踏みにじられるような屈辱を感じたのではないだろうか。「志士」の死が特別視されることと比べると、明治維新のある本質を示しているようでもある。

戊辰戦後の解体をめぐる騒動はほかの藩でも起きている。後述する尾張藩の集義隊のように、博徒が加わった隊では怒りのエネルギーがすさまじく、執拗な反撃が起きた。

大鳥圭介と伝習隊のアウトロー

◉幕府の瓦解と歩兵の脱走

慶応四年(一八六八)四月一一日、江戸城が新政府軍に明け渡された。開城は幕府滅亡の象徴であり、旧幕臣や町人に大きな衝撃を与えた。そして、江戸開城は同時に新たな動乱の幕開けでもあった。

同日、旧幕府側で三つの大事件が起きた。榎本《えのもと》艦隊の脱走、彰義隊《しょうぎたい》の結成(第四章で詳述)、そして歩兵隊《ほへいたい》の脱走である。いずれも計画性はなく、連携せずにばらばらに動いたから、新政府軍は慌てた。

同年四月二三日付『公私雑報《こうしざっぽう》』（旧幕臣が発行したとされる新聞）は、活気が失せた江戸の町の様子を報じている。諸藩の大名屋敷は空になり、武家奉公人が一斉に消えて人口が半減した。この時期の東京（江戸）の都市問題については第五章でも触れるが、残った人々の二五パーセント弱にあたる一〇万人以上が貧民となるなど、町の衰退ぶりは目を覆うばかりだったという。

町では戦争のどさくさに紛れて強奪や押し借りなどが多発し、町人たちは自警団を組んだ。同紙には四月一〇日、小石川白山下《こいしかわはくさんした》の質屋『伊勢又《いせまた》』に、彰義隊を名乗る武士三人が押し入って軍用金を脅し取ったとの記事もある。この時期、もっとも目立ったのが彰義隊などの諸隊をかたった犯罪で、犯人を捕らえた者に五～一〇両の報奨金が出ていたほどだ。この件でも、自警団が協力して捕らえるとやはり偽者だった（新聞集成明治編年史編纂会編『新聞集成明治編年史　第一巻』）。

ここで、現代人の「神の視点」を取り払い、江戸開城のときに戻ってみる。

薩長が権力を握ったとはいえ、まだ勝敗はついておらず、各勢力には各国で割拠する道も残されていた。西国では高杉晋作が開港を構想していた下関や、鹿児島の港を世界に開けば、経済的自立も見込める。東北諸藩には新潟港《にいがた》を国際貿易の場として共有しようとの声があり、旧幕軍はすでに国際港となっていた箱館《はこだて》を目指した。

江戸の土を踏んでいた人々にとっても「先が見えない世界」は目の前に広がっていた。徳川慶喜は寛永寺から水戸へ下ったが、榎本武揚《えのもとたけあき》が国内最強の艦隊を率いて品川から出港したとの風聞が流れてくる。土方歳三《ひじかたとしぞう》、大鳥圭介《おおとりけいすけ》らが宇都宮《うつのみや》城を奪ったとの噂も聞こえてきた――。

江戸開城時点では、両軍の力関係は拮抗していた。菊と葵が入り乱れ、列島は無政府状態の真空地帯だ。この不確実性はつねに余地を残しており、事態は流動的だった。こぼれそうでこぼれない表面張力のような時間のなかで、諸隊の兵士たちは「まだやれる」と口々に叫びながら、武器を手に北上していく。

◉歩兵の募集条件は「強壮の者」

歩兵は、銃を持った兵士が徒歩で戦う。じつは、これだけのことが当時の人にとっては大変革だった。

歩兵の基本の動きは、銃隊を組むこと。集団行動である。現在では小学校で習う集団行動も、当時の日本人にとっては「身体革命」だった。まず直立不動の姿勢から始まり、「前へならえ」「ならえ、右」「前へ、進め」といった動きを覚えた。運動会でおなじみのこの動作は、この歩兵調練がルーツだ。

次の難関が、歩くことと走ること。当時は多くの人が、集団で歩くときに整然と行進する習慣がなく、現代人のように腕と足を互い違いに降って走らなかった。そうした古くからの身体の動きを変え、整列、前進、後進、停止、駆け足などをそろって整然とできるようになってはじめて、銃が持てる。そして、射撃の練習の前に、「肩へ、銃《つつ》」「捧げ、銃」などの号令に合わせて、銃の上げ下ろしの動きを叩きこまれた。

幕府は歩兵隊創設に先がけて、幕臣を対象にした軍事改革にも着手していた。安政三（一八五六）年、海防の必要性から開設された旗本・御家人のための武術講習所、「講武所《こうぶしょ》」である。ここでは砲術が取り入れられ、翌年、深川《ふかがわ》に銃隊調練所《じゅうたいちょうれんじょ》もできた。ところが、旗本たちは洋式軍隊に対して強い拒否感を示し、欠席者が続出した。そもそも鉄砲は足軽が持つものであり、西洋人の恰好をして歩いて戦うなど旗本の誇りが許さない、というわけだった。そこで幕府はやむなく歩兵隊創設に踏み切ったのだ。

諸藩も同様の悩みを抱えていた。土佐藩士の片岡健吉《かたおかけんきち》は後年、藩兵についてこう語った。――「当時、武士からなる諸藩の兵隊は、個人レベルでは戦闘力があっても、隊伍の編成がバラバラで訓練も受けておらず、銃はただ携えているだけだった」（石川安次郎『沼間守一』）。集団での動きは歩兵の基本だ。藩の正規兵の訓練不足は、どの藩でも少なからず見られた。

歩兵隊は、旗本が幕府に差し出す「兵賦《へいぶ》」で編成された。旗本が知行地《ちぎょうち》（のちに天領にまで拡大される）から徴集した百姓などの庶民が、兵賦（歩兵隊士）になる。幕府から兵賦の条件として出されたのが「丈《たけ》高く強壮の者（体格のよい頑丈な者）」で、「品により御取立」――きちんと勤め上げれば士分取り立てもあるだろう、との誘い文句もついた。

第一章で述べたように、当時は剣術道場が繁昌し、若者が武士に憧れる土壌は育ってはいた。

だが歩兵隊に対しては、五年間も拘束されるうえに外国との戦争が起きるという風聞もあり、志願者は少なかった。そのため、割増金を与えてあぶれ者や厄介者を送り込む村もあった。結局、数がそろわず、「兵賦」は金納化された。その金で幕府が兵を直接雇用することになり、江戸では口入屋《くちいれや》がこの雇用を請け負った。

　こうして歩兵隊に集まったのは、百姓の次男、三男、商家や武家の下働きや下層職人などの貧困層――第一章で紹介した、無宿と隣り合わせの犯罪予備軍の者たちだった。鳶《とび》職など、募集条件通りの力自慢の者、荒くれ者も目立った。こうした者に目をつけたのが、歩兵奉行を務めていた大鳥圭介《おおとりけいすけ》だ。

大鳥圭介

　播磨《はりま》国赤松《あかまつ》村の医師の家に生まれた大鳥は、大坂に出て緒方洪庵《おがたこうあん》の適塾《てきじゅく》で蘭方医学を学んだ。二二歳の折、さらなる学びの場を求めて江戸に出ると、西洋兵学を修め、次第に兵学者として知られるようになる。安政四（一八五七）年、江川太郎左衛門（英敏《ひでとし》）の塾の教授に招かれると、練兵・築城・銃製法の講義を担当。幕府から御鉄砲方を拝命し、幕臣に取り立てられた。また、榎本武揚とともに中浜万次郎《なかはままんじろう》から英語・航海・測量などを学んだ。

歩兵隊では精鋭隊である「伝習隊《でんしゅうたい》」を組織し、第一・二大隊の隊長となると、自らも調練に加わりながら指揮法を習得した。鳥羽伏見戦に際しては歩兵頭並《かしらなみ》から歩兵奉行に昇進し、歩兵伝習隊八〇〇人を前線に送り込んでいる。

大鳥は伝習隊に接するうち、次のような信念を抱くようになる——「強敵に当るには（略）その頃市中に居る所の馬丁《ばてい》、陸尺《かごかき》などは、大名が国に往った後（参勤交代廃止のこと）は無職にて、市中に徘徊して悪い事をして仕様がない、見世物を毀《こわ》しに行くとか、芝居へ暴れに往くと云ふ風で、町家の者は皆困り果てて居る。あれを集めたら宣かろうと云ふ事で、その時の消防夫または博徒なども呼び集めた」

江戸市中にあふれていた失業者や肉体労働者、火消、そして博徒などのアウトローに目をつけたのだ。無頼漢まで集めたため、周囲からは「あんな連中では命令に背く」と忠告されたが、「禽獣ではないから能《よ》く道理を言って聞かすれば分る、平生の取り締まりに困る位の荒武者でなければいかぬ」と答え、むしろ積極的に採用したという（山崎有信『大鳥圭介伝』）。

大鳥が決めた基準は「身長五尺二寸（約一五八センチ）以上の者」と単純だった。自然と力自慢の者が集まる。もともと駕籠かきなどは、大名が威勢を張るために、体格がよく向こう気が強い者を雇うことが多かったから、戦闘にも向いていると考えたのだろう。博徒や馬丁、火消などの荒くれ者たちを中心に集められた伝習隊は、フランス式の伝習（調練）を受け、最新式のシャスポー銃を持たされ、幕府陸軍で最強と呼ばれた兵に成長していった。

◉歩兵やくざの吉原討ち入り事件

幕府が提示した歩兵の給金は年十両が上限だった。これを一日に換算すると一八〇文程度。当時、成人男子が一日に食べた五合の米を小売価格にすると一八〇～二〇〇文弱。大工の日当が四五〇文程度だったたから、低賃金といっていいだろう(文久三年頃の物価で換算)。隊士たちの不満はすぐにたまり、調練のない日に町でトラブルを起こすようになる。なかでも多いのが無銭飲食で、「歩兵党の儀は、在々の油虫（田舎から来た出稼ぎのこと）を種に仕り候につき、食ひ逃げ上等に仕り」という戯れ歌ができたほどだった。

歩兵隊の悪評を挙げればきりがない。市井の人々の回想から拾ってみる。

最初は田舎から徴発するはずだったのが、手が廻兼ねたか、江戸中の破落戸《ならずもの》なん

洋装した幕府軍の歩兵隊

かを募集してしまったもので、カラモウ仕様のない荒れ廻り方で、諸方を暴れました。西丸に一組、神田三崎町土屋の邸《やしき》に一組いたんです。これが吉原へ暴れ込み、大変な乱暴を働いた。その乱暴の原因はというと、市中御取締酒井左衛門様の巡邏隊との衝突が基なんです。

（篠田鉱造『幕末百話』）

歩兵は制服を初めて着たともいわれ、茶色の麻製の筒袖に「だんぶくろ」と呼ばれたズボンをはき、散切り頭に軍帽という洋装が目を引いた。銃剣用の脇差を差し、肩には剣のついた鉄砲をかけていた。身分が低く、待遇が悪いところへ武器を持たされたものだから気が大きくなり、江戸市中を取り締まった庄内《しょうない》藩士（文中の「酒井左衛門様」は庄内藩主のこと）としばしば衝突した。なお、歩兵隊の屯所《とんしょ》は、西丸下《にしのまるした》、大手前《おおてまえ》、小川町《おがわまち》、三番町《さんばんちょう》の四か所にあった。

有名な歩兵隊の「吉原討ち入り事件」には、前哨戦として宿敵・庄内藩士との騒動があった。

事の起因《おこり》は芝居町（猿若町三丁目）の芝居へ歩兵がやって来た、皆柔和《おとなし》くして飲んでいればよいのに、暴れたもんですから、芝居の方でもそうそうは勘弁して居られず、「イヤ図々しい茶袋だ」と、市中取締の酒井様御番所へ届けると、詰合《つめあい》の人々日頃歩兵の乱暴を憎んでいられたから、総勢穂の短い槍を提《ひっさ》げて駆付る。こちらは芝居が幕を明けるところで、歩兵が暴れ出したというので、皆逃出す。老若男女の狼狽、ソコへ抜身の槍を提げて、酒井様の御巡邏が入って来たから、いよいよの騒ぎ。（篠田鉱造『幕末百話』）

「茶袋」というのは、制服からついた歩兵のあだ名である。五人の歩兵が芝居小屋で暴れ、巡回中の庄内藩士ともみあいになった。うち二人は槍で股を突かれて捕らえられ、三人が逃出して屯所へ戻り、勢い込んで事情を話す。芝居小屋で邪魔者扱いされたと聞いた屯所の仲間たちは、「己《おの》れ旧式の巡邏がなにを小癪《こしゃく》な」といきり立ち、報復しようとそのまま芝居小屋へと向かった。一方、庄内藩士にも応援が加わり、一触即発というところでなんとか収まったという。

この騒ぎの後、吉原で歩兵一三人が撲殺されるという事件が起きる。殺したのは庄内藩士ではなく、日ごろから彼らを憎んでいた町人たちだった。事件を知った歩兵隊は復讐に燃え、数百人の隊士が吉原の町へ鉄砲を撃ち込み、角海老、玉屋、大黒屋などの大店《おおだな》も含めて五〇軒以上を破壊してまわった。ひととおり暴れると合図の太鼓に合わせて整列して戻ったともいわれ、江戸の情報屋の『藤岡屋日記《ふじおかやにっき》』は、「歩兵指図役も加わり、家は壊しても人は殺すなという命令も下していた」との風聞を書き留めている。

歩兵は銃と脇差は持たされても、帯刀は許されなかった。これは、当時の感覚では明確な身分区別である。おまけにやくざ者や食い詰め者が多かったから、なにかにつけて見下されて鬱憤がたまり、銃を使ってしまう。武器を持つことの宿命でもあるかもしれない。

◉晩年に一瞬の輝きを見せる

慶応四（一八六八）年、鳥羽伏見戦に負け、江戸へ戻った歩兵隊は八〇〇〇人を超えた。戦闘の興奮が冷めやらぬなか、生活不安がのしかかり、殺伐としていた。元の生活に戻っても困窮するばかりだが、一歩踏み出せば給金がもらえるかもしれない。そう考えた者の多くは、旧幕軍に投じて抗戦することを決めた。

江戸方面から騎馬の武者が美麗ないでたちで一五人ほどが多くの兵隊を率いてきた。ただし小銃を持つものは少なく、殆《ほと》んどが長刀や長剣を帯び、まるで戦国頃の武者絵の姿であった。（大鳥圭介著、山崎有信編『大鳥圭介南柯紀行』）

抗戦を焦るあまり、武器もそろわないまま挙兵した者たちの様子である。彼らの外見には混乱状態が表れていた。

多摩地域では、軍事的要衝である甲府を目指して脱走した歩兵が大挙して押し寄せ、村々で金品や宿を強要した。例えば、府中《ふちゅう》宿では歩兵四〇〇人以上に昼食を提供して宿を与え、人足や馬を出し、宿場の者が金品を奪われた記録が残っている。伝習隊からは四〇〇人ほどが八王子方面に脱走し、大鳥圭介の手勢と合流した。歩兵第一一・一二連隊も脱走し、これを歩兵頭の古屋佐久《ふるやさく》左衛門《ざえもん》が統率して羽生《はにゅう》陣屋（埼玉県羽生市）に集まり、下野《しもつけ》の簗田《やなだ》で東征軍と戦った。

こうした者たち約二千数百余りが続々と国府台《こうのだい》（千葉県市川市）に集まった。土方歳三《ひじかたとしぞう》ら新選組も合流する。この少し前、江戸城で依田学海《よだがっかい》に「これからは鉄砲でなければならない」と語った土方はこの後、実際に近代兵の有能な指揮官に化けていく。

歩兵隊は、伝習隊第一・二大隊と歩兵七連隊それぞれを中核とした三軍に分けられ、全軍の総督に大鳥、参謀に土方が就任した。伝習第一大隊を率いたのは、会津藩を脱藩した秋月登之助《あきづきのぼりのすけ》。なお、この旧幕軍には桑名《くわな》藩士もいて、出自こそ違うが「身内」で固めた旧幕軍脱走隊は結束も士気も高かった。さらに、元老中・板倉勝静《いたくらかつきよ》が日光入りすると、会津・桑名・水戸藩などからの脱走者が日光に集まり、板倉を頭首として宇都宮占拠をねらった。東北では、江戸開城の翌月、奥《おう》羽越列藩同盟《うえつれっぱんどうめい》が成立し、新政府軍との交戦に傾いていく。

大鳥が率いる本隊と土方隊は二手に分かれて宇都宮城を東西から挟み撃ちするつもりで進軍した。宇都宮城の戦いでは激しい攻防戦が繰り広げられ、最終的には新政府軍が奪還する。この戦闘中に土方は負傷して戦線を離脱し、大鳥隊は今市《いまいち》で板垣退助《いたがきたいすけ》率いる土佐兵と大規模な戦闘になり、大きな損害をこうむって敗走する。その後は会津・白河藩境の母成峠《ぼなりとうげ》での戦闘などを経て榎本艦隊と合流すると、蝦夷地を目指す。

伝習隊士の戦いぶりは、北関東、東北でのこれらの戦闘を経てめざましく上達した。旧幕臣・沼間守一《ぬまもりかず》が率いる伝習隊と、今市で対戦した土佐藩の片岡健吉《かたおかけんきち》は次のように回想している。

幕府の兵士は多くが市井の無頼漢だったため、我々はこれを侮っていた。いくら幕軍数千万といえども、無頼漢では実戦の役に立つまいと思っていたのだ。ところが、今市で沼間君が率いる兵と戦うと、それが誤りだとわかった。（石川安次郎『沼間守一』）

幕末も大詰めの慶応三（一八六七）年、歩兵の精鋭部隊である伝習隊は、フランス人将校に教えを受けていた。新政府側ではこれを、いくら精鋭隊とはいえ、「ごろつきどもが役に立つものか」と見くびっていたのだ。ところが、いざぶつかってみると予想外に強く、驚いた。片岡は戦場でこんな場面にも出くわす。

幕府軍には市井無頼の徒が多く、実際に死んだ兵士を見ると、鯉の滝登りなどの入墨を彫った者や、ランドセルにサイコロなど博奕の道具を入れた者がいた。だがこうした者たちも銃を持てばラッパの音で整然と動き、巧妙な戦術を繰り出す者もいて、実に驚いた。（同）

歩兵隊の初戦は、元治元（一八六四）年、筑波山《つくば》で挙兵した水戸天狗党《みとてんぐとう》の鎮圧だった。その後、幕長戦争、鳥羽伏見の戦いを経験したが、いずれも活躍できたとはいいがたい。ただ、なかには粘った者もいたらしい。第二次幕長戦争では戦国時代のいでたちの彦根藩兵らが惨敗したが、歩兵隊だけは、負け戦のなかでも互角の奮闘ぶりを示した。敵方の奇兵隊と同様に集団戦を理解し

蝦夷地へ渡った旧幕府脱走軍の兵士。(函館市中央図書館所蔵)

ていたからだ。勘のいい者は、脱走後の激戦を経てさらに戦闘力を上げた。誕生から七年、皮肉にも幕府瓦解後に強さを増したのだ。

一方、大鳥の将としての評価は、北関東を転戦している間に下がるいっぽうだった。味方からも「兵隊、大鳥某に服せぬ趣もこれあり」（島田魁『島田魁日記』）、「大鳥は当時名ある兵学者なりしも、実戦はもちろん、機動演習の経験すらもなかりければ万事手落多かりき」（会津戊辰戦史編纂会編『会津戊辰戦史』）と手厳しかった。宇都宮戦で負傷した土方が、療養中に自分の兵を大鳥へ預けたときも、評判はよくなかった。秀才肌だが現場指揮官には向いていなかったようだ。

大鳥は、蝦夷地《えぞち》の旧幕軍につきまとう情緒的な「滅びの美学」とは無縁だった。西洋兵学者らしい合理性と生来の明るさ、図太さゆえだろうか。箱館で投降した時の有名な言葉は、彼の性格をよく表している。――「箱館で降参した時も榎本（武揚）は正直だったからしきりに切腹したがった。（略）僕はそう思っていたよ。なに降参したって殺されやしない」

大島に対する評価の低さに反して、ならず者部隊こと伝習隊の評判は新政府軍に知れ渡った。歩兵たちは、大島以上に図太かった。そもそも武士ではないから、仲間同士の連帯はあったが、旧幕府への忠義などない。会津から箱館へ渡る間にも数人、数十人と固まって逃げた兵士たちもいた。最後に残った歩兵の数は、史料により開きがあるが、一〇〇〇人前後から一八〇〇人（『史《し》談会速記録《だんかいそっきろく》』『太政官日誌《だじょうかんにっし》』『函館戦記《はこだてせんき》』による）。戦後処分も、庶民だったため軽く、わずかな路銀を渡されて故郷へ帰ることを許された。名字帯刀の淡い夢は潰《つい》え、故郷へ戻っていった者たちのその後はわかっていない。彼らの死もまた、滅びの美学とは無縁の、私たちの身近に横たわる死だ。

「赤鬼」衝鋒隊と古屋佐久左衛門

◉火消頭が率いた歩兵脱走隊

前項で大島圭介の伝習隊について述べたが、本項では幕臣・古屋佐久左衛門《ふるやさくざえもん》が率いた歩兵「衝《しょう》鋒隊《ほうたい》」を追ってみたい。

衝鋒隊は、箱館戦争まで転戦するうちに名を馳せ、「一に衝鋒、二に桑名《くわな》、三に佐川《さがわ》の朱雀隊《すざくたい》」といつしか俗謡《ぞくよう》に歌われるほどの強さを誇った。古屋がイギリス陸軍の兵制を学んでいたことから、イギリス兵にならって歩兵たちに赤い隊服を着せたこともあり、一時は「赤鬼」と恐れられたという。やはり博徒などの無頼の者が目立ち、戦闘の合間にはランドセルからサイコロを取り出して博奕を始めた。

衝鋒隊の母体は、大坂で募集された歩兵第一一・一二連隊である。この二つの隊は、初陣で鳥羽伏見の前線に送り込まれた強者ぞろいだった。それぞれ指揮官は戦死し、総大将の徳川慶喜が江戸へ逃げてしまったため、仕方なく東海道を歩いて江戸へ向かった。

歩兵隊は、幕府の瓦解とともに失業する職業軍人だったから「会津に行けば歩兵の口がある」との風聞に揺れた。みな「仕事」を求めていた。そして慶応四（一八六八）年二月七日夜、当直の士官を射殺して三番町の屯所を抜け出すと、会津を目指して五〇〇人が脱走する。大鳥が率いた伝習隊が脱走する前のことだ。なお、幕府の洋式諸隊は大半が脱走している。

烏合《うごう》の衆だったが、自然とリーダーが現れた。脱走を扇動し、率いた火消出身の村上長門之介《むらかみながとのすけ》という男だった。みなに声を届ける迫力と人望があったのだろう。ならず者が混じる歩兵だけに、体格がよく力自慢の頭目だったことが想像される。火消時代は纏《まとい》持ちを務め、背中は堂々たる雲龍《うんりゅう》で彩られていたという。

村上率いる脱走隊の引き戻しを命じられたのが、歩兵指図役頭取《ほへいさしずやくとうどり》を務めていた古屋だった。古屋は、塩谷《しおや》郡佐久山《さくやま》宿（栃木県大田原市）で一行に追いつくと、説得して帰順させた。もっとも、古屋は新政府軍に徹底抗戦するつもりだったから、首尾よく村上たち脱走兵を配下におさめ、持ち駒が増えたと内心は喜んでいた。ただし、脱走兵と先導者は処罰されることになっているから、村上たちの脱走騒動をうまく処理しなければならない。そこで古屋は、無頼漢を捕まえてきて村上長門之介に見立てて処刑すると、村上本人を「梶原雄之助《かじわらゆうのすけ》」と改名させた。そして、江戸へ戻ると次のような文書をしたため、陸軍局に提出した。

脱走兵の隊長は斬首のうえ梟首《きゅうしゅ》しました。ここにいる一同は隊長に無理やり服従させられた、いたって殊勝な者たちであり、謹慎しておりました。道中、村での強奪行為もなく、徳川の御為、志を遂げようとしております。みな強壮で勇気もあり、防衛戦に役立つでしょう。

脱走兵は古屋のねらい通り許され、この時点で三七〇人に減った脱走兵を首尾よく乗っ取った。さらに古屋は、陸軍局から信濃鎮撫隊《しなのちんぶたい》を拝命し、予算と武器類、兵六〇〇人を与えられた。幕府は、開戦の少し前に歩兵を量産していたから、余っていたのだ。なお、その裏では抗戦派を江戸から追い払いたい勝海舟《かつかいしゅう》の思惑も動いていた。信州鎮撫隊は新選組を再編した甲陽《こうよう》鎮撫隊と同時進行で生まれた。

古屋はかつての下役・今井信郎《いまいのぶお》を呼び寄せて副隊長とし、信州へ向かう。兵は総勢九〇〇に膨れ上がった。

慶応四（一八六八）年三月九日、梁田宿《やなだ》（栃木県足利市）にたどり着いた古屋たちは、新政府軍の奇襲攻撃を受けて敗走。その後、鹿沼《かぬま》で隊を再編成すると、二二日に会津入りし、松平容保《まつだいらかたもり》に謁見《えっけん》する。この折に配下の歩兵隊が「衝鋒隊」と名付けられた。その後は元桑名藩主・松平定敬《さだあき》がいる越後国・柏崎《かしわざき》を目指して行軍し、四月に入り新潟に着いた。

定敬は、慶喜、実兄の容保とともに大坂城を抜け出した後、江戸で謹慎し、藩の飛び地である柏崎で蟄居《ちっきょ》しながら朝廷の裁きを待っていた。古屋は定敬を盟主にあおぎ、越後では高田《たかだ》藩、信州では松代《まつしろ》藩を味方につけ、信越諸藩を従わせようともくろむ。松代藩は亡き佐久間《さくま》象山《しょうざん》仕込みの大砲隊が名高く、高田藩とともに強敵であるため、押さえておきたかったのである。

◉荒れた兵を従わせた硬骨の将

このように古屋が歩兵脱走隊を手中に収める流れはじつに鮮やかであり、その言動からは、したたかで頭の回る人物像が浮かび上がる。彼の半生はどんなものだったのだろうか。

天保四（一八三三）年、筑後《ちくご》国御原《みはら》郡古飯《ふるえ》村（福岡県小郡市）の庄屋の次男坊に生まれ、いわゆる幕末の志士と同世代の古屋は、御家人の古屋家の養子になると、漢学、蘭学（医学）、英語、剣術などを学んだ。文久期（一八六一～一八六三年）に関税事務を担当する役人となって横浜に赴任すると、米国人宣教師のジェームス・バラやローマ字で有名なジェームス・ヘボンについて英語を学び始めた。古屋の語学力はめざましく上達し、文久二（一八六二）年には通詞《つうじ》（通訳）の仕事が舞い込むようになる。また、横浜駐在のイギリス軍隊で用兵術を教わった。

慶応元（一八六五）年、横浜にフランスの兵舎が建設されることになると、古屋は通詞兼普請係を命じられた。この兵舎は、幕府がフランス軍に調練を依頼した伝習隊の調練場である。古屋はここで、日本初の外国兵書の翻訳出版とされる『英国歩兵操練図解』『英国歩兵操典』を訳している。

この調練場が慶応三（一八六七）年に江戸に移されると、古屋も教官として転勤した。やがて西丸下の歩兵屯所で有数の教官として知られるようになり、越中島《えっちゅうじま》での新式調練も担当して名声が響き渡っていく。また、自宅では英語塾を開き、一〇〇人以上の門人を育てた。そして戊辰戦争が始まると、歩兵指図役頭取の要職に就く。

このように、古屋は幅広く学問を収め、指導力にも長けたインテリだったが、伝えられる人物像は「豪放磊落《ごうほうらいらく》、容貌魁偉《ようぼうかいい》」。知性も備えた豪傑タイプで烏合の衆を引きつけるだけの人望もあったようだ。

衝鋒隊の副隊長となる旗本の今井信郎は、古屋が横浜のイギリス陸軍で学んでいたときに出会った部下である。

今井は剛腕剣士として知られた。ペリー艦隊の来航後、幕府の講武所《こうぶしょ》には強硬な尊王攘夷派グループができ、のちの浪士組《ろうしぐみ》（新選組の前身）結成の主力となった。今井はそこに属していたが、文久二（一八六二）年に京都《きょうと》見《み》廻組《まわりぐみ》（過激尊攘派を取り締まる警察組織）が新設されると、与《くみ》頭《がしら》（隊長）に任命される。慶応三（一八六七）年一〇月、坂本龍馬《さかもとりょうま》を暗殺したのはこの見廻組時代のことだ。

　剣を持てば恐ろしい強さを発揮したが、人柄は古屋とは正反対で、いたって穏やかだったらしい。衝鋒隊士の成瀬常吉《なるせつねきち》が後年、語ったところでは「今井さんは何しろ車坂《くるまざか》（剣客・榊原健吉《さかきばらけんきち》のこと）の高弟で、江戸で鳴らしたもんですよ。腕も出来たが、人物もよかった。どんな下っ端に向かっても、はあ、はあ、と叮嚀《ていねい》なもんでねえ。（略）結局、吾々《われわれ》のような命のいらん者ばかりが八五〇人残ったんです」（大坪草二郎『国士列伝今井信郎』）とのこと。維新後しばらくすると帰農し、熱心なキリスト教信者として穏やかな余生を過ごした。同じく入信した坂本龍馬の甥・坂《さか》本直《もとなお》（旧名は高松太郎《たかまつたろう》）からはのちに龍馬の法要に招かれている。

　さて、信州掌握をねらい慶応四（一八六八）年四月に新潟入りした衝鋒隊は、高田を経て飯山《いいやま》城下に向かった。今井が指揮する第一大隊はこの途中、協力を拒もうとした与板《よいた》藩（新潟県長岡市）を威圧して軍資金八〇〇〇両を出させていた。一方、迎え撃つ飯山藩ではひそかに戦闘準備を進めながらも援軍が到着するのを待ち、衝鋒隊との間に虚々実々の交渉を続けた。新政府軍は信州一一藩に、尾張藩の指揮下で交戦するよう命じていた。

　古屋が帰順させようとしていた松代藩が抗戦の構えを見せると、尾張連合軍二〇〇〇と衝鋒隊五〇〇が激突し、戦闘が勃発する（飯山戦争）。序盤は衝鋒隊が優勢だったが、態度を決めかねていた飯山藩が衝鋒隊に奇襲をかけ、逆転。崩れた衝鋒隊は城下に砲火して退いた。さらに、帰順の意思を見せていた高田藩のだまし討ちにも遭い、衝鋒隊は散り散りになって敗走する。その後、小千谷《おぢや》で集合したのち、会津軍と連携して新政府軍と交戦したが、再び退却させられた。

◉長岡戦争での死闘と兵の連帯

衝鋒隊の戦いの舞台は長岡《ながおか》に移った。

新潟には、八月末まで北越戦で粘った隊士たちの様子が伝えられている。衝鋒隊には博徒や火消、雲助などの乱暴者が多かっただけあって、すこぶる評判が悪かった。なお、衝鋒隊が新潟入りした折、まだ機能していた新潟奉行所が書き留めた衝鋒隊の人数は七〇九人。戦死や脱落などで二〇〇人ほど減っていた。

新潟奉行所の『御用留《ごようどめ》』などの記録では、隊士は市中を横行して領民を恐がらせていたようだ。これに対して古屋は、目に余る者を梶原雄之助に処刑させるなどして粛清を図ってはいたが、完全には収まらなかった。衝鋒隊は数多い旧幕諸隊のなかでも評判の悪さで群を抜いていた。

とはいえ、北越戦、とりわけ長岡戦争ではなかなかの奮闘ぶりを見せている。長岡戦争といえば、家老・河井継之助《かわいつぎのすけ》の名ばかり出てくるが、衝鋒隊の援軍も戦地でなかなかの働きぶりを見せたのだ。

大政奉還後、長岡藩は旧幕府を支持し、武装中立を藩是としていた。この方針を立てたのが、藩主から藩政を一任されていた河井である。河井は戊辰戦争が始まると、江戸藩邸にあった宝物などを売って藩邸ごと処分し、当時価格が暴落していた米を大量に購入して転売、軍資金とした。この金で、最新鋭の銃・大砲を大量に購入すると長岡へ戻った。武器のなかには当時、日本に三門しかなかったガトリング砲があった。一分間に三〇〇発の弾丸を撃てるというもので、これが長岡戦で火を噴く。

河井は奥羽列藩同盟への加入を拒み、新政府に対しては会津藩の赦免と長岡への襲撃中止を求めた。しかし、その交渉が決裂したため、やむなく列藩同盟に加わり、長岡を舞台に約三か月の戦闘が繰り広げられることになった。

河井自らガトリング砲を操縦し、長岡藩は善戦した。洋式調練を積んだ長岡藩兵は河井の巧妙な采配によってよく戦った。しかし、四倍もの兵力を持つ新政府軍はじわじわと押してきた。慶応四（一八六八）年五月一九日、ついに長岡城が奪われ、以後激しい攻防戦が続く。

衝鋒隊は、河井の別動隊として奮戦した。元火消の村上長門之介改め梶原雄之助は、部下を励ましたり叱咤したりして兵を率いた。

六月一〇日には、長岡から北西に約二里（約八キロメートル）の十二潟《じゅうにがた》の戦いで、衝鋒隊は奇襲に成功し、大砲一門を奪うとその地で引き続き死闘を演じた。一六日からは、さらに戦闘が激化し、昼は射撃の応酬、夜は弾が飛来するなか土塁を築くという日が続く。衝鋒隊は敵に損害を与えたが、七〇人以上が戦死するなど被害も少なくなかった。隊士たちの証言録『衝鋒隊戦争略《しょうほうたいせんそうりゃく》

長岡戦争

記《き》』には、「戦闘は一〇時間以上続き、一個中隊が使った弾丸は実に一万五〇〇〇発以上に達した。（中略）敵味方とも損害はきわめて大きかった……」（須藤隆仙『箱館戦争史料集』）と、激烈な戦場が活写されている。

　だが、それほどの激戦地でも、いったん戦闘が終わると、両軍の兵士の間には緩んだ空気が流れた。敵味方に分かれていながら、不思議な交歓があったのだ。武士のような対抗意識もなく、「仕事」として戦ったからだろうか。『衝鋒隊戦争略記』から、休憩中の兵士たちを覗いてみる。

　両軍とも兵士たちは実にのんきな様子だった。それぞれ塹壕《ざんごう》から出てきて、敵の兵士に『おまえさんとこの給金はいくらだ』などと気さくに語り合った。

　敵同士でこんな調子だから、仲間内ではもっと打ち解けていたに違いない。

江戸を出てから大小数十回の戦闘を経験して、士官三五名、兵士百数十名が死んだ。今は二〇〇人あまりになってしまったが、士気はますます上がり、上から下まで親密になった。家族同然だ。

同じ身分の者たちがともに戦い、飯を食べ、眠った。その連帯感もさることながら、古屋、今井の将としての魅力も大きかったのだろう。

その後、長岡藩は城を奪取して山県有朋《やまがたありとも》ら新政府軍を敗走させるが、四日後に再び攻め落とされる。奥羽越列藩同盟の米沢藩《よねざわ》が新潟を守っていたが、新発田藩《しばた》が裏切って新政府軍を新たに上陸させると、七月二九日、新潟は制圧されてしまった。新発田藩は、親藩・譜代大名がひしめく越後国の外様大名で、もともと新政府寄りであり、列藩同盟には渋々、加盟していた。

さらに、城を奪い返す戦闘中に河井が被弾し、古屋は彼を支えながらガトリング砲を引き、撤退する。河井は会津へ落ちる途中、傷が悪化して死んだ。弾が尽きた衝鋒隊は、命からがら敵陣を突破して会津へたどり着く。

◉日の丸を振って戦った衝鋒隊

衝鋒隊は会津戦線でも会津藩の別動隊として戦った。そして、会津でもやはりガラの悪い兵士たちの評判は悪かったようだ。

慶応四（一八六八）年九月には米沢藩、仙台藩が相次いで降伏し、若松城下《わかまつ》が新政府軍に包囲されて会津藩が一九日に降伏。盛岡藩、庄内藩なども降伏して東北での戦争は終わった。この間、九月八日に明治の世が明けた。

衝鋒隊は若松城での籠城戦に加わろうとして果たせず、東北諸藩の相次ぐ降伏を見送ると、一〇月、石巻で榎本武揚の艦隊に合流して蝦夷地を目指した。榎本艦隊には、外国奉行などを歴任した永井尚志《ながいなおゆき》ら旧幕府重臣、彰義隊《しょうぎたい》、遊撃隊《ゆうげきたい》、松平定敬（桑名藩主）、板倉勝静《いたくらかつきよ》（元老中）、大鳥圭介率いる伝習隊《でんしゅうたい》（歩兵隊）、土方歳三ら旧新選組、仙台藩から脱走した額兵隊《がくへいたい》などが加わった。

明けて明治二（一八六九）年正月、投票によって箱館暫定政府が樹立する。古屋は歩兵頭として引き続き衝鋒隊を率い、今井は陸軍裁判官に、大鳥は陸軍奉行となった。このとき、歩兵の数は五〇〇〇人弱。江戸から脱走した梶原ら多くの兵士たちには、激闘をともにした者の離れがたい関係ができていた。

三月二五日、旧幕府軍は宮古湾で海戦を挑むが失敗し、四月より新政府軍の猛攻撃が始まる。軍艦・甲鉄からは七〇ポンドアームストロング砲が撃ち込まれ、衝鋒隊士数人が即死。一発で陣地一帯が粉々になる威力に、兵士たちは我を忘れて逃げまどった。上野戦争で語り草になった佐賀藩のアームストロング砲が六ポンドだったから、桁違いの威力だ。大鳥圭介の『南柯紀行《なんかきこう》』には、この大砲に手も足も出なかった状況が次のように記されている。――「衝鋒隊の仕官が集まって酒食していたところへ弾が飛んできて破裂した。柱は破壊され瞬時に五人が即死、四、五人が負傷、その後も負傷者が相次いだ。ついに夜、部屋で伏せていることすら難しくなり、土塁や石垣に隠れて屏風を立てて防ぐしかなかった」

この七〇ポンド砲が撃ち込まれた際、持ち前の身体能力を活かして一目散に逃げたのが、あの火消出身の梶原雄之助だった。一方、五稜郭に封じ込められ、寄り固まって艦砲射撃に耐えていた衝鋒隊士たちは被弾し、破片で重傷を負った古屋は、運び込まれた箱館病院で五月一六日に死んだ。享年三七。病院の院長は実弟の高松凌雲《たかまつりょううん》である。

古屋の死の二日後、五稜郭が開城し、一年半に及んだ戊辰戦争は終わった。逃げた梶原のその後はわかっていない。

威力を発揮したアームストロング砲

＊

近代国家を打ち立てた新政府側は進歩的で時代を読む力があり、逆に幕府は旧態依然としており、流れに取り残された――こうしたイメージが長く定着してきた。

鳥羽伏見戦も、新政府軍が三倍の兵力を持つ旧幕府軍に勝ったため、「幕府軍は数だけ多くて装備が古めかしかった」と思われがちだが、じつは洋式装備の歩兵隊が九〇〇〇人以上、フランス式の精鋭隊である伝習隊も擁していた。海軍は最新鋭であり、主力の開陽丸は当時最大級の軍艦で、装備もすぐれていた。そもそも、近代化を早い時期から視野に入れていたのは、開国派の幕府である。

歩兵隊は、葵の印とともに、日の丸の旗を振って進軍した。対する新政府軍は菊だ。歩兵隊の三番町屯所の跡地には今、新政府が建てた靖国神社が建つ。歴史の不思議のひとつだろう。靖国神社では「戊辰戦争の戦死者」を祀るが、歩兵隊の死者は合祀されていない。明治八（一八七五）年、函館（明治二年に「箱館」から改称）に建てられた「碧血碑《へきけつひ》」が、歩兵たちの霊を鎮めた。

「からす組」の恐怖——衝撃隊と細谷十太夫

◉仙台藩のはぐれ者、密偵になる

「細谷《ほそや》がらすに十六ささげ　なけりゃ官軍高枕《たかまくら》」

列藩同盟軍と新政府軍の白河城をめぐる攻防戦は、三か月余りも続いた。この戦いで、薩長軍に歯ぎしりをさせたのが、「烏組《からすぐみ》」とも呼ばれた仙台藩のゲリラ隊「衝撃隊《しょうげきたい》」である。十六ささげとは、陸奥国《むつ》・棚倉藩《たなくら》（福島県白川郡）から脱走した一六人が結成した誠心《せいしん》（精神）隊のこと。

衝撃隊と同様に強さを発揮したといわれる。

衝撃隊を結成したのは、「軍事方探偵周旋方《ぐんじがたたんていしゅうせんかた》」として奥州諸藩の動きを探っていた仙台藩士・細谷十太夫《ほそやじゅうだゆう》。仙台藩の隠密《おんみつ》である。一方、まだ油断できる状態ではなかった新政府軍も内地外交のため間諜《かんちょう》を雇っていた。戊辰戦争中は情報戦も繰り広げられた。

＊

細谷は八歳の頃に父を亡くし、祖父に養育されることになった。ところが、偏屈で冷淡な祖父は細谷の面倒を見たがらず、塩釜の法蓮寺に預けた。細谷はこの寺で雑事にこき使われて過ごし、ようやく寺を出られたのは、祖父が死んだ一七歳のときだった。

細谷家は大番組に属し、五〇石とまずまずの家格だ。細谷は晴れて家督相続したが、その家格の武士が身につけておくべき学問や剣術とは無縁に育ったため、いきなり立ち往生してしまう。急ぎ学問や武術を始めたが、一七歳では遅すぎたのか、まるでものにならなかった。すっかり腐ってしまった細谷は、城下で遊び暮らすようになる。やがて、不良浪人のようになって、仙台のごろつき、やくざ者の間でちょっとした「顔」になった。

二〇歳になり、行く末を案じていた矢先、藩から作事方《さくじかた》（土木係）を命じられた。しかし、今まで大した役目を務めてこなかった細谷には文書一つ作成できず、そろばんもはじけない。さらに、勝気な性格が災いして、同僚や上役から見下されるとつい衝突した。

こうして評判を落とした細谷は、普請（建築）方の監督、いわゆる現場監督に就任した。これは肌に合っていた。細谷はめきめきと力量を発揮し、評判も上がっていく。荒くれ者の人足たちを束ねる腕があったようだ。

やがて、仙台藩も幕末の激動に巻き込まれ、御所の警備兵を出すことになった。これに細谷ら屈強な藩士が選ばれ、元治元（一八六四）年に上洛する。すると、ここで細谷はまた問題を起こす。

慶応元（一八六五）年正月、四条で行われた新春狂言『仙台萩《せんだいはぎ》』を見た細谷は、「仙台を侮蔑している。史実と違う」と芝居小屋で暴れ、小屋を破壊したのだ。警備の藤堂藩兵ともみあいになっても自説を主張し続けたため、細谷は奉行所に突き出された。引き取りに来た藩の上役は血の気の多い細谷を持て余し、国に戻すと、通用銭《つうようせん》の鋳造監督という閑職に追いやった。

二年ぶりに戻った仙台は、深刻な財政難により疲弊していた。

中央の政情は急展開し、倒幕か佐幕かで列島が揺れるなか、仙台藩の空気もようやく切迫していく。傍観していられなくなった細谷は、近隣諸国の偵察を藩に申し出て許可されると、山形、米沢、庄内などへ足を延ばした。

偵察の仕事は、天職かと思われるほど細谷に向いていた。少年時代から武士以外の諸階層と交わってきたことが活きたのである。細谷は、峠を越え、藩境を越えるごとに、扮装や話し方を、目明し風、商人風、百姓風……と変えながら情報を集めた。そして、この偵察中に地元の目明しや博徒と親しくなったことが、のちの烏組結成につながる。細谷は、博徒らに対する偏見がなかった。

米沢で小野川《おのがわ》温泉の宿、中島屋《なかじまや》に住み込んだとき、幕府の軍艦が庄内地方に向かっているとの風聞が入った。何が起きているのか。急ぎ帰国して防御態勢を整えるよう伝えねばならない——。細谷は、錯綜する情報を整理し、仙台へ戻ると、一連の調査を藩主・伊達慶邦《だてよしくに》に報告した。この働きが認められ、細谷は「軍事探偵周旋方《ぐんじたんていしゅうせんかた》」に昇進する。細谷は勇み立ち、斎川《さいかわ》(宮城県白石市)の名物「孫太郎虫売り」の行商人に扮して、同志の萱場嘉平《かやばかへい》とともに出立した。そして、福島、磐城平《いわきだいら》、水戸、棚倉、白河、会津、二本松など奥州要地を偵察した。

相馬、磐城平と進み、水戸藩領の太田のあたりまで来たとき、新政府軍の進軍や、新政府軍に追われ城下を目指す会津藩士を見た。急いで藩に知らせるため、細谷は仙台へ走った。

◉奥羽の緊張を破った世良暗殺

戦場が奥羽に移り、仙台藩は新政府軍から会津藩追討を命じられた。旧幕府の要職にあった会津・庄内藩は「朝敵」とされ、なかでも会津藩は佐幕派筆頭として討伐の対象となっていた。

仙台藩では会津藩を救うため重臣らが根回しをしつつ、新政府には会津の恭順を受け入れるよう、嘆願書を送った。仙台藩を含む奥羽諸藩も、会津・庄内藩の「朝敵」赦免嘆願のために協力する同盟を結ぶ。加盟藩はいずれも、表向きは新政府の奥羽鎮撫総督府《おううちんぶそうとくふ》（以下「奥羽府」）に従っていた。

慶応四（一八六八）年三月末、奥羽府の総督・九条道孝《くじょうみちたか》が仙台入りし、仙台藩に対して会津出兵を迫った。仙台はこれに対して農繁期を理由にして延期を図りながら、米沢藩などとともに会津と水面下で接触し、戦争回避に向けて尽力する。

一方、奥羽府の下参謀を務めていた世良修蔵も、各地で会津藩への攻撃を強要していた。四月に入り、世良が福島の宿・金沢屋に泊まった折、同じく下参謀の大山格之助《おおやまかくのすけ》（綱良《つなよし》、薩摩藩）に宛てた密書が仙台藩士・姉歯武之進《あねはたけのしん》らの間で問題となる。世良は長州藩の奇兵隊あがりで、奥州に対して「鎮撫より討伐で臨むべき」と唱える強硬論者だった。そうした姿勢は東北諸藩を見下す言動となって表れ、方々で反感を買いマークされていたのだ。

姉歯らは世良の密書を手に入れた。内容はやはり開戦をもくろむ文面だったが、姉歯たちの目を射たのは、「奥羽皆敵」という表現だった。姉歯らの怒りはついに頂点に達し、十数名で金沢屋に世良を襲撃すると、阿武隈川の河原に連れて行き、斬首した。

以降、奥羽諸藩は奥羽府ではなく朝廷に直接、会津赦免を願い出ることになり、奥羽諸藩の結束は一段と固まった。さらに、新政府軍との会談が決裂した長岡藩なども加盟し、計三一藩による奥羽越列藩同盟が成立して軍事同盟色が濃くなる。同盟の盟主は輪王寺宮《りんのうじのみや》、総督には仙台藩の伊達慶邦《だてよしくに》と米沢藩主・上杉斉憲《うえすぎなりのり》が就任した。

一方、奥羽府側の見解は、総督・九条道孝や副総督・澤為量《さわためかず》ら要人の書簡などからも、当初は嘆願書に対して寛大に対処しようとしていたことがわかっている。もっとも、会津や仙台など東北諸藩に対する不信感は拭えなかったようだ。そのおもな理由は、「会津藩が嘆願書を出しながらも武装解除せず、戦闘の準備をしていること」、「仙台藩ら東北諸藩が裏で会津や庄内藩とつながり、討伐に動かないこと」の二点である。八百長的な態度は見抜かれていたのだ。

当の会津藩は最後まで、本気で恭順を望んでいるようには見えなかった。仙台藩など東北諸藩が会津を説得して平和的解決に持ち込もうと奮闘する一方、会津は武装解除しなかった。会津藩・東北諸藩・奥羽府は、危うい三角関係のなかで疑心暗鬼におちいり、やがて東北勢と奥羽府が銃口を向け会うようになり、ついに引き金を引いてしまう。それが、奥羽府との微妙な均衡を破った世良の暗殺事件だった。世良の死をもって、奥羽府と東北諸藩の関係は断絶した。

◉妓楼を本陣にした漆黒のゲリラ隊

仙台に戻った細谷は、新政府軍との対決が明らかになったため、今度は江戸の探索を命じられて南下した。その道中、滞在した二本松の生糸商店で、白河城落城の情報を得る。

仙台藩など同盟諸藩と新政府軍が激突した白河攻防戦で、仙台藩は苦戦を強いられた。藩兵の近代化を進めていなかったため、銃は劣悪で、士気も低かった。仙台兵が使った火縄銃は雨が降ると使い物にならず、夜襲もできない。数では劣る新政府軍に押されっぱなしで、厭戦気分が広まるなか、大敗を喫した。

白河戦の報を聞いて郡山の本陣に駆けつけた細谷は、打ちひしがれた仙台藩士たちを目の当たりにして、失望を覚えたという。会津との形式的な交戦をやめて新政府軍と戦い、負けたことは、それまでの会津探索が無駄だったことも意味する。細谷はじっとしていられず、戦闘に加わることを決め、馬を走らせた。その道中で顔見知りの博徒、「掛田《かけだ》の善兵衛《ぜんべえ》」と「桑折《こおり》の和三郎《わさぶろう》」と会い、さらに三人の無頼の者を加え六人で須賀川《すかがわ》へと向かった。須賀川は福島で屈指の賑わいを見せた宿場だ。ここで細谷は妓楼・柏木屋《かしわぎや》を貸し切り、「仙台藩細谷十太夫本陣」と書いた紙を貼り、改めて兵を募った。

細谷は、強力な火器を持つ敵と戦うにはゲリラ戦しかないと考えていた。細谷は終始、藩のはみ出し者ではあったが、さまざまな階層の者と付き合ったためリアリストだった。それが、異色の諸隊「烏組《からすぐみ》」こと衝撃隊の結成につながったのだ。

細谷が結成した衝撃隊は、烏合の衆である。拠点とした柏木屋には博徒や宿場人足、猟師、百姓など雑多な者たちが五〇人ほど集まった。夜襲を目的として、隊服は義経袴《よしつねばかま》、脚絆《きゃはん》、足袋、帯などすべてを黒か紺色で統一し、忍者装束のような異形の兵士ができあがった。峠や山中に集まっていると烏の群れのように見え、いつしか烏組と呼ばれるようになった。この名にちなみ、細谷は本物のカラスを連れていたとも伝わる。隊士はのち九二名（九〇名とも）に増え、八番隊まで編成された。

衝撃隊は、白河口での戦いや、多くの戦死者を出した激戦地・旗巻峠《はたまきとうげ》などの死地を越えていった。地元の猟師らが加わっていたため地の利を活かして山中でのゲリラ戦には強かったが、藩兵の情報が伝わらず苦戦を強いられたこともあった。援軍を要請しても藩はなかなか腰を上げず、細谷をいら立たせた。そうこうするうちに、三春藩《みはる》が新政府軍に寝返り、仙台藩に激震が走る。

衝撃隊は、藩兵・農兵隊などと連帯して三春藩を攻撃した。農兵隊は、細谷がよく知る博徒・源《げん》吉《きち》の養子、川村今助《かわむらきんすけ》が率いていた。やがて新政府軍の先鋒隊が加勢すると細谷らは圧倒され、退却するのがやっとというほど追い詰められる。さらに、二本松が落城して城下からおびただしい数の百姓町人らが荷物を背負って逃げてくるのを見て、細谷は白石の本陣に急ぎ、状況を委細、報告した。すでに藩主、重臣たちは白石を引き払って仙台へ引き上げてしまっていた。

細谷はこうした戦闘の合間を縫って、得意の情報集めも続けていた。彼に協力した者には、矢《や》吹宿《ぶきしゅく》（福島県西白河郡）の高木福蔵《たかぎふくぞう》ら博徒、十手持ちもいた。かつて諜報活動をするなかで知り合った者たちで、博徒のネットワークが活かされたのだ。彼らは細谷を「仙台の旦那」と呼び、情報を提供したり、衝撃隊に協力したりしていた。

関東で博徒が多く、他国からの無宿者や芸能民、浪人が流れ込んできて治安が悪化したことは第一章で述べたが、奥羽でも似た状況が生まれていた。当時、東北地方には「往来宿《おうらいしゅく》」という宿泊施設があり、ここに無宿人や浪人を一時的に留め置くよう定められていた。

仙台藩領の寺社でも博奕が横行し、境内では他国から流れてきた浮浪の者が集まって小屋を作り、賭場にしていたという。これを記した史料では「往来宿同様之所行」と表現されている。博徒や無宿と交流した細谷も、諜報活動に往来宿を利用したかもしれない。

二本松落城後は、仙台との藩境に位置する相馬《そうま》藩が新政府軍に帰順した。ここを新政府軍に破られれば、仙台城下はひとたまりもない。細谷は危機感を募らせ、隊を率いて仙台南方、相馬寄りの駒ヶ嶺《こまがみね》（福島県相馬郡）へと昼夜兼行でたどり着く。

敵味方の距離が、表情が読めそうなほど近かった。細谷がこれまでの経験を活かして導き出した戦術は、敵の裏をかくことだ。そして、手に負えない強敵だった場合は、命がけで逃げる。兵の配置はこれまでと逆にし、海側に少数の兵を、山側に多数の兵を置いた。すると、敵は手薄と見た山側を襲ってきた。戦略勝ちだった。細谷の用兵術はその後も冴え、巧みに敵の裏をかいて散々に撃ち負かした。だが、激戦ゆえ犠牲も多く、最終的には八六〇人以上が戦死した。

「細谷がらす」はやはり強い――広まりつつあった衝撃隊の評判は、この戦闘でさらに上がった。勢いづくなか、細谷は藩主から呼び出され、早駕籠で仙台へ向かった。仙台藩が降伏を決めたという。歯噛みする思いだったが、藩命なら仕方がない。諸隊の反応もさまざまだった。

降伏した仙台藩に対して新政府軍が処罰を指示した者のなかに、細谷の名もあった。烏組のその後の責任を負うつもりでいた細谷は、とっさに逃げ出した。このとき、追手から細谷をかくまったのが、対三春藩戦などでともに戦った農兵隊の川村今助の義父、源吉だった。源吉は十手を預かる顔役でもある（川村は白河口戦で死亡）。細谷が駆け込んだときは不在だったが、女房のお竹《たけ》が手際よく細谷を逃がしたという。その後、細谷は虚無僧《こむそう》に化け、やはり十手を預かる鍛冶屋・斎藤久吉《さいとうきゅうきち》のもとに身を寄せたのち、藩の御蔵元を務めた炭屋彦五郎《すみやひこごろう》の手代《てだい》に頼み込み、烏組解散のため千両を借り受けた。細谷は金を配るため隊士たちを集め、みなで話し合った末、細谷が二五両のみ受け取り、解散となった。

ほとぼりが冷めた頃、藩に呼び戻された細谷は、北海道（明治二年に改称）へ渡った。仙台藩は、新政府が打ち出した開拓事業を割り当てられ、細谷は藩が選出した開拓長官に選ばれた。その後、「開拓事業係県券撫育《ぶいく》係」を命じられる。撫育とは教育係のこと。親分肌な人柄と、世話好きなところが見込まれたのだった。

北海道生活を終えた細谷は、警視庁での勤務を経て、西南戦争では警察隊の小隊長として出征した。日清戦争には仙台第二師団の軍夫を束ねて清国へ渡り、明治二九（一八九六）年に帰国する。五七歳になっていた。

その後は、若い頃から慕っていた林子平《はやししへい》（仙台藩士で学者）を葬る龍雲院《りゅううんいん》で僧侶「鴉仙《あせん》」となり、余生を過ごした。「鴉」は烏である。龍雲院の「からす住職」は、明治四〇（一九〇七）年、六三歳（六八歳とも）で没するまで、戊辰戦争、日清戦争の戦没者を弔い続けたという。法名は「竜雲院八世鴉仙直英和尚」。境内に建つ「細谷地蔵」は、「ドンゴリ（ドンと大砲を撃つと五里逃げる）」と揶揄された仙台藩士のなかで三〇勝無敗だった細谷にあやかろうと今では受験生の人気を集めている。

御三家公認のやくざ兵――近藤実左衛門の集義隊

◉尾張藩の政情と非情な決断

これまで、博徒や火消などが兵士として加わった諸隊を紹介してきたが、これから紹介する集義《しゅうぎ》隊《たい》は、隊長は博徒の親分であり、兵士たちはその子分という「正真正銘のやくざ部隊」である。しかも御三家筆頭の尾張藩公認の諸隊だった。六二万石の大藩が、なぜ博徒部隊を編成したのだろうか。

集義隊は、戊辰戦争においては尾張兵のなかでもっとも激しい戦闘に投じられたと考えられ、その裏では藩の「政治的判断」が働いていたという（長谷川昇「幕末・明治初期における博徒集団」東海近代史研究会編『東海近代史研究一〇』所収）。

尾張藩は御三家ながら新政府軍につき、戦闘が有利に進んでいる段階で、集義隊を含む草莽隊を戦地に送り込んだ。その背景にはまず、開戦時、前藩主の徳川慶勝《とくがわよしかつ》がいまだ実権を握っていたということがあった。もともと慶勝は、松平春嶽《まつだいらしゅんがく》（福井藩主）ら公武合体《こうぶがったい》派の要人に近かったため、新政府軍からその政治的影響力を警戒されていた。しかも、尾張藩領は新政府軍が主要街道を東国へ進む要地に位置し、大藩ゆえ兵力も大きい。

藩ではこうした新政府側の用心を敏感に察知した。

鳥羽伏見戦後に情勢は急展開し、それまで日和見《ひよりみ》を決め込んできた諸藩は、どちらにつくか決断を迫られた。尾張藩では、慶勝が佐幕に振れないよう警戒しつつ、政治状況に後れをとってはならないという政略を働かせた。そして、東征大総督が名古屋に近づくと、藩内の佐幕派の重臣たちを一挙に処刑するという苛烈な決断を下した（青松葉《あおまつば》事件）。だが、まだ安心はできなかった。新政府軍と旧幕軍の勝敗が読めない以上、兵力はなるべく温存しておきたい。そこで目をつけたのが草莽隊《そうもうたい》である。彼らを「弾除け」として藩の正規兵を守ろうとしたのだ。

兵として求められた博徒たちの行動を支配したのは、士分取り立てという見返りであり、頼みにされたという誉れであった。個人としての義理のもつれという感情的な理由もあっただろう。あるいは、後述する三河の親分「平井《ひらい》の亀吉《かめきち》」のように、領主の依頼を受けて隊に編入された者もいた。

こうして、集義隊は尾張藩が戊辰戦争時に編成した七つの諸隊のひとつに数えられた。各一〇〇人の一番隊と二番隊に分かれた計二〇〇人ほどの隊である。一番隊長を務めたのは、清水次郎長と長く張り合った三河国・渥美郡の平井の亀吉である。亀吉はかつて「雲風藤吉《くもかぜとうきち》」と名乗った元力士で、四股名《しこな》にちなんだ「雲風の亀吉」の別名でも知られた。少し前の慶応三（一八六七）年末には次郎長一家との喧嘩出入りで逃亡し、名古屋の広見屋権太郎《ひろみやごんたろう》宅にかくまわれていた。一番隊にはこの広見屋権太郎、岐阜の博徒・水野弥太郎《みずのやたろう》の子分である辰蔵《たつぞう》らもいた。彼らは亀吉に率いられ、越後、会津方面に一年ほど転戦する。

二番隊の隊長が、尾張国・愛知郡の親分・近藤実左衛門《こんどうじつざえもん》だ。実左衛門は北熊一家《きたくまいっか》の初代親分で、「北熊の実左衛門」とも呼ばれた。同じく尾張の一家・信濃屋《しなのや》の三代目、吉田久三郎《よしだきゅうざぶろう》も子分たちを率い二番隊に加わった。

◉警察権の強い尾張で一家をなす

第一章で関東八州の博徒の発生について述べたが、八州外の三河にも独自の博徒史があった。現在の愛知県にあたる三河・尾張は、江戸時代には大きく異なっていた。尾張国は、徳川御三家の尾張藩六二万石が国全体を支配して西国への抑えとしたのに対し、三河は幕末の頃には領地がモザイク状に入り組んでいた。八つの藩のほか、三河外の他国に領地を持つ大名の飛び地や天領、六〇家以上の旗本《はたもと》知行地《ちぎょうち》もあった。「徳川発祥の地」である三河は譜代大名や旗本にとって先祖の地であり、徳川とのつながりとして飛び地を持ちたがったのだ。

第一章で述べたように、領地が細分化すると警察権が弱体化し、治安の悪化につながる。三河もまた、幕末に至って博徒が暮らしやすい地となっていた。博徒の出入りも公然と行われ、清水次郎長もよく三河に逃げ込んだ。このため、三河には早くから博徒が発生し、亀吉の平井一家と、次郎長と結んで亀吉に対抗した形《かた》の原《はら》・吉良《きら》・寺津《てらづ》の各一家などが、しのぎを削った。

逆に尾張国は警戒がきわめて厳しく、次郎長は安政五（一八五八）年、尾張藩領の乙川《おっかわ》で保下田《ほげた》の久六《きゅうろく》を殺した際、必死で追捕から逃れたという。

それほど取り締まりの厳しかった尾張で勢力を広げ、藩から声がかかった近藤実左衛門とは、どんな博徒だったのか。

近藤と藩との関係は、元治元（一八六四）年にさかのぼる。水戸の過激尊攘派・天狗党《てんぐとう》が攘夷を訴えるため、一橋慶喜《ひとつばしよしのぶ》のいる京都を目指して進軍していたとき、沿道諸藩は動揺した。各藩は、九〇〇〇人もの大軍を率いる天狗党を警戒して、情報探索を急いだ。

天狗党が信州を抜けて木曾路《きそ》に入る気配を見せると、尾張藩はこの対応におおわらわとなる。領内を通過されては大事だ。戦闘が予想できれば準備を急がねばならず、また、幕府追討軍が迫っている以上、そのまま通過させては面目がたたない。そこで、藩では一刻も早く動きを探るため、街道の情報網をつかむ博徒の近藤に目をつけたのだった。

藩から御使番と代官が一緒に近藤の屋敷を訪ねてきて頼み込むという事態に、近藤は驚き、かつ奮い立った。さっそく子分たちを引き連れて百姓や人足の姿で馬籠あたりまで走り、様子を探る。そして、天狗党が中津川から太田へ出て越前へ抜けることを突き止めると、藩に報告した。細かな進路だけでなく、人数や装備の数まで調べ上げた近藤の報告に、藩は満足した。

戦わずに済むことを知った尾張藩は安堵し、近藤への報奨として名字帯刀を許した。「近藤実左衛門」という武士風の堂々たる名は、こうして誕生した。なお、尾張藩ではこの頃、名字帯刀を許した例が多い。豪商・豪農に御用金を取り立てる代わりに名字帯刀を許す藩は増えていたが、博徒に名字帯刀を公然と許すなど、三〇〇藩のなかで尾張藩の近藤だけだった（長谷川昇『博徒と自由民権』）。

近藤の集義隊が生まれた理由としてもうひとつ見逃せないのが、彼の武力である。近藤は念流《ねんりゅう》免許皆伝の腕前であり、屋敷に構えた大きな道場に集まった門弟は、軽く一〇〇〇人はいたとされる。さらに、尾張藩校・明倫堂《めいりんどう》の剣術世話役まで命じられ、長男・義九郎、次男・甚右衛門《じんえもん》ともに集義隊や京都藩邸などの剣術教授を拝命する。藩の剣術指南役と肩を並べるレベルだったのだ。なお、尾張藩のほかの草莽隊にも、名うての剣士が混じっていた。

近藤を研究した長谷川昇によると、近藤は尾張国・上郷村（愛知県長久手市）の資産家の家に生まれたが、父が家産を傾けて一五歳の頃から家を支えるべく小作などに奮闘したという。この頃から祭礼の草相撲で剛腕ぶりが話題を呼び、尾張の相撲頭取に見込まれて熱田《あつた》の宮宮司《ぐうじ》となった。その後、美濃国・今尾藩の剣術指南役を務めていた念流・柿沼兵内《かきぬまひょうない》に入門し、めきめきと頭角を現して目録に達した。

幕末の風雲が近づいても、しばらくは時代とかかわりなく過ごした。嘉永三（一八五〇）年、二五歳の近藤は近隣から博徒の娘をめとり、喧嘩で名を上げるなどして博徒の道に入った。並外れた強さと度胸で勢力を広げ、やがて縄張りは尾張東部から三河西部にまで及んだ。

◉藩士隊の弾除けとして激戦地に

近藤の北熊一家と同じく、取り締まりの厳しかった尾張で勢力を張り、集義隊の二番隊に加わったのが信濃屋《しなのや》一家の三代目・吉田久三郎《よしだきゅうざぶろう》である。話を引き受けたのは、久三郎の父・久蔵《きゅうぞう》だった。

吉田家は薬を扱い、丹羽郡前野村《にわぐんまえのむら》（愛知県江南市）を拠点に行商を展開するテキヤ系の一家で、口入屋も営んでいた。本家の庄屋・吉田茂兵衛次は、犬山藩《いぬやまはん》の儒者に学んだ父を持ち、茂兵衛次も寺子屋を開いて、村人の教育にあたる一方、文人としても知られた。

清水次郎長が保下田の久六を討ち取った折、次郎長をかくまったのが久蔵で、次郎長は久蔵の添え状を持ち、その後、逃亡を続けたという。また久蔵は、近藤実左衛門の後見親であり、岐阜の博徒・水野弥太郎《みずのやたろう》の兄貴分にあたる。

久蔵は近藤実左衛門と同じく、剣の腕と喧嘩で名を上げた。天保年間、博徒の結びつきから美濃上有知《こうずち》（岐阜県関市）の源一心流・鈴木長七郎《すずきちょうしちろう》の道場を知り、入門する。門人には博徒も目立ち、水野弥太郎、関の小左衛門《せきのしょうざえもん》、信濃屋一家の先代・吉田喜兵衛《よしだきへえ》らがいた。久蔵は弘化元（一八四四）年、免許皆伝に達すると、家に道場を構えた。倅の久三郎も安政三（一八五六）年から鈴木道場に通い始めた。同年、尾張藩一一社のひとつとして直轄統治された須原《すはら》神社に、鈴木一門の奉納額が献納され、そのなかには水野弥太郎や信濃屋一家など木曾川、長良川筋を縄張りとした親分衆の名が連なっていた。

久蔵のもとに、大庄屋の石田源助《いしだげんすけ》が、代官所の意向として諸隊編成の知らせをもたらしたのは、慶応四（一八六八）年二月一五日のことだ。「信濃屋は勇猛な者が多いから、ぜひ有志を集めてほしい。前科は問わない」とのことだった。口入屋をしていた関係で、兵站《へいたん》を担う小荷駄隊《こにだたい》も任されれた。こうして、集義隊には同時期に久蔵から跡目相続をしたばかりの久三郎が子分たちと加わることになった。

信濃屋本家の出身で、記録係として小荷駄隊に加わった吉田忠兵衛《よしだちゅうべえ》の陣中日記『奥越征旅暦』によれば、集義隊は六月に長岡へ向かい、長州藩の指揮下に入ると、朝日山《あさひ》近くに着陣したという。朝日山は旧幕軍が押さえた要地で、去る五月の長岡城攻めの際、尾張藩が交戦した場所だ。

集義隊は、敗走した会津、長岡勢を追って奥越国境の六十里口、木の根峠で戦闘に及んだ。長岡から逃れた会津兵が必ず通る道のため、たびたび会津兵が現れ、数回にわたり戦闘が行われた。集義隊は夜討ちでは得意の剣術を活かして抜刀隊が斬り込み、会津兵を敗走させたという。

集義隊では、北熊、信濃屋の一家がそれぞれまとまって隊に加わったためか、軍規も極めて厳しく、歩兵隊などとは違って脱走者はおらず、山県有朋《やまがたありとも》から称賛の言葉をもらったとされる。久蔵が子分たちのためにと、吉田忠兵衛が担当した陣中日記に「陣中法度《じんちゅうはっと》」を書き留めさせたのが効いたのだろう。法度の内容は、「道中、博奕は一切禁止」「金品の強奪や無頼な行為は厳禁」「指揮には絶対に従うこと」「他藩の兵との喧嘩公論は禁止」「時間外の酒色も禁止」など、きわめて厳密だった。さらに、背《そむ》いた者、脱走した者は厳罰を科す、と締められていた。

長岡方面の激戦を経た集義隊は、慶応四（一八六八）年一二月に名古屋に凱旋《がいせん》する。

だが、集義隊の近藤一派の真の戦いは、戊辰戦争が終わってから始まったともいえる。

集義隊など尾張藩草莽隊の戦死率は、藩士隊の四倍に達したという（長谷川昇「変革期における庶民エネルギーの源泉」『思想 九（六六三）』所収）。戊辰戦争に際し、青松葉事件という凄惨な粛清を政略とし、死者も出しながら一藩勤王に決した尾張藩では、その意志を目に見えるかたちで新政府に示そうとした。そこで、まずは実績をと、前線に民兵を送った。

戦功をあげた兵士たちは、藩の常備兵に数えられ、禄が与えられて士分に取り立てられた。博徒が、実力によって武士になれたのだ——そんな充足感と自負にひたる者もいたことだろう。ところが、明治四（一八七一）年の廃藩置県がこの状況を一変させる。諸隊も解体を命じられ、尾張藩ではひとまず一部を残し、草莽隊から着手すると公表した。

集義隊をはじめとする草莽隊は藩のこの方針に激怒する。以後、六年にわたり、禄と士分を取り戻すための請願運動を展開していく。この代表者を務めたのが近藤だった。『近藤実左衛門伝』によれば、近藤はこう主張していた。「兵の一大事だからと剣客・博徒に依頼してきて、戦が終わると『無用の士』に手厚くして、有用の士を退ける。そんな道理があるものか」。「無用の士」とは藩士のことだ。理路整然と怒りをあらわにした近藤は引き続きリーダーシップを発揮し、激闘を演じながら極太のうねりを生み出していく。その展開については、第五章で詳述する。

草莽の筆頭、赤報隊と黒駒勝蔵

◉戊辰戦前夜の甲州の激動

戊辰戦争では、両軍から博徒集団に声がかかった。その多くが末端で利用されたのに対し、甲州の黒駒勝蔵《くろこまのかつぞう》は、自らの思想的な意志を持ち積極的に従軍した珍しい博徒である。

勝蔵は、清水次郎長ものの講談などの影響によって、徹底的に悪玉として印象づけられてきた。次郎長の伝記『東海遊侠伝《とうかいゆうきょうでん》』がネタ元になっているだけあり、勝蔵と言えば次郎長の敵であり、民を苦しめる極悪非道のやくざだ。しかし、そうした次郎長サイドから描かれてきた勝蔵の姿は、実像とはかけ離れていたことが、長谷川昇、高橋敏ら先人の研究成果により明らかになっている。

長谷川昇は、「正義の次郎長」に対する卑劣な極悪人とされてきた勝蔵の実態究明に努め「政治的側面を多分に持っていた博徒だった」と見た。そして、公卿・四条隆謌《しじょうたかうた》の徴兵七番隊に親衛隊長として従軍した経歴を示した。しかし、「尊王攘夷を実現するという目的を抱き、武力倒幕のため一隊を率いた草莽の博徒」という勝蔵の実像は浸透したとはいえず、今でも「単なる悪玉やくざ」と認知されている。

高橋敏によれば、そもそも『東海遊侠伝』の著者・天田愚庵《あまたぐあん》は、あくまでも次郎長側の視点であることを明言したのにもかかわらず、後世の人々がこれを無視してきたという。のちの創作が正義の次郎長対悪党の勝蔵という構図を誇張し、飛躍させてきたという見方だ。

ある「事実」を客観的に記して、真実を伝えるのは不可能に近い。ものを書くときには「何を書いて、何を書かないか」という取捨選択があり、読む側にとってそれはフェアではないからだ。ましてや、印象操作というレベルを超えて、事実が意図的に捻じ曲げ立て書き残されたとしたら、矯正するのはきわめて難しい。

＊

勝蔵は天保三（一八三二）年、甲斐国八代郡上黒駒村の名主の次男に生まれた。次郎長より一二歳年下で、幕末の志士たちと同じ天保期生まれである。黒船が来航したのは勝蔵二一歳の折だったが、しばらくは時代とは関わらずに渡世人として暴れまわった。

甲州が、上州と並び博徒の数が多かったことは第一章で述べた。甲州では、時代を経るごとに犯罪件数も増え、天保騒動（四六頁参照）を機に、領主からは反権力性を警戒されるようになった。博徒や浪人が増加した幕末期、領主が村々に、目に余る博徒の斬殺・射殺も許す布告を出すなど、殺伐としていた。幕末も押し詰まった慶応期から維新直前の混乱期にかけては、警戒度がさらに上がる。政治的には、第二次幕長戦争を経て将軍家茂《いえしげ》と孝明《こうめい》天皇が去り、幕府権力が崩壊しつつあるときだ。

不安定な政情は村々まで浸透し、博徒が混乱を巻き起こす条件がそろっていた。当時の甲府の村方文書からは「博徒＝賊徒」との認識が新政府に定着していたことがわかる。彼らの収入源が、博奕だけでなく盗品の転売にも依存していたことも理由のひとつだろう。甲府城下・盆地全体では、博徒による窃盗および密売が横行し、これが地域の貨幣経済を活性化させていた。「経済の活性化」というと今では聞こえがいいが、当時は治安悪化を招くことも意味した。格差拡大により投機気分が高まり、無宿・貧民が増えるからだ。領主らは取り締まりの徹底を図ったが、もはや事態は食い止められないほど悪化していた。

◉勝蔵・次郎長両勢力の幕末動乱

甲州人の気質は、戦国期の地誌『人国記《じんこくき》』に「下は上を敬わず」と書かれているように、難治の国として知られた。一八世紀に甲府を統治した柳沢吉保《やなぎさわよしやす》は「農村部でも戦国以来の由緒ある百姓が多いためか、役人に従おうとしない」と吐露している。江戸時代の甲州の村々では、利水権や山の共同利用など農業をめぐる紛争や争議が全国的に見ても多くなった。権力を相対化する気質が、長い年月をかけて育まれたのだ。

甲府盆地では「三分一納」といわれる独自の方法で年貢が徴収されていた。三分の一を米で、残りの三分の二は金で納めさせるというもので、百姓の負担軽減につながっていた。これは武田《たけだ》信玄《しんげん》が始めたともいわれ、廃止された明治初期には大規模な一揆が起きる。

黒駒勝蔵の兄貴分、竹居《たけい》の安五郎《やすごろう》こと竹居村の中村安五郎《なかむらやすごろう》の家は、地域でも有数の名主だった。安五郎の父は郡中取締役を務め、兄・甚兵衛《じんべえ》は敏腕名主として知られ、まさに甲州らしい「もの申す百姓」だったという。兄・甚兵衛は紛争が起きた際、名主として自衛や紛争の矢面に立つ一方、必要悪を任じるという幕末村落社会の典型的存在だった。（高橋敏『博徒の幕末維新』）。

安五郎はペリー艦隊が現れる頃、島流しの罪で囚《とら》われていた島から逃げ出すという大罪を犯して指名手配となる。一方、兄の甚兵衛は土地の顔役としても知られるようになり、勝蔵の渡世も絡み、周辺の甲州博徒との喧嘩出入りが激化する。安五郎・勝蔵と、その宿敵・国分三蔵《こくぶのさんぞう》と子分・三井卯吉《みついのうきち》、卯吉の子分で修験《しゅげん》の祐天仙之助《ゆうてんせんのすけ》らがにらみ合う構図となった。

国分三蔵は八州廻りの手先を務める十手持ちで、国分村（山梨県笛吹市）を拠点とした博徒。次郎長とは五分の兄弟だ。さらに、品川台場《しながわだいば》の造営で活躍した伊豆の博徒・間宮久八《まみやきゅうはち》が安五郎・勝蔵ラインに加勢し、次郎長が三蔵一派を支援する。甲州・駿州・伊豆などの大物が絡み、出入りは広域化していった。

文久元（一八六一）年、勝蔵・安五郎対三蔵の緊張関係がピークに達すると、血まみれの抗争が始まる。双方に死者が出始め、背後で三蔵を操っていた八州廻りも動き出す。三蔵らは勝蔵を悪玉に仕向けて、勝蔵一派を駿河方面へ敗走させた。さらに、勝蔵らを支援してきた甚兵衛が急死し、安五郎は三蔵・祐天らの謀略に乗せられて捕縛される。手習いの師匠だった神官・武藤外記《むとうげ》《き》の屋敷からの帰途だったという。翌文久二（一八六二）年、安五郎は牢死した。毒殺だったともいわれる。

その後も勝蔵と三蔵・祐天・次郎長側との争いは続く。

元治元（一八六四）年、次郎長との闘いに明け暮れていた勝蔵は、安五郎を死に追いやった三蔵らを討ち取ろうと故郷へ戻った。六月には三河の博徒、平井亀吉《ひらいかめきち》のもとに身を寄せていた勝蔵は次郎長に襲撃される。この大規模な戦闘で、勝蔵は右腕の子分たちを失う。一方、京都では尊攘派のテロや、それを取り締まる新選組による池田屋《いけだや》事件、禁門《きんもん》の変が起き、関東では筑波《つくば》山に挙兵した天狗党の鎮圧に幕府が追われていた。幕末政治史において激動の年だ。勝蔵はこの年を境に、「勤王博徒」へと変貌していく。

◉神主師匠のもとで勤王博徒へ

竹居の安五郎は、手打ちを持ちかけた祐天仙之助らに声をかけられたとき、神官・武藤外記の家から帰る途中だった。この外記とその子・藤太《とうた》の親子が、勝蔵に政治的視野を与えたとされる。

武藤家が神官を務めた檜峯《ひみね》神社は、武田家滅亡後の徳川の入国に際して、家康から社領を安堵された。徳川の家臣・鳥居元忠《とりいもとただ》の軍勢に加わり、武功があったためだという。この社領には勝蔵の黒駒村や安五郎の竹居村も含まれていた。

幕末に至り、神社は政治力も有しながら甲州の政治的拠点ともいうべき重要な存在となる。黒船来航の前年、外記は私塾を開いて国学などを教え、尊王攘夷思想を広めて志士育成を目指した。文久二（一八六二）年には、土佐藩参政・吉田東洋《よしだとうよう》を暗殺した土佐勤王党の那須信吾《なすしんご》が、脱藩後に神社を訪ねたという伝承が村に残されている。

武藤家には、『時勢風説書《じせいふうせつがき》』という「風説留」が残されており、黒船来航時の幕府の動きや、水戸天狗党の挙兵、幕長戦争、慶応年間の京都の情勢など幕末の政情が書かれている。幕末に急増した風説留とは、リアルな政治情報を記した市井の記録だ。書き留められた情報は虚実入り混じっているが、当時の民衆の時勢への関心を写し取っており、興味深い。

武藤外記・藤太親子の薫陶《くんとう》を受けた勝蔵は、親子の指示のもと倒幕の実行隊を担うようになる。親子を通じて時勢に関心を抱き、イデオロギーを身に着けるようになったのだ。元治元（一八六四）年、甲府城攻略を計画し、上黒駒村戸倉で博徒や浪士を集めたのも活動の一環だった。勝蔵のこうした動きが、のちに為政者側（幕府・新政府）から徹底マークされることになる。

戊辰戦争が始まり、慶応四（一八六八）年、新政府軍の赤報隊《せきほうたい》が中山道の加納宿（岐阜県岐阜市）に入ったとき、そのなかに勝蔵も隊士として混じっていた。赤報隊は、下総出身の尊攘派浪士・相楽総三《さがらそうぞう》が率いた新政府軍の先鋒隊である。

宿場役人の『御用日記《ごようにっき》』には勝蔵たちの様子が、次のように書き留められている。――「黒駒勝蔵は（博徒の）岐阜弥三郎《ぎふやさぶろう》の手下であり二七〇人の悪党が宿場に入り込み、毎日、井戸端で鶏や豚をつぶしたり料理をしたりしており、口では言い表せないほどひどい有様になっている」。岐阜弥三郎とは水野弥太郎のことで、美濃から尾張にかけて勢力を張った大物博徒である（第三章で詳述）。なお、勝蔵は水野の子分（手下）ではなく兄弟分の関係だった。

武藤親子の教えを受けるうち、勤王家として働きたいと考えるようになった勝蔵は、赤報隊に身を投じたのだ。赤報隊のもと、勝蔵は東北方面まで転戦した。

勝蔵が赤報隊に入る経緯は諸説あり、高台寺党《こうだいじとう》（新選組の一派）と接近していた水野との関係によるものか、武藤親子が相楽とつながったことで縁ができたのか、あるいはこの両方とされる。相楽は、倒幕活動の一環として、天領であり東征の要地である甲府城の攻略を狙っていたから、これに甲府の神主である武藤親子が協力したのだ。

赤報隊は、先鋒隊とはいえ正規兵ではなく、草莽による急ごしらえの軍だった。そのため、情報探索や敵のかく乱、年貢半減といった世論操作など、ゲリラ的工作を展開していた。こうした活動において、広域のネットワークを持ち、短期間で数百人を動かせるうってつけの存在が、博徒だった。

「池田数馬《いけだかずま》」という変名で赤報隊に加わった勝蔵は、慶応四（一八六八）年三月に赤報隊が改編されると、「小宮山勝蔵」と改名して「徴兵七番隊」に転じる。さらに明治二（一八六九）年、徴兵七番隊は第一遊軍隊と改称し、明治天皇に随伴して皇居の警備を務め、翌年の兵制改革により解散となる。こうして勝蔵は、武藤のもとで学んだ勤王の志を遂げた。

◉権力の過渡期に警戒された争乱

戊辰戦争が終わった頃、勝蔵は黒川《くろかわ》金山開発に加わろうとしていた。そんな折、湯治で出かけた伊豆からの帰途、捕縛された。理由は、まだ所属していた隊に戻る日限を守らなかったというものと、殺人罪だった。元治元（一八六四）年、国分三蔵たちとの争闘により相手側を殺害した件だ。勝蔵は明治四（一八七一）年一〇月一四日、首をはねられた。

博徒間の喧嘩出入りは、もちろん罪だった。しかし、この喧嘩において敵対した博徒たち、そして次郎長が罪に問われていないことを思うと、あまりに不可解な差だった。しかも、赤報隊から第一遊撃隊までの勝蔵の働きは、維新への「献身」にほかならない。次章で詳しく述べるが、赤報隊の長・相楽総三、勝蔵の兄弟分・岐阜の水野弥太郎が、新政府の命によって、やはり謎の刑死を遂げている。

また、明治初（一八六八）年には大赦があり、八丈島へ遠島になっていた甲州の博徒・津向《つむぎ》（紬とも）の文吉《ぶんきち》が二一年ぶりに帰国を許されている。この大赦令は「是まで有罪容《ゆる》すべからざる者といえども、朝敵を除くの外、一切大赦」というものだった。ところが、勝蔵の件で甲府県から司法省に出した伺書には「大赦前の犯罪には候えども」という但し書きがあり、勝蔵が休暇期限を過ぎて帰隊しなかったことを「不届きに付」とし、「謀殺故殺の罪は免れがたく」と結論づけている。

じつは刑死の少し前の慶応二（一八六六）年、勝蔵は、甲府城攻略を計画したことをにらまれて「政治犯」として指名手配されていた。悪名高き甲州の農村武力を警戒して、勘定奉行が直に手配していたのだ。そしてこの翌年、やはりのちに消される相楽総三が甲府城奪取に向けて動いている。

幕末の動乱が巻き起こってから、八州廻りは博徒の取り締まりどころではなくなり、博徒の抗争による殺人事件が野放し状態となっていた。にもかかわらず、勝蔵は要注意人物として慎重にマークされていたのだ。次郎長が公然と殺人を犯しても追討されていた気配もなかったから、勝蔵に対する警戒度の高さ、差異はやはり際立つ。それは、勝蔵の背後に甲府城を狙う倒幕派の大きな影を見たからだろう。甲州一円ににらみを利かせる勝蔵を捕らえ、甲府城を守ることは、幕府にとって威信に関わる任務だった。やがて幕府が瓦解し、世が改まっても、勝蔵は依然として権力者にとって目の上の瘤であり続けた。

明治初頭は、全国的に世直し熱が高騰していた。土地を平均して分けるという風聞は、慣れ親しんだ共同体から強制的に排除されて圧政下に置かれるのではないかという恐怖をあおった。例えば、広島県では「太政官では異人が政を行うらしい」という流言があり、それがさらに「土佐と百姓が入れ替えになる」「蝦夷地へ強制的に送られる」といった噂を呼んだ。

流言は村々で騒動を起こした。慶応期から続く打ちこわしは、新政府の政策に対する反対運動とも結びついて各地で起きた。こうした流れを受け、新政府は明治三（一八七〇）年、地方官庁への監督を強化する。そして、地方官独自の減刑を禁じるとともに、年貢など諸負担を厳しくするよう命じた。さらに、融和的な地方官を処分し、軍隊を派遣して一揆を弾圧した。この時期は、明治政府から排除されたかつての尊攘派浪士や、アウトローを含む草莽全般が農村蜂起と結びつくことが予測されたため、政府は警戒したのだ。

生まれたばかりの明治国家には、まだ目鼻がついていない。当時、山県有朋が「全国の人心一時戦慄仕候様これなくては、大有為の目途には達し申さず候」（木戸孝允宛書簡）と述べたように、人々の不安を知りながらも、生みの苦しみのためにはやむなしという考えが政府にはあった。

山梨県では明治政府の直轄支配を受け、統一的行政が進められたが、明治三（一八七〇）年五月まで、一部地域を除いて行政区画の変更がなかった。これは他地域には見られない特徴だった。動かせば、争乱が起きかねないと判断されたためだろう。その背後にいる大物として警戒されたのが、一声で大勢力を集められる勝蔵だったのではないか。

勝蔵は、権力をひっくり返す戦争に自らの手勢を率いて加わり、集団武力を活かして「成功体験」を味わった。そのような者は、支配層にとって一転して危険人物になり、消しておかねばならないと判断される。

一方、次郎長は新政府軍への軍事参加依頼を断っていた。勝蔵が幕府の指名手配を受けた慶応二年頃のことだ。だが、慶応四（一八六八）年三月、駿府にいた総督府判事庁から呼び出されて出頭すると、判事・伏谷如水《ふせやじょすい》より「東海道探索方」を命じられた。これは過去の罪状をつきつけられてのことで、断れなかったようだ。

その翌月、勝蔵は四条隆謌の親衛隊長として駿府を通過した。このとき、勝蔵は当地の大親分・安東文吉《あんどうぶんきち》に、次郎長と和解するための仲介を依頼したという。文吉は二足の草鞋をはき、次郎長が生涯、頭が上がらなかったとされる人物だ。この逸話も、やはりというべきか、講談にはじまる次郎長ものではほとんど出てこないばかりか、今では文吉の名は地元でも知られていない。

＊

諸隊は近代兵のさきがけでもあり、西洋式を嫌った武士の身代わりとして散り、藩におおいに貢献した。そもそも武士の数が少ないのだから、庶民層からなる諸隊なくしては結果や評価が変わっていた、という藩もあるだろう。

本章では、なかでも博徒、アウトローが加わった諸隊を通して戊辰戦争をたどってきた。仙台藩の「烏組」や歩兵隊のように、強さで敵を驚かせ、ひと泡吹かせた兵たちもいた。一方、無法者だけに、政治的意図によって消されるなど、その死も雑に扱われ、苦い結末を迎えた諸隊も少なくなかった。

浪士組上洛の道中で起きた「抗争」

◎甲州やくざが新撰組の前身、浪士組へ

黒船来航を機に、幕府はひとつの禁じ手を解いた。アメリカの国書を、「国家の一大事だから忌諱《きき》に触れても構わない」と念を押して、御三家、諸大名、幕府役人らに公表、意見を求めたのだ。「忌諱に触れる」とは、相手が不快に感じるようなことを言ったりして、機嫌をそこねるという意味である。外交について意見をすることはそれまではタブーであり、幕府の専断事項だった。

結果、大名や武士だけでなく、学者や町人など諸階層から七〇〇通以上の意見書が集まった。黒船以前の嘉永三（一八五〇）年に出た江戸市中の触れでは、海防に関して話

すことを禁じていたから、庶民までがおとがめなしだったのは画期的だった。幕府はそれまで「種々の妄説」によって人心が動揺することを警戒していたが、それもなし崩し的に見逃され、庶民の国事への関心は高まり続けた。

開国、桜田門外の変、安政の大獄を経て文久期（一八六一―一八六四）に入ると、幕府は「諸階層の政治参加」「安政の大獄の犠牲者の赦免《しゃめん》」を改革の柱に掲げる。井伊《いい》大老の暗殺後、尊攘派浪士が朝廷工作により政局を揺さぶるようになり、政治の舞台となった京都などで尊攘派によるテロが相次いだ。そこで幕府は、体制固めと政権刷新をアピールするため、右記の改革案を打ち出した。だがそこには重大な矛盾があった。テロを鎮圧して幕政を安定させたいが、「安政の大獄の犠牲者」には尊攘派が多かったのだ。そこで、このジレンマを解決するため、尊攘派浪士たちを武力組織としてまとめ、幕府に組み込むことにした。こうして生まれたのが、新選組の前身である「浪士組《ろうしぐみ》」だった。

浪士組の発起人は出羽《でわ》国庄内《しょうない》藩の郷士・清河八郎《きよかわはちろう》である。清河の同志で、攘夷強硬派でもあった幕臣・山岡鉄舟《やまおかてっしゅう》が清河の案を幕府に献策し、これが松平春嶽《まつだいらしゅんがく》（福井藩主／政事総裁職）・山内容堂《やまうちようどう》（前土佐藩主／幕政参与）らに支持された。よく言われるように、清河が幕府を手玉に取るようにして浪士を集めさせたという単純な図式ではなく、浪士組が成立していく過程には幕府権力の中枢が清河を認めながら深く絡んでいた。なお、幕府に建白された浪士組の候補者リストには、清河や山岡のほか、久坂玄瑞《くさかげんずい》（長州藩）、平野国臣《ひらのくにおみ》（福岡藩士）、宮部鼎蔵《みやべていぞう》（熊本藩士）、真木和泉《まきいずみ》（久留米藩神官）ら過激尊攘派の実力者のほか、清河の同志と交流があった坂本龍馬《さかもとりょうま》の名まであがっていた。

　こうして、幕末のもっとも有名な浪士集団二〇〇人余りが、文久三（一八六三）年に上洛する。名目は徳川家茂《とくがわいえもち》の警護だったが、参加要綱に「尽忠報国《じんちゅうほうこく》（尊王攘夷）の志があれば身分も犯罪歴も問わない」とあったように、幕府の狙いは不逞浪士対策だった。上洛する際、三つの小隊それぞれが七番組まで編成され、各組の小頭《こがしら》が統率した。第一小隊五番組の小頭は、山本仙之助《やまもとせんのすけ》。黒駒勝蔵と喧嘩出入りを繰り広げた勝沼の博徒・祐天仙之助《ゆうてんせんのすけ》の変名である。浪士組への甲斐国出身者は、武蔵、上州についで多く、祐天は菱山《ひしやま》の佐太郎《さたろう》（内山《うちやま》佐太郎と改名）ら子分数人とともに参加している。

　祐天は修験僧くずれで、出身は甲府中元柳町の修験僧の養子とも、駿府の修験僧だったともいわれる。柳町で妓楼を経営していた十手持ちの博徒・三井卯吉《みついうきち》の子分となり、喧嘩出入りで凶暴さを発揮して名を上げた。祐天も十手を預かっていた。

黒船が浦賀沖に現れた嘉永六（一八五三）年、伊豆国・韮山《にらやま》代官である江川太郎左衛門《えがわたろうざえもん》（英龍《ひでたつ》）は、祐天と博徒・勘七《かんしち》を捕らえた。のちに黒駒勝蔵と対立する国分三蔵ら周辺の博徒たちが複雑に入り組んだ抗争劇の一端だった。

その後、勝蔵と祐天側の喧嘩出入りが激化する。この過程で、祐天は勝蔵の仲間である竹居安五郎の用心棒・桑原来助《くわばららいすけ》を、甲州鰍沢《かじかざわ》で殺害した。この桑原の息子・大村達尾《おおむらたつお》が、浪士組において、偶然にも祐天の隣の六番組に参加していた。

浪士組は上洛後、近藤勇《こんどういさみ》ら京都残留組と清河率いる江戸帰還組に分裂する。江戸へ戻った大多数が、庄内藩に組み込まれて市中警備の「新徴組《しんちょうぐみ》」に再編される。祐天、大村らは新徴組だ。大村は江戸で活動するうちに祐天が親の敵だと知り、討ち取った。文久三（一八六三）年一〇月一五日、北千住の妓楼の前だったという。なお、大村は喜連川《きつれがわ》（栃木県さくら市）の浪士だったという。父・桑原来助の素性ははっきりしないが、安五郎の用心棒だったということは、浪人だろう。

どこで誰に殺されてもおかしくはない罪深い渡世を送り、衝動的に生きた祐天のような男は、博徒から浪士組へという珍奇な経歴もあわせて、いかにも幕末のやくざらしい。

浪士組に参加したはっきりとした理由はわかっていないが、「罪科取り消し」の条件に惹かれた、という線はまず否定できない。幕府が募集した浪士組の内情のひとつとして、興味深い事例である。

約二〇〇人の浪士を率いて江戸へ戻った清河は、そのまま攘夷実行を画策した。当時、イギリス艦隊が生麦事件の賠償金を要求して江戸湾に侵入していたため、朝廷から幕府への命で浪士組は江戸へ帰されたのだ。清河はこのイギリス勢に狙いを定めた。これに気づいた幕府は、いまだ二〇〇人近くの浪士たちを惹きつけるアジテーターぶりを危険視し、刺客を差し向けて清河を暗殺した。

◎百姓剣士をルーツとした新選組

祐天のように残忍な博徒まで吸収したように、浪士組の最大の特徴は出自を問わず参加できたことにある。

浪士組およびその後身の新徴組をあわせると、現在までに三九四人の名前が確認されている。そのうち、文久三（一八六三）年に上洛した浪士組は二三二名。うち、素性を把握できる二二〇名の内訳は、武士層が七八人（三五パーセント）、武士以外が一四二人（六五パーセント）。出身国は、多い順から武蔵《むさし》八〇・上野《こうずけ》六二・甲斐《かい》五六・常陸《ひたち》四三・信濃《しなの》一八人。また、武士層は脱藩した下級武士が多かったことから、浪士組が政治になんらかの不満を持ち、脱藩もいとわない政治参加を目指す者の受け皿となったことがわかる。

　幕末の数々のテロ事件を見ても、参加者は庶民層が多い。桜田門外の変は、襲撃・謀議に加わった者二八人のうち約三分の一にあたる九人が武士以外（神主三・郷士三・組頭一・百姓一・不明一）。その二年後、老中・安藤信正《あんどうのぶまさ》を尊攘派が襲撃した坂下門外の変も、半数が武士以外だった。翌文久三（一八六三）年、尊攘激派が但馬《たじま》国生野《いくの》で代官所を襲撃した生野の変も、参加者八六人中で武士身分は三三人、百姓身分は三二人。相楽《さがら》総三《そうぞう》が倒幕を目指して率いた浪士隊五〇〇人は、身分が判明している二二三人のうち武士は六〇人（二七パーセント）だけで、百姓・町人が一五七人（七〇パーセント）、その他、郷士・神主などが六人。また、相楽が慶応四（一八六八）年に編成した討幕軍の赤報隊《せきほうたい》も、身分が判明する一六四人のうち武士は四九人（三〇パーセント）で、百姓・町人が九二人（五六パーセント）、郷士が一八（一一パーセント）、神主修験五人（三パーセント）と庶民層が武士を大きく上回った（以上、数字は平川新『日本の歴史一二　開国への道』）。

二〇〇人余りが参加した浪士組の場合、組ごとに配置された小頭のうち、武士は浪士も含めてわずか七人。全体で武士が七八人加わっていたにもかかわらず、このポストは百姓が占め、武士層はその配下になっていたのだ。百姓の多くが、「百姓剣士」だった。

のちに近藤勇ら新選組が剣士集団として知られるようになるのも、農村部で自衛などのため必要に迫られて剣術を身につけた実力ある庶民層が多かったからだ。また、当時の脱藩浪士らが時勢に反応して身につけた著名な剣術流派の創始者も、多くが庶民出身である。

わずか七〇日ほどしか存在しなかった浪士組も、その背景を細かく検討すると、幕末の関八州の殺伐とした社会情勢と絡み合っていることがよくわかる。京都に残った近藤たちは会津藩に預けられ、五か月後には新選組と名づけられて「よく知られた幕末史」に名を残す。

第三章

片肌脱いで武士を助ける

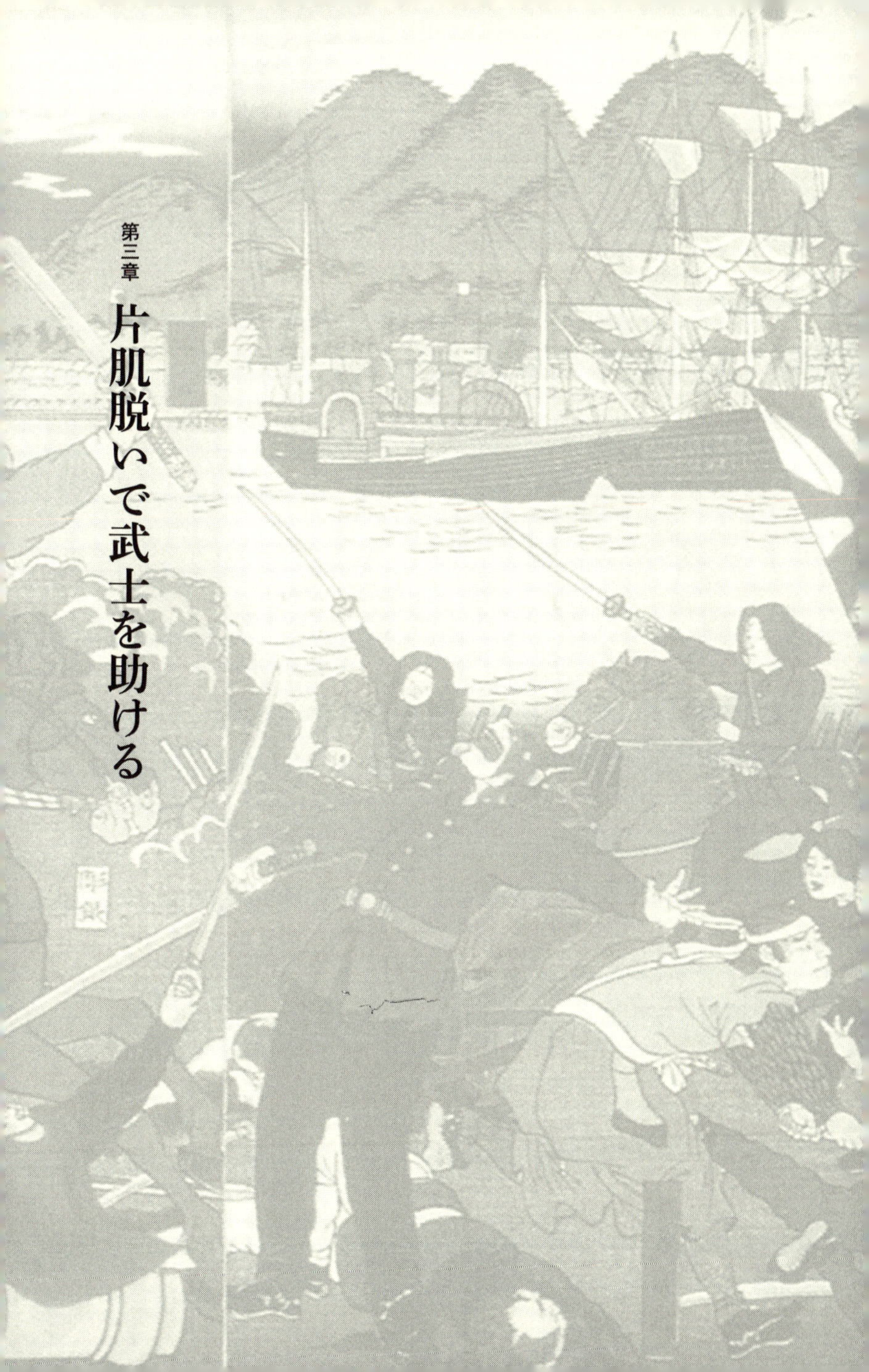

高杉晋作をかくまった日柳燕石

◉風雅も解したインテリやくざ

幕藩体制が成立する過程で関東に博徒、無宿が増えたため、よく知られる親分は関東八州やその周辺国に多かったが、東北や西国にもアウトローは存在していた。幕末維新期には新政府軍の主力をなした西日本の倒幕派とつながる博徒が現れてくる。なかでもよく知られたのが、高杉晋《たかすぎしん》作《さく》ら長州《ちょうしゅう》藩士、倒幕派浪士を物心両面で支えた讃岐《さぬき》の日柳燕石《くさなぎえんせき》である。

体が大きく武闘派で、剣術の覚えがある関東型の博徒とは異なり、燕石は一風変わった博徒だった。五尺に満たない小柄な体で武術は好まず、「先生」と呼ばれるほどの幅広い学問と攘夷の知見を武器とした、インテリやくざだった。とりわけ詩文に才能を発揮し、吉田松陰が燕石の漢詩や和歌を好んだことから、長州藩士の間では燕石の「楠公聖人五絶」が愛誦《あいしょう》されていた。

＊

安政六（一八五九）年、師の松陰が処刑されたことを知ったとき、高杉晋作は藩政府の中枢にいた周布政之助《すふまさのすけ》宛ての書簡で、感情をあらわにした。——「松陰先生の首が幕吏の手にかかったとのことは防長の恥辱であり、声に出すのも恥ずかしいほどです。子弟の交わりを結んだ身としては、仇をとらずにはいられません」。

防長とは周防《すおう》・長門《ながと》の二か国で、長州藩を指す。高杉の怒りの矛先は、幕府に迎合して松陰を江戸に送った当時の藩政府にも向けられていた。このとき、松陰門下の高杉や久坂玄瑞らが、松陰を死に追いやった張本人として目の敵にしていたのが重臣・長井雅楽《ながいうた》だ。長井が、松陰を江戸へ送れという幕府の命令を藩にもたらしたことに反感を覚えたらしい。

長州藩では戊辰戦争まで政権交代が続いた。文久二（一八六二）年七月、桂小五郎ら攘夷強硬派の意見が通り、「条約を破ってでも攘夷を実行する」という破約攘夷論に藩論が転換された。藩論を決める会議は「実現しなければ、君臣ともに『楠公湊川《なんこうみなとがわ》』の故事のように討ち死にするまで！」といった空気で締めくくられたという。長州藩では重要な局面でこうした感情論が場を支配することは少なくなかった。

「楠公」とは楠木正成《くすのきまさしげ》のことである。正成は南北朝動乱の折、最後まで後醍醐天皇の南朝側につき、負けを承知で出陣し、摂津・湊川で足利尊氏を迎え撃つと滅んだ「忠臣」だ。正成を詠んだ燕石の漢詩が好まれたのも、こうした背景があったようだ。もっとも、「楠公」といえば当時、浪士たちの英雄であり、新選組の近藤勇も坂本龍馬も敬っていた。「尊王」は当時の社会通念のようなものだった。

長州藩の尊攘派は京都での政治工作を展開し、朝廷を掌握するが、あまりに暴走しすぎた。その過激さは孝明天皇から疎まれるようになり、天皇の意をくんだ会津・薩摩藩の起こしたクーデターにより、文久三（一八六三）年八月一八日、一夜にして政局から転落する。その後は、禁門の変での大敗、下関砲台から外国船を砲撃した「攘夷戦」の報復を受けて惨敗。内憂外患が続くなか、尊攘派は藩内で立場を失っていく。

元治元（一八六四）年八月、高杉は四か国連合艦隊との講和談判を進めたため藩内で命を狙われ、長門国船木《ふなき》（山口県宇部市）に逃れた。一一月には保守層が藩政を奪って尊攘派の弾圧が始まり、身の危険を感じた高杉は福岡に逃げる。保守層は、幕府への恭順のしるしとして家老三人の首を差し出して禁門の変の責とし、奇兵隊などの諸

松下村塾

隊には解散を命じた。

こうした藩政府の動きを福岡で知った高杉は激怒し、一一月下旬には下関に舞い戻ると、現政権を倒すには武力しかないと主張し、挙兵する。翌慶応元（一八六五）年一月、高杉の仕掛けた内戦はじわじわと藩政府軍を圧倒し、勝利を収めた。再び政権が交代し、藩論は「武備恭順」へと塗り替えられる。

ところがその後、高杉は下関の開港を進めたことで、下関を領地とする長府藩《ちょうふ》の頑迷な攘夷派から命を狙われるようになり、今度は四国へ逃亡することになる。高杉は、当時最先端の思想家だった横井小楠《よこいしょうなん》（熊本藩士）の影響を受け、交易による富国強兵を献策し、強い反感を招いたのだった。

町人風のいでたちに「備後屋助次郎」と名を変えた高杉は、愛人おうの、従者・紅屋木助（奇兵隊を支援した商人）とともに四国へ渡った。立ち寄った讃岐国・丸亀で知人から紹介された「榎井《えない》（香川県仲多度郡琴平町）の日柳燕石」のもとに身を寄せることになる。

◉遊興の地・金毘羅で旦那博徒に

燕石は関西では名が売れており、拠点とした榎井で燕石が牛耳る賭場も知れ渡っていた。当時、高杉が下関の豪商・入江和作《いりえわさく》に宛てた書簡には、燕石のことが好意的に紹介されている。

金毘羅に参詣した後は日柳燕石という奇人に出会い、議論も一致し、交際していればこの先もなにかと助けてくれそうなので、しばらくここに潜伏するつもりです。この地に来て、天下の情勢もますますよくわかるようになりました。ご存じとは思いますが、日柳氏は博徒の頭で子分は千人もいると聞きます。学問、詩文もよくでき、じつに関西の一大侠客です。燕石が一身をなげうってかくまってくれるそうなので、ご心配は無用です。

豊後国・日田《ひた》の儒学者、広瀬淡窓《ひろせたんそう》も「日柳氏に事があれば千人は楽に命を投げ出す」と書き残しているが、「子分千人」は、西日本の浪士に名が知れ渡るうちに広まった誇張表現だろう。燕石が榎井村に生まれたのは文化一四（一八一七）年。高杉より二二歳年上だ。生家は代々、質商「加島屋」を営む素封家で、燕石は「加島屋の旦那」と呼ばれていた。

博奕にふけるようになったのは、花街に出入りし始めた一八歳の頃だ。地元には、天保五（一八三四）年の米騒動の折に燕石が指導者として投獄され、そのショックで疲弊していたのを母・幾世が元気づけようと花街での気晴らしを勧めたとの話が伝わる。一九歳のときに料亭の娘と結婚し、二一歳で両親を失い、加島屋長次郎の名跡を継いだ。だがその後、ますます博奕や学問、詩文にのめり込み、金毘羅界隈で名が売れていった。燕石の二〇代はこうして遊侠に明け暮れた。

そんななか、二八歳のときに医師で友人の富岡凌雲《とみおかりょううん》と九州旅行に出かけたことで、変わっていく。初めて讃岐から外の世界へ出た燕石は、長崎で見たオランダ船に衝撃を受けるなどして、「海防」を淡く意識するようになったのだ。また、道中で下関に一泊したときには、長州藩士とひそかに会談したとの風説があるという（四国新聞社編『讃岐人物風景八　百花繚乱の西讃』）。燕石による『旅の恥かき捨ての日記』には、九州での見聞がのびやかかつ細かに綴られ、好奇心旺盛で率直な人柄が明確に伝わる。

このように燕石は、多趣味で遊び好きな商家の旦那タイプであり、文雅に長け、かつ押し出しも強いという異色のアウトローだった。

拠点のひとつであった金毘羅大権現の門前町は、榎井から徒歩で一時間弱の距離にあり、周辺は旅館、料亭、妓楼、芝居小屋などの遊興施設がひしめき、「とん場」とも呼ばれた賭場も多かった。燕石が勤王の俠客として知られるようになると、上方《かみがた》で政治活動を行う長州藩士が訪ねてくるようになり、なじみの料亭・松里庵《しょうりあん》に高杉や桂小五郎らを連れて行く姿が見られた。燕石作の「酒はよか亭 水明楼いっそ居つづけ 松里庵」という戯《ざ》れ歌が残る。

なお、金毘羅宮といえば、参道に立ち並ぶ土産物店などで現在よく目にするのが、清水次郎長の子分・森《もり》の石松《いしまつ》の姿だ。次郎長の代参で出かけた金毘羅宮からの帰路、敵のだまし討ちに遭い、死ぬという話が講談や映画などで知られ、土産物屋で石松グッズが売られるようになった。

参道に並行して山中を通る金毘羅街道は、讃岐と土佐をつなぐ唯一の街道で、当時は坂本龍馬や中岡慎太郎ら土佐の脱藩浪士がこの道から丸亀へ抜け、上方に向かったと伝わる。

燕石の活動範囲は、天領、高松領、丸亀領、金毘羅領、多度津《たどつ》領などが入り組み、博奕の手入れを受けにくい土地だった。賭場を隠し持った生家がある榎井は天領のため取り締まりが緩く、金毘羅周辺には全国から人が集まる。そのため、政治活動を行う浪士にとっては、情報交換・潜伏ともに便利な場所だった。なお、長岡藩家老の河井継之助《かわいつぎのすけ》は安政五（一八五八）年に金毘羅に参詣したときのことを、次のように日記『塵壺《ちりつぼ》』に書いている。――「多度津は城下で、船便もあるためにぎやかだ。船宿で昼飯をとり船に乗ったところ、みなしきりに『ば久（博奕のこと）』をしていて、とてもうるさい」。河井は博徒を嫌い、藩政改革においても博奕の弊害を訴えていた。なお、燕石はのちに長岡戦争で河井の長岡軍と戦う。

燕石を頼って来た若者たちが滞在したのが、燕石の代名詞でもある居宅「呑象楼《どんぞうろう》」である。呑象楼という名は、金毘羅宮が中腹に建つ象頭山《ぞうずさん》を飲み込もうとの気概を託したものだという。当時榎井では、金毘羅宮の方角にあたる西側に窓を造ると罰があたるという言い伝えがあったが、燕石はあえて西側に窓を造らせた。建物内部には、人を隠すためのつり梯子《ばしご》、どんでん返しの壁など仕掛けが施されている。

この呑象楼から目と鼻の先に建つ蔵元の長谷川佐太郎《はせがわさたろう》は、燕石の同志として尊攘活動に傾倒し、高杉や桂をかくまった。弘法大師ゆかりの満濃池《まんのういけ》を修復する大事業に家財を投じて取り組んだ篤志家としても知られる。

◉詩文を通して響き合う

高杉と燕石は共通点が少なくない。高杉もまた詩文を愛し、漢詩や都都逸《どどいつ》などを多く残している。当時は詩文を介した交際も自然なことだった。詩で響きあうものがあれば、議論だけでは計り知れない相手の懐に入り、関係が深まることもあっただろう。

創作を好む繊細さと相反するような大胆不敵な面も、ふたりがともに持ち合わせた個性だ。高杉は、若殿の側近として出仕してからというもの、エリートコースを歩んできた。その過程で妬まれ、裏切られるなどして藩政治の汚さも目の当たりにしてきた。もともと地位に執着しなかっただけに堪《こた》えたようで、高杉の漢詩には人間の暗部をニヒルに見つめたような作品も目立つ。だが、ただ閉じこもっているだけではないのが高杉の強みだろう。勝つ見込みのなかった藩内戦を仕掛けたことなどは、彼の行動力と激しさをよく示している。

一方、燕石も、詩風とともに人柄を「気宇壮大《けうそうだい》の人」とよく表現されてきた。詩人・侠客・学者の顔がどれも同じくらいに突出していた燕石は、まさに幕末という動乱期だからこそ浮かび上がってきた奇傑だ。中岡慎太郎《なかおかしんたろう》、品川弥二郎《しながわやじろう》、藤本鉄石《ふじもとてっせき》ら多くの浪士が燕石を頼ってくると、さかんに論じ、豊富な財力を義侠心で放出し、最後は戊辰戦争へ賭けた。

教養がある親分というのが、脱藩浪士たちには痛快さをもって好まれたようだが、それは現代人が想像しがちな「博徒なのにインテリ（勤王家）」といった感覚ではなかっただろう。例えば、新選組を支えた多摩の豪農たちのように「世事に関心が高い豪商農の典型」と見たほうが近いかもしれない。多摩の豪農も、幕府からたびたび禁令が出た俳諧や武芸を好み、諸学問を身に着ける者が少なくなかった。博奕も日常生活に溶けこんでいた。燕石の場合、これに道楽者の癖があり、人を敬服させる器の大きさを備えていた。

燕石は、少年期に父方の叔父を通して読み書きを覚え、やがて金毘羅宮の侍医・三井雪航《みいせっこう》、丸亀藩の儒学者・岩村南里《いわむらなんり》らに学ぶなかで尊王攘夷に傾倒した。成長後は讃岐・高松藩の尊攘派とも交流した。高松藩は水戸藩の親戚筋にあたり、全国の尊攘派に多大な影響を与えた水戸学がさかんだった。親藩である水戸藩同様、高松藩は戊辰戦争の頃まで熾烈な政権交代を繰り返した。戊辰戦争に際しては尊攘派が燕石に挙兵を持ちかけ、燕石は武器や軍費二〇〇〇両を調達し、これに応えたという。

高松藩の勤王派が京都の政変の影響を受けて粛清されると、燕石も警戒されるようになるが、天領にいることが多かったため無事だった。しかし、慶応元(一八六五)年五月、琴平の芳橘楼《ほうきつろう》にいたところを捕吏に踏み込まれた。このとき、燕石は松里庵にいた高杉を逃がしていたが、かくまっていたことが露見して高松の牢につながれる。逃げ出した高杉は燕石の同志・長谷川佐太郎《はせがわさたろう》の屋敷の酒樽に身をひそめたのち、燕石の命を受けた古市麦秋《ふるいちばくしゅう》という人物の手引きで伊予国境の番所を越えたとされる。その後は、川之江《かわのえ》(愛媛県四国中央市)で乗船し、下関まで逃れた。

やがて長州藩では幕府との戦争を経て、倒幕に傾いていく。高杉の身代わりとして入牢した燕石は情報と行動に飢えながら、獄中で著作をしたため、約二年半を過ごした。

朝廷からの赦免の命が届き、燕石が縄目を解かれたのは慶応四（一八六八）年正月二〇日のことだった。燕石は木戸孝允の招きで上洛すると、四月にはキリスト教信者蜂起に揺れる九州へ巡視に赴く木戸に同行した。その帰り、下関で楫取素彦《かとりもとひこ》、前原一誠《まえばらいっせい》、井上聞多《いのうえぶんた》（馨《かおる》）ら長州藩士の歓待を受け、前年に病没した高杉の墓参りを済ませた。

すでに戊辰戦争の舞台は江戸から北上していた。燕石は、奥羽征東総督・仁和寺宮つきの「軍務官御日誌方」を拝命すると、「日柳耕吉」と名を改め、奥羽戦へ参加する。戦地での燕石の様子は残念ながらわかっていない。八月二五日に陣中の柏崎で病没した原因も、流れ弾による傷によるものとも、風土病の一種で熱病にかかったともいわれ、はっきりしない。五二歳だった。亡骸は柏崎の招魂場に葬られた。

◉「勤王やくざ」の戦争利用

博徒は、戊辰戦争において量産された諸隊に駆り出された。金や士分取り立てに釣られた者、強引に引っ張りこまれた者、敵対する博徒に対抗するといった感情的な理由などさまざまであった。だが、総括的に見れば、多くが日和見的だった。

そんななか、前章で記した黒駒勝蔵以上に、勤王がなんであるかを熟知して活動したのが燕石であり、新政府軍に加わった博徒のなかでは特異な存在だったといえる。いわゆる「殉難志士」として靖国神社に合祀、明治三六（一九〇三）年には従四位を贈られた。博徒として知られた人物としては例外といっていいだろう。

燕石の死後の栄誉は、やがて地元・榎井での顕彰につながり、郷土の偉人枠に収まっていく。

日中戦争から太平洋戦争に至る時期は、燕石の詩文や著作から報国精神が取り出されて殉国運動に活用され、燕石ブームが到来する。

昭和一四（一九三九）年には、燕石伝がラジオで放送され、身代をつぶしてまで国事に尽くした人物と紹介された。ラジオ原稿（燕石の伝記作者の草薙金四郎《くさなぎきんしろう》著）は「加島屋長次郎という侠客として名を関西にとどろかせ、学者であり、詩人であり、思想家でもあった。その多角的な性格を貫く者は、一命を捨てて顧みない『熱と力』の勤王精神でありました」と燕石の人生をまとめている。また、同じ頃、県は呑象楼を史蹟名勝天然記念物に指定した。燕石が財力を惜しみなく投じて高杉らを支援したことは確かだが、表現と紹介の仕方を変えることで、燕石のイメージは少しずつ変わっていく。

対米戦に突入後の昭和一七（一九四二）年に書かれた燕石の伝記小説『東海片割れ月《とうかいかたわれづき》』では、さらに勤王家の面が強調され、地元で「漢詩、学問を積んだ先生」として顕彰していく形跡が認められる。小説は、子どもにもわかるような平易な会話文を主体に、「燕石がいかに偉い先生か」を説くスタイルだ。

例えば、燕石が戦没した越後の地を舞台に、燕石を知る者が地元の者に燕石のことを教える場面。燕石を「博徒じゃないか」と見下す地元の者に対し、「博徒の方の子分が何百人もいて、学問の方もお弟子がまた大層なものだよ」といった流れで、業績を解説していく。燕石が親戚から「詩人先生だと名を知られてきたのだから」と、やくざ稼業から足を洗うよう諭される場面では、燕石がこう答える。——「こうした博奕渡世が日本のお国のために、お役に立つときがきっとくる。もうすぐそこまできているのだ」。そして最後は、「我が皇軍はこの力で勝って来たのでありますす」「先生の尊王、攘夷、報国の精神は幾多の勤王家を刺激して維新大業を翼賛せしめた…（中略）先生の英魂は、今も靖国神社に鎮まって、永く我が皇基を護っていられる」と結ばれる。

明治以降、アウトローの義俠心や自己犠牲といった特質は、大衆文化などを通して戦意高揚に利用され、やくざを前線に駆り出すことにつながった。日清、日露戦争、日中戦争から太平洋戦争の折、新聞小説（講談小説）や映画、芝居などの娯楽作品は、勤王やくざを「見習うべき殊勝な存在」として描いた。

現在、地元で燕石の史蹟として有名な呑象楼（昭和二九年、現在地に移転）にある案内板の類一切にはやくざの「や」の字はおろか「俠客」という言葉も見当たらない。博徒の自治体における扱いは、人物によってさまざまだ。一種の郷土ナショナリズムというべき美化を施されている人物もいれば、燕石のように、アウトローの経歴にはあまり触れられないままひっそりと英雄化した人物もいる。

井上馨と大分の灘亀

◉藩士に襲撃され死の淵をさまよう

明治四四（一九一一）年五月二九日、井上馨《いのうえかおる》は大分の温泉地、別府を訪れた。半世紀ぶりの再訪だった。

元勲が来訪するとの大ニュースに別府の町は沸き立ち、大分県知事、別府町長らが丁重に出迎えた。

井上が別府を訪れた目的は二つあった。半世紀前に世話になった旅籠「若松屋《わかまつや》」の主人・松尾《まつお》彦七《ひこしち》と、土地の博徒・灘亀《なだかめ》への思いからだ。しかし、ふたりともすでにこの世にはなく、再訪した宿で彦七の遺族らに対面した井上は、彦七と灘亀に礼を言えないことを残念がったという。この場に、半世紀前の井上を覚えている者がひとりだけいた。当時一二歳だった彦七の次女ハツである。

父から「あのお方は長州の偉い人だから失礼のないように」と言われたことなど、当時の記憶を思い出すままに語った。井上が珍しい船来品の「ケット」を持っていたことも覚えていた。井上が、長州藩の秘密留学生として渡ったイギリスから持ちかえった毛布だ。また、奇兵隊という言葉も頭の奥底に残っていたが、「あの頃は『騎兵隊』のことだと思っていました」とおかしそうに話すと、井上は声を上げて笑ったという。そして、「女の人が一緒で、たしかお静というお方でした」とハツが思い出すと、みなの視線が井上に集まる。井上は「明日も知れぬ命だったから、そういうこともあったろう」と懐かしげに笑みをもらした。

*

井上は天保六（一八三五）年、一〇〇石取りの中級藩士の次男に生まれた。一六歳で藩校・明倫館《めいりんかん》に入学し、黒船来航の年、藩主の供で江戸へ向かった。吉田松陰の松下村塾には入門していないが、松陰グループとともに攘夷活動に傾倒し、品川・御殿山《ごてんやま》のイギリス公使館焼き討ちに加わったりもした。終世、高杉晋作を慕い、かたわらには伊藤俊輔（博文）がいた。

攘夷運動が最高潮に達した文久三（一八六三）年、井上の活動は大きく転換する。藩に申し入れていた洋行が許され、伊藤、山尾庸三《やまおようぞう》、井上勝《いのうえまさる》、遠藤謹助《えんどうきんすけ》とともにイギリスへ留学することになったのだ。

イギリスでは圧倒的な工業力と軍事力を目の当たりにし、強い衝撃を受けた。井上は攘夷が不可能だと痛感し、開国して国力を蓄えたうえで攘夷を実行すべきだという考えに転じる。

その頃、アメリカ、イギリスなど四か国が下関を砲撃するため、連合艦隊を結成して下関へ向かっていた。長州藩からアメリカ商船などを砲撃されたことに対する報復だった。井上たちはこれをイギリスの報道で知り、元治元（一八六四）年、急きょ帰国したが、戦闘は終わってしまっていた。井上は通訳となって和平交渉にあたる。

その後、井上と伊藤は、列強との交戦がいかに無謀であるかを説いてまわった。しかし、外国帰りということもあって、過激攘夷派や政敵の反発を招き、命を狙われるようになる。

下関での攘夷戦の敗北と幕府からの征討を前に、藩は揺れていた。幕府への恭順を訴える保守層は、都を追われてからの一連の難局は攘夷派が招いた失態だと責任を追及し、幕府との戦闘も辞さない構えの尊攘派と激しく対立する。

元治元（一八六四）年九月二六日、藩論を決める会議が山口城下の政事堂で開かれた。井上は藩主・毛利敬親に留学で得た知見を述べ、武備恭順を訴えた。この日の夜、帰路の袖解橋《そでときばし》で刺客に襲われ、五十数針を縫う瀕死の重傷を負った。

伊藤は、一命をとりとめた井上を急ぎ見舞った後、しばらく身を隠すことにし、高杉晋作は福岡へ逃れた。井上も、傷がある程度癒着したのを機に九州へ渡り、別府温泉で傷を癒しながら潜伏することにした。

一二月になると、高杉が保守層による政敵への粛清に激怒して下関に戻り、挙兵する。藩内戦は翌慶応元（一八六五）年一月に行われ、高杉らが勝利して終結する。井上もこの内戦に途中から加わっており、別府での滞在は二、三か月とみられている。

◉別府の親分の「子分」になる

色あせた腹掛けに、継あてだらけの股引き、半纏を羽織った人足姿に変装した井上は、「春山花助」と名を変え、なじみの芸者・お静とともに、楠港（旧別府港）近くの若松屋に投宿した。ふたりをかくまってくれたのが、博徒の親分・灘亀とその縄張下にある若松屋の主、松尾彦七だった。彦七の配慮により、井上を灘亀の子分ということにし、賭場の雑用などをさせて紛れ込ませた。井上はこの折に博奕を経験して、二、三日で大金をすってしまったこともあるという。

井上がひそんだ別府村、浜脇村は、慶応四（一八六八）年の温泉番付で浜脇が西日本前頭三枚目、別府が六枚目に選ばれるほどの温泉地として知られた。温泉地ゆえ遊興の場も多く、人の出入りにともない博徒が根づいたようだ。また、別府村は天領で、はるか島原から派遣されてきた代官が、別府を含む広範囲を統治するというのどかさで、手入れも受けにくかった。さらに、楠港、街道でも人や物、現金がさかんに行き交う。

井上馨

灘亀はこうした環境下で勢力を広げた親分で、本名は永井亀吉といった。井上より一歳下の天保七（一八三六）年生まれだ。

井上はまず傷を癒やそうと、別府名物の温泉に足しげく通った。やがて伊藤から呼び出しの書簡が届き、帰国する。長州藩は内戦を経て藩論が一本化されると、薩摩藩と倒幕派の主流となり、新政府を樹立する。井上は政財界の重鎮として明治政府を支えていった。

井上が別府を去ってから一五年後、明治一二（一八七九）年に彦七が死去した。若松屋では、跡を継いだ三代目・亀四郎が建物を改築したが、井上が潜伏した離れの屋敷はそのまま残された。一方、灘亀は明治三五（一九〇二）年、六七歳で他界。晩年は、目が不自由になり不遇な日々を送った。粗暴だったため周囲から相手にされず、のたれ死ぬようにして最期を迎えたと伝わる。

明治四四（一九一一）年、井上は半世紀ぶりに若松屋の離れの二階を訪ね、彦七の娘ハツたち遺族と記念撮影をし、「千辛万苦之場《せんしんばんくのば》」と大書した扁額《へんがく》を寄贈した。この折、町側から歓迎会に招かれたが、井上は「別府には多大な恩義がある。招くべきは自分のほうだ」と、地元の名士たちを招いて大酒宴を催した。このとき、晩年の灘亀の面倒を見た漁師・永井平吉（このときは漁に出ていて不在だった）の妻が、灘亀の位牌を持って出席した。井上から灘亀の晩年について尋ねられた永井の妻は、土地では嫌われていたことを明かした。すると井上は、「土地の人に嫌われていても、私にとっては恩人です」と金一封を謝礼として送り、後日、浜脇の墓地に灘亀の墓石を立てさせた。

◉別府再訪の真の目的は？

別府には、亡き灘亀、彦七に感謝を述べることのほかに、もうひとつ大事な用事があった。

井上は別府に滞在中、大分県知事ら役人に「宇佐郡北馬城村岩崎出身の末広善七の長女」――高杉晋作が眠る「東行庵」の二代目庵主候補・谷梅仙《たにばいせん》――の身上調査を依頼していた。そして、調査の結果に満足した井上は、別府からの帰途、下関で梅仙と面会して、高杉が興した谷家に梅仙を入籍させる手続きをとったことを伝えた。

若松屋での記念写真。左から３人目が井上、その左隣がハツ。（国立国会図書館所蔵）

本人の遺言に従って下関市吉田に葬られた高杉の墓所・東行庵は、愛人だったおうのが「谷梅処《たにばいしょ》」の名で墓守をしていた。明治四二（一九〇九）年、おうのが二代目庵主を谷梅仙に託して他界し、その二年後、梅処が待ち望んでいた高杉の顕彰碑が完成する。井上はその除幕式に出席するため、はるばる東京から足を延ばし、大先輩を称える祝辞を述べると、別府へ渡ったのだった。このとき、梅仙が二代目に決まっていれば顕彰碑の完成と重なってよい折だったのだが、なぜか決まっていなかった。そのわけは、二代目東行庵主を決めるのに井上が大きく関わっていたからだ。

井上は明治以降、高杉が晩年に興した谷家とおうのを気にかけ、なにかと世話を焼いていた。高杉を慕う井上にとって、また当時の感覚からして、谷家の当主の相続はそれほど重大事だった。谷家とは、高杉が幕府から追われていたとき、藩の命令で「谷潜蔵《たにせんぞう》」と改名して以来の家であり、一〇〇石が与えられた、藩にとっても歴とした家だった。そのため、谷家を継ぐということは、高杉の末裔として高杉家の親戚になるということだ。長州閥の重鎮である井上が庵の存続について責任を感じていたからこそ、梅仙は、初代から名指しされながらも、井上の最終判断を仰いだのだろう。

明治四四（一九一一）年、高杉の大顕彰碑の除幕式に関連した谷家相続問題と、灘亀への恩義の別府再訪。どちらが井上にとって本当の目的だったのかと論じられたこともある。

じつは、別府再訪の一〇年ほど前、井上は遊説で九州へ行く伊藤博文に、「もし別府に寄ったら昔の潜伏先を調べてほしい」と頼んでいた。すると宿はまだ現存していることがわかり、それに安心したのか訪れることはなく、月日が流れた。結局、半世紀もたつまで訪れなかったことを思うと、懸案の谷家の跡継ぎ問題を解決することのほうが目的だったのでは、と勘繰りたくなる。

＊

井上と灘亀、彦七の遺族らとの交流、土地の名士を交えた宴を経て、別府では「元老・井上馨の訪問」が美談として語り継がれていく。灘亀とのエピソードが語られるとき、嫌われていたはずの男にも「侠客」が頭につくようになった。井上がかくまわれた離れは、昭和八（一九三三）年、別府市に寄贈されて市の公会堂跡地に移築保存されることになり、市長の撰文による碑が建ち、市役所では記念誌まで出版された。

高杉と日柳燕石、井上と灘亀・彦七がそれぞれの土地で語られてきた話は、「維新の勝者」側の偉人との縁にあやかりながら郷土愛が高じ、美化していった類のものである。博徒や侠客は反権力を建前とする一方で権力に弱く、その後ろ盾を得て美名を上げてきた歴史もある。まだやくざものの大衆文化が身近にあふれ、暮らしの地続きにアウトローがいた頃の素朴な価値観では、美談を美談とも思わなかったのだろう。

新選組高台寺党と岐阜の親分・水野弥太郎

◉西本願寺を介した浪士との縁

新選組の前身である浪士組は、おもに「関東地方の脱藩浪士」「草莽層（百姓・町人・神官など）」の二つの集団で構成されていた。新選組といえば対勤王（倒幕）の図式で語られがちだが、浪士組に加わったほとんどの剣客が公武合体のもとでの尊王攘夷を目指しており、当初から佐幕一色だったわけではない。藩での政治活動に限界を感じて浪士組に入った脱藩浪士は、特にそうだろう。

長州系の過激尊攘派が朝廷から一掃された八月一八日の政変、尊攘派浪士を襲撃・捕縛した池田屋事件を経て、新選組は反長州・佐幕色を強めていく。それにともない、当初、多かった都の治安維持の任務から、尊攘派の捕縛・探索活動にシフトしていった。

池田屋事件の四か月後、江戸での隊士募集に応じて伊東甲子太郎《いとうかしたろう》らが加入し、伊東の実弟・鈴木三樹三郎《すずきみきさぶろう》、篠原泰之進《しのはらたいのしん》らも加わった。伊東は、浪士組以来の隊士・藤堂平助《とうどうへいすけ》と同じ北辰一刀流《ほくしんいっとうりゅう》の使い手で旧知の仲だった。この頃、京都政局は「一会桑」（一橋慶喜《ひとつばしよしのぶ》・会津藩主の松平容保《まつだいらかたもり》・桑名藩主の松平定敬《まつだいらさだあき》）が握っていた。こうした状況のもと、近藤は伊東に「一会桑政権を支え、公武連携のもと攘夷を目指す」ことを説いて入隊を求めたと思われる。つまり、このとき新選組は「佐幕尊攘派」浪士の受け皿となっていた。

近藤は入ったばかりの伊東を参謀という名誉職的な幹部につけ、関係も良好だったかに見えた。だがやがて、長州処分をめぐる考えの違いから溝ができ、慶応三（一八六七）年、伊東グループ一四名は分離という名目で京都東山・高台寺《こうだいじ》に拠点を置くようになる。分離後の伊東たち高台寺党（「御陵衛士《ごりょうえじ》」とも）をひそかに支え、その後、戊辰戦争をともに戦った大物博徒がいた。岐阜の水野弥太郎《みずのやたろう》である。

＊

弥太郎は文化二（一八〇五）年、岐阜矢島町の医師の子に生まれた。本名は弥三郎という。代々医業を継いでいた水野家では、西本願寺の典医を務めたことから、京都と縁が深かった。弥太郎の祖父の代に岐阜に移り住んだが、その後も京都とのつながりが保たれたらしいことが、水野家の遺品からもわかっている。

弥太郎は一人っ子のため家業の習得に専念しなければならなかったが、早くから剣術に惹かれ、一心流の鈴木長七郎に入門する。剣の腕が順調に上達するとともに医業からは離れ、やがて道場の人間関係を介してアウトローの道に足を踏み入れた。やがて、関小左衛門《せきしょうざえもん》、神戸政五郎《こうべまさごろう》と並び「美濃三人衆」と称される親分となった。

弥太郎は、居住地の岐阜矢島町（岐阜県岐阜市）にちなみ付近の岐阜町の博徒と認知されてきた。だが、岐阜町には尾張藩岐阜奉行所が目の前にあるため、収入源として拠点としたのは剣術道場があった加納宿《かのうじゅく》（岐阜県岐阜市）および中山道のほかの宿場、美濃路沿いが中心だと思われる。なかでも美江寺宿《みえじじゅく》（岐阜県瑞穂市）のあたりは当時、中山道きっての悪所として知られ、博徒や無宿があふれていたという（平塚正雄「中山道美濃宿場の発達」一信社出版部編『郷土史壇五巻三号』所収）。水野と子分たちも美江寺宿で喧嘩騒動を起こし、奉行所から喧嘩両成敗の処分を受けたことがあった。勢力を拡大した弥太郎は、大垣宿・関ケ原宿あたりまで縄張りを広げた。

弥太郎と高台寺党とのつながりは、水野家の家業にあった。博徒の親分とはいえ、漢籍に囲まれる環境で育った弥太郎は、京都から入る時代の風を自然とかぎとるようになる。やがて弥太郎も京都に行くようになり、高台寺党とのつながりを得て、資金調達などで協力した。なお、伊東らが離脱する二年前から、新選組は水野家と縁深い西本願寺を屯所としており、ここの侍臣・西《にし》村兼文《むらかねふみ》は伊東や西国の勤王浪士と交流を重ねていた。

一方、新選組では、近藤が高台寺党の分離を認めつつも警戒し、初期からの隊士・斉藤一《さいとうはじめ》を間諜として高台寺党に送り込んでいた。新選組から分離する直前、伊東らは九州へ遊説に出向いており、近藤は伊東と西国の浪士とのつながりを注視していたのだ。近藤はその後、幕臣に昇格し、御目見得以上の旗本となる。長州処分に関して政治工作を幕府から任された近藤は、幕府代表者のひとりとして政治活動を展開した。

これに対し、伊東は長州藩を含めた雄藩連合を国の将来像としており、幕府の正当化を根底に置く近藤とは国家論が異なっていた。やがて、第二次幕長戦争のさなかに大坂城で将軍家茂が死去し、慶喜が将軍就任を渋って事態が停滞するなか、伊東は打開策としてひそかにある行動をとっていた。

それは尾張藩を浮上させるというものだった。この時期、伊東と篠原泰之進が名古屋に赴き、徳川慶勝《よしかつ》の上京をうながしている。慶勝は、第一次幕長戦争では幕府側総督として温和な処置にとどめた実績があるため、薩長や西国諸藩の印象は悪くない。さらに、当時尾張藩では、慶勝の子で尾張藩主の義宜《よしのり》を次期将軍に、という空気も広まりつつあった。実現すれば、伊東の考える薩長・公卿を含む雄藩連合が叶うのでは、と見たのだ。伊東は行動の自由を確保するために分離（分隊）という口実を実現させたのだが、近藤は高台寺党に潜伏させた斎藤からの報告などにより、伊東の動きをある程度は読んでいた。そして、大政奉還を歓迎しつつ公卿政権を構想する伊東を切り捨てねばならないと決意する。

伊東甲子太郎

　慶応三（一八六七）年一〇月一三・一四日、薩摩・長州藩に下った倒幕の密勅は、一四日、慶喜が大政奉還を行ったことで封じられた。この日、正親町三条《おおぎまちさんじょう》実愛《さねなる》を訪ねた近藤は、大政奉還の裏には尾張藩などの謀略があるとして非難した。そして四日後、近藤は今後の国事について語り合いたいと伊東を酒宴に招き、散会後、伊東ら高台寺党四人を七条油小路において斬殺した。

　伊東の弟・鈴木三樹三郎、篠原泰之進らかろうじて逃げた残りの高台寺党は、戊辰戦争にて赤報隊二番隊に加わることになる。そのとき、かたわらにいたのが弥太郎だった。

◉赤報隊、東征先鋒から「偽官軍」へ

赤報隊とは、戊辰戦争における新政府軍の先鋒隊である。相楽総三が、公家の滋野井公寿《しげのいきんひさ》らを盟主に擁立して率いた。

王政復古の大号令は「近年、物価の高騰は解決されることなく、富者はますます富をかさね、貧者はますます困窮している」と、幕府の失政を非難していた。武力倒幕を前にして深刻な財政難にあえいでいた新政府は、この理屈に沿って「富者」――豪商らに軍資金の提出を命じる。その後、沿道諸藩を従わせるために相楽が出していた年貢半減令を撤回するよう指示した。

相楽は、浪士組の結成を率いた出羽庄内の浪士・清河八郎と同じく、根っからの草莽尊攘派だ。下総国北相馬郡守谷村（茨城県守谷市）の郷士の三男として赤坂で生まれ育ち、成人すると志士たちと天狗党の筑波山挙兵などに加わった。やがて清河の同志だった薩摩藩の伊牟田尚平《いむたしょうへい》や益満休之助《ますみつきゅうのすけ》と出会い、同志となる。薩摩藩が武力倒幕路線に切り替えた頃のことだ。

慶喜が大政奉還で意図したのは、武力倒幕を目指す薩摩の大義名分を失わせるためでもあった。そこで、西郷隆盛《さいごうたかもり》は開戦のきっかけを得るため、伊牟田、益満に幕府を挑発する任務を与え、ここに総三が加わる。江戸・三田の薩摩藩邸には、相楽ら約五〇〇人の倒幕派の浪人、草莽層が

鳥羽伏見戦争

集まった。相楽たちの工作は成功し、鳥羽伏見戦が始まった。

　上洛した相楽は働きを西郷から感謝され、薩摩藩邸で武器類を受け取ると、進軍の態勢を整えて待機した。ここへ、元高台寺党の鈴木三樹三郎《すずきみきさぶろう》、藤堂平助らが加わる。相楽が「年貢半減令」を太政官に申し出て受理されたのもこの折のことだ。年貢半減令とは、天領の年貢を半減することで朝廷の威光を示し、進軍を有利に進めるための戦略だった。やがて約三〇〇人に膨れ上がった隊を、相楽は「赤報隊」に再編成し、一番隊隊長に就任、二番隊隊長を鈴木三樹三郎に任命した。

　東山道鎮撫総督は、薩摩・長州・土佐・鳥取・彦根・大垣の各藩兵で再編された約三五〇〇の兵を率いて京都を出発し、岐阜・大垣で資金調達のため二〇日ほど滞在した。相楽が展開した年貢半減令の影響で軍資金調達が難航したためだ。新政府軍は不換紙幣の発行に踏み切ったが、上方の米商人などの豪商が年貢半減の撤回を迫り、猛反発する。

上方経済を混乱させ、三井など大商人から多額の軍資金を徴発している以上、新政府軍は年貢半減令の取り消しの要求に応じざるを得なくなった。こうして、戊辰戦争の戦端をきった相楽は一転して邪魔者となっていく。

東山道軍が信州に入る前、その先鋒を名乗る隊が赤報隊のほかにもう一隊あった。甲府城攻略を目指す小沢雅楽之助《おざわうたのすけ》が、公家・高松実村《たかまつさねむら》を盟主とした「高松隊」である。小沢は伊豆出身の宮大工で、黒駒勝蔵の師である神官・武藤外記と知り合い、勤王の道に進んだ。武藤が神官を務めた檜峯神社には、小沢が彫った龍の彫刻が残っている。高松隊は美濃・加納宿で赤報隊を追い越して信州入りし、諸藩に従軍を迫りながら進んでいた。しかし、新政府軍の使者から「偽勅使《にせちょくし》」とされて処分を言い渡され、実村は謹慎、小沢は甲府で処刑された。

◉赤報隊で最初の犠牲者に

「美濃大垣俠客牢死 新選組用達 水野弥太郎」

「藤堂平助は、美濃国の博徒水野弥太郎に結び、農兵数百人、号令次第差し出す約を堅め、且つ其勢を盛んにして士力を増殖せんと思惟し…」

前者は、新選組隊士・永倉新八《ながくらしんぱち》の、後者は西本願寺侍臣・西村兼文《にしむらかねふみ》が残した史料に書かれた弥太郎の活動の痕跡《こんせき》である。弥太郎の京都での具体的な活動はわかっていないが、高台寺党の別動隊として兵力や資金調達に動いていたらしいことがうかがえる。

高台寺党の残党、鈴木三樹三郎らが赤報隊に加わったとき、弥太郎はまとまった武力を送り込み、美濃路進軍に際しての裏方を担ったのだろう。高台寺党から弥太郎に送られた密書の添書も残っており、緊密に連携していたことが推測できるという（高橋敏『博徒の幕末維新』）。さらに、そこに弥太郎の兄弟分の黒駒勝蔵が協力する。実際、赤報隊が美濃路に入ったとき、弥太郎には二〇〇〜三〇〇人の子分（農兵隊）を兵に出すよう指示があったのだが、あるいはその背後には勝蔵も絡んでいたかもしれない。

弥太郎の子分が赤報隊に加わったことは、宿場役人の記録に書き留められていた。慶応四（一八六八）年一月一八日、弥太郎の子分六〇〜七〇人が竹中陣屋（岐阜県不破《ふわ》郡垂井《たるい》町）に入り、我が物顔でのし歩いたという。翌日、赤報隊の先鋒隊二〇〇人が加納宿に入っているが、うち七割は弥太郎の手勢だ。加納宿に相楽の一番隊が到着し、隊長の勝蔵、子分たちを従える弥太郎も現れた。

宿場を占拠するやくざへの反発からか、周辺にはさまざまな悪評が流れ、「弥太郎が綾小路様から二万石を拝領して加納城主（加納宿は加納藩永井氏三万二〇〇〇石の城下）になるらしい」といった噂まで広まっていた。宿場役人たちは文書で弥太郎らを「あくたれ人」と表現したように、一行を丁重にもてなしながらも、腹の中には不満が渦巻いていた。やがて、宿場に満ちた悪い噂はかたちを変えながら京都まで伝わっていく。――「先鋒である赤報隊が宿場で金品を脅し取るなどして領民を恐れさせている」

信州一一藩を従わせて碓氷峠《うすいとうげ》（信州・上州の国境）を占拠するつもりだった相楽は、加納宿にたどり着いたときに「赤報隊が豪商を襲って金を強奪した」といった風聞を耳にした。相楽以下、隊士らには心当りがない。さらに、同年一月二五日、鵜沼宿《うぬまじゅく》（岐阜県各務原市《かがみはらし》）に着くと、太政官からの使いがきて「速やかに桑名に戻り、東海道総督府に合流せよ」と伝えた。しかし、相楽はあくまで碓氷峠にこだわり、命令を無視して信州へ向かう。

新政府軍としては、すみやかに進軍するためにも東海道などの要所で軍規を乱すことは避けたい。赤報隊を粛清するため、東山道鎮撫総督は次のような警告の触れを出した。「滋野井様、綾小路様の家来などと称して、市井の人々から金品を奪う者がいると聞く。無頼賊徒の所行であり許しがたい。今後このような者は捕らえて本陣に訴え出ること。反抗する者は討ち取ってもよろしい」。信州一一藩には、松代藩を触頭《ふれがしら》として、赤報隊を取り押さえるよう触れを出させた。赤報隊を偽者として断罪する「偽官軍事件」はこうして起きた。

赤報隊の面々は身近に迫る不穏な空気を感じた。弥太郎も厳しい立場に追いやられていく。赤報隊が偽官軍とされた要因は年貢半減令にあったが、弥太郎は、その告知の高札を美濃一円の村々に出させていたからだ。邪魔者となった赤報隊に深く関与した「勤王家」弥太郎も危険人物とされた。

二月三日、東山道鎮撫総督府から弥太郎に呼び出しの書状が届く。文面には「その方には勤王の志があると聞く」とあるだけで、理由は明記されていなかった。この状況だけで判断するなら、なにかお褒めにあずかるのかもしれない、と期待するのが自然だ。弥太郎を油断させる総督府の狙いは、成功した。

言いつけ通り、麻裃の正装で大垣の本陣を訪ねた弥太郎は突然「その方、この度は数々の不審な行いがあったため、おとなしく縄目にかかれ」と命じられると、縄をかけられた。

一転して罪人となった弥太郎が大垣藩の牢に送られると、宿場役人たちは祝杯を挙げた。新政府軍はさらに、弥太郎の罪状を記した高札を掲げさせ、追い打ちをかける。――「この者は天下の大罪を犯し、子分と称して無頼の者たちを従えて領民を苦しめてきた。あまつさえ官軍の御威光をかりて人殺しをするなど不届き極まりない。よって斬罪のうえ梟首《きゅうしゅ》となったが、自死した。百姓町人はこのこと、とくと心得ておくように」

この文面にあるように、弥太郎は牢内で自害したともいわれるが、真相ははっきりしていない。まだ旧幕時代の刑法が踏襲されており、遺骸は取り捨てとされた。その後、勝蔵、相楽が相次いで処刑され、東征の魁《さきがけ》、赤報隊を動かした三人の男は消された。

◉弥太郎の「義賊」の顔

前述の西村兼文（西本願寺の侍臣）の記録には、弥太郎が農兵隊を組織して高台寺党に協力した痕跡が綴られていた。この農兵隊との関連が疑われる張札が、戊辰戦争の五年前、文久三（一八六三）年八月一三日、岐阜因幡入口番所に「浪士政所」の名で掲げられていた。張札は、

「外国と不当な取引をしたり、穀物を高値で売りさばいたり、公職の名で下層民を苦しめる者には天誅を加える」といった内容だった。尊攘運動のピーク時らしい文面であると同時に、弥太郎の岐阜の勢力圏での彼の横顔が浮かび上がる。

じつは弥太郎は、縄張りの宿場内ではいわゆる義賊らしい顔も見せていた。この文面では「公職」、つまり奉行所役人への敵意が読み取れ、その感情をあおって反幕府勢力を増やそうとの意志が見える。つまり、外国と取引して庶民生活に悪影響を及ぼす商人への怒りとともに、その状況を打開できない公権力への怒りを表現したのだ。博徒がその勢力圏内で拠りどころとしたのは、単に数や力の強大さだけではなく、地域住民とのなんらかの信頼関係が大きかった。例えば、慶応四(一八六八)年一月二〇日、弥太郎は関ケ原宿で会津藩・桑名藩の荷物五四駄を奪うと、衣類などを宿場の「難渋之者(貧民)」に分け与えたという(関ケ原町編『関ケ原町史　史料編二』)。また、加納宿には、無頼漢に食い物にされていた飯盛女を弥太郎が救ったという逸話も残っている。弥太郎にはこうした貧民救済に関する伝承も少なくはない。

弥太郎がのちに年貢半減令の高札を掲げさせたとき、貧民の期待が寄せられた背景には、こうした地縁が絡んでいたのではないだろうか。高台寺党とのつながりを得て活動するうちに、持ち前の義侠心を刺激され、弥太郎の活動は政治的な色を帯びた。あるいは、物心がついた頃から仁術に触れた名残なのか、家業を継がなかった後悔の念が底にあったのか。いずれにしても、弥太郎もまた、この時代ならではの特徴を持つ博徒だったのだ。

◉農村での動員力を危険視される

弥太郎は相楽総三の赤報隊に農兵隊を送り込んだが、相楽の別動隊「出流《いずる》糾合隊《きゅうごうたい》」は、皮肉にも農兵隊に苦しめられたことがあった。出流糾合隊が栃木宿（栃木県栃木市）に攻め込んだ際、栃木陣屋を拠点に、八州廻りの渋谷《しぶや》鷲郎《わしろう》（和四郎）が指揮した農兵隊が猛威を振るったのだ。この農兵隊には、陣屋付きの十手持ちやその子分たち、雲助などの小者までが加わっていた。渋谷は親分肌で強力なリーダーシップをもち、彼の命令ひとつで死地に飛び込む博徒も少なくなかったという。渋谷の用兵は冴え、出流糾合隊は一挙に撃退された。なお、渋谷はその後、古屋佐久左衛門の衝鋒隊《しょうほうたい》に合流している。

このように、戊辰戦争において急造された農兵隊はときにめざましい威力を発揮し、両軍から注目を集めた。ところが、戦争が終わりに近づくと農村部での世直し騒動も相まってその処遇が問題視されるようになる。

新政府の相楽、弥太郎への断罪は「全く無頼賊徒の所業」「御一新之御時勢に乗じ、勅命と偽り強盗無頼の党を集め…」と、かなり手厳しかった。こうした表現は、江戸時代に百姓一揆の指導者を処罰するときの慣用句であり、当時の為政者がもっとも警戒した一揆なみの取り扱いだったことがわかる。相楽と結びついた弥太郎・勝蔵が「無頼」だったことも、相楽を断罪する側をより冷酷にしたのだろう。

政府は相楽の処刑後、太政官布告で一揆徒党を禁止した。戊辰戦争の慶応期に増えた一揆便乗型の世直し運動や草莽の蜂起を恐れたのだ。博徒の武力集団は、そのような農村部の暴発を刺激しやすい。諸外国に対して立場を明らかにしようと焦っていた政府としては、そうした内憂をいち早く解決したかった。

偽官軍事件は、このように政治色が濃厚な事件だった。ご都合主義で「偽者」の烙印を押され、歴史の闇に葬られたことを思うと、「維新」のある本質を象徴する出来事といえないだろうか。

勝海舟と江戸の町を救った新門辰五郎

◉江戸の混乱と「侠客」たち

鳥羽伏見での敗戦後、徳川慶喜は大坂城に兵を残したまま、ひそかに江戸に逃げ帰った。以降、「徳川のその後」を担った勝海舟にとって最大の懸案事項は主君慶喜の命をつなぐことであり、新政府軍の江戸への攻撃に備えつつ、身内の暴発勢力を江戸から追い出すことであった。

戊辰戦争が始まると、江戸から諸国の大名・武士が国元へ引き上げ、徹底抗戦を決めた旧幕臣は江戸近郷や関東諸国へ散り、徳川再興を目指して機会をうかがった。江戸の町は、鳥羽伏見の報が届くと混乱が広がり、都市部や近郷の村々、港、河岸には浮浪の徒や浪士に扮したやくざ者がうろついて強盗などの犯罪が増えた。無政府状態で警察権は機能せず、近隣の村では領主や豪農が博徒集団を用心棒に雇ったりした。

勝はこの頃の苦労話を後年、面白おかしく語っている。

官軍が江戸城へ押し寄せて来たころには、おれも大いに考えるところがあって、いわゆる破落戸《ならずもの》の糾合に取りかかった。それはずいぶん骨が折れたヨ。毎日役所から下ると、すぐに四つ手籠に乗って、あの仲間で親分といわれる奴どもを尋ねてまわったが、骨が折れるとはいうものの、なかなかおもしろかったヨ。（中略）官軍が江戸へはいって、暫時無政府のありさまであった時にも、火付けや盗賊が割合に少なかったのは、おれがあらかじめこんな仲間の奴を取り入れておいたからだヨ」（江藤淳・松浦玲編『氷川清話』）

この話にあるように、勝は江戸市中のアウトローの共同体を取り込んだようで、「おれもこれまでいろいろな人と近付きになったが、新門の辰、薬罐の八、幇間の君太夫（略）こういう連中はおれの一番の友達になった」とも振り返っている。勝の話がどこまで真実かはわからないが、このなかにある新門辰五郎は、幕府が瓦解した際、恩ある慶喜、勝にずいぶんと尽くしていた。

鳥羽伏見での敗戦を受け、慶喜が江戸へ戻る際、大坂城に置き忘れた馬印を辰五郎が取りに戻り、東海道を下った。その後、慶喜が寛永寺を出て水戸で謹慎するときは、辰五郎が二万両を用立てて水戸へ送ったという。このくだりは、侠客・辰五郎の美談として必ず語られるところだ。

同様の話がもうひとつある。江戸市中における町火消四八組の自衛活動だ。火災やそれに乗じた盗賊などの犯罪が意外に少なかったのは、火消の統制のとれた働きが作用したのは確かなようである。「おれがあらかじめ手を回しておいた」との勝の自慢も、よくいわれるような「ホラ話」ではないのかもしれない。ただし、芝居などで描かれてきた上野戦争時の辰五郎の消火活動は事実ではない。大砲の火力に対して普段町で使っている鳶口でかなうはずもなく、実際には逃げ去っている。

◉「物語」となった江戸無血開城

慶応四（一八六八）年、新政府軍は東海道、東山道、北陸道など街道ごとに軍を編成した。西郷隆盛らが率いる東海道軍は三月六日に駿府《すんぷ》に入り、江戸総攻撃を三月一五日、開城予定日を四月一一日と定めた。

勝海舟は徳川家処分に関する要望を西郷に伝え、三月一四日、田町（東京都港区）の薩摩藩邸で新政府軍・旧幕府軍の会見が行われた。これにより、新政府側の厳しい処分案が事実上、修正され、和解が成立する。翌日に迫っていた江戸総攻撃は中止され、西郷はひとまず駿府へ引き上げた。

これを受け、上野寛永寺で謹慎していた徳川慶喜は水戸で引き続き謹慎することになった。旧幕臣には複雑な思いが交錯していた。新政府軍への反発はもとより、徳川が恭順したことに対する不満、この先の生活不安などである。こうした負の感情が要因となって、江戸城明け渡し予定日を機に多くの脱走者が出たことは前章で述べた通りだ。

その後、徳川家は田安亀之助《たやすかめのすけ》が相続して駿府七〇万石の一大名となり、慶喜も静岡で暮らすことになる。このとき、辰五郎も慶喜に従って静岡に移った。娘の芳《よし》が慶喜の側室になっており、自身は義父にあたる。大坂城に慶喜が置き忘れた馬印を取って来た話だけがクローズアップされ続けてきたためか、辰五郎と慶喜との関係はつねに美談として語られるが、関係をつないでおきたいという打算めいた肚《はら》がなかったとはいえない。

辰五郎の真価はむしろ、戊辰戦開始当初の混乱した江戸市中で治安維持に奮闘し、火消の頭として最後の光芒を放った姿にこそあったのではないか。江戸の町火消は町の共同体と密接に結びついている。明治二（一八六九）年、東京府に消防局が設置されると、町火消はかつての町抱えから府の管轄下に入り、近代消防組織に組み込まれる。これにともない、かつての火消は姿を変えていく。移ろいゆくただなか、辰五郎は浅草の自宅で静かに息を引き取った。

「維新」の象徴でもある江戸無血開城とは、勝・西郷会談だけが実現した美談のようになっている。確かに、世界有数の人口を有した当時の江戸を思えば、称えられるべきことだ。だが、その背景には幕臣・山岡鉄舟をはじめ、町人や、町に根づいた辰五郎のような組織の頭目たちの尽力もあったことを忘れてはならない。それに、江戸開城と連動して多数の兵士が脱走し、町の一部がスラム化するなどして荒廃し、戊辰戦争も継続中だったことを思うと、必ずしも称賛だけして終われることではないだろう。

「明治維新」が、やがてそれを成し遂げた者たちによってロマン化されていき、その過程で江戸城の無血開城は一種の成功体験として語られてきたのではないだろうか。その物語の中では、同時進行していた戊辰戦争の惨禍――とりわけ無数の無名兵士の死――などは顧みられることはなかった。戦争にまつわるある部分の美談と過小評価は、いつの世もセットになっているように思えてならない。

口入屋「相政」を愛した山内容堂

◉「鯨海酔侯」と下戸の親分

開国後、幕府の権威が失墜するとともに、長州藩、薩摩藩、土佐藩などの有力諸侯が国政のあり方を議論するようになった。幕末とは平時では埋もれてしまうような人材が突出した時代だったが、この時期に活躍した大名もまた、時代を率いる才気にあふれていた。なかでも、松平春《まつだいらしゅん》嶽《がく》（福井藩）、島津斉彬《しまづなりあきら》（薩摩藩）、伊達宗城《だてむねなり》（宇和島藩）、山内容堂《やまうちようどう》（土佐藩）などは「四賢侯」と呼ばれ、内憂外患の時代に藩政改革を成功させただけでなく、国を飛び出して幕政改革の場に躍り出た。

いずれも個性的な面々だったが、土佐の山内容堂（豊信《とよしげ》）は豪胆さで知られ、特に人づきあいにおいては、大名らしからぬ規格外れな顔を見せた。「鯨海酔侯《げいかいすいこう》」と自称するなど酒豪としての逸話も少なくない。

山内容堂

容堂が目をかけた者のなかに、江戸の土佐藩邸に出入りした口入屋の親分、「相政《あいまさ》」こと相模《さがみ》屋政五郎《やまさごろう》がいる。容堂との縁により十人扶持と百両をもらって豪奢な暮らしをしていたという。

政五郎の同志でもあった口入屋・千歳与五郎《ちとせよごろう》について、娘で人気芸者の千歳米坡《ちとせべいは》がのちに語り残している。彼女の言葉によると、与五郎は子分を三〇〇人抱えた大名の部屋持ちで、十八軒から扶持をもらい、帯刀御免だった。政五郎とは男伊達番付で東西の大関に並んだことがあるそうだ（伊原青々園・後藤宙外編『唾玉集――明治諸家インタヴュー集』）。政五郎の暮らしぶりも、似たようなものだったのだろう。なお、政五郎の娘お貞《てい》は、脱疽《だっそ》により四肢を切断してなお舞台に立った澤村田之助《さわむらたのすけ》の妻となった。

　容堂は、もともと藩主の座が約束されていたわけではなく、本来ならば分家筋で終わる身だった。その気楽さからか、幼少時からガキ大将のように育ち、読み書き、学問を嫌った。成長後は屋敷に誰彼構わず集めては酒盛り、大騒ぎをして暮らした。ところが嘉永元（一八四八）年、藩主・豊惇《とよあつ》が三六歳の若さで急死したため、二二歳の容堂に後継の話がまわってきたのだ。

　藩主となった容堂は積極的に藩政改革を進め、やがて幕政にも関与して中央政局でも存在感を発揮する。だが、人を屋敷に集めては派手に酒盛りするという悪癖は直らなかった。江戸の藩邸には、藤田東湖《ふじたとうこ》（水戸藩士）、橋本左内《はしもとさない》（福井藩士）、清河八郎《きよかわはちろう》（出羽庄内郷士）などの時代をリードした者たちを招いて時局を論じさせたり、千葉周作《ちばしゅうさく》、斎藤弥九郎《さいとうやくろう》、桃井春蔵《もものいしゅんぞう》ら剣客を呼び試合をさせたりした。また、なかには力士などの「変わり種」もいた。人足頭の政五郎もそのひとりで、容堂は政五郎を雇うとともに、市井の情報源にもしたという。

　容堂が政五郎に仕事を依頼するようになったのは、政五郎の以下のような逸話を聞き、侠客ぶりに惚れ込んだからだと伝えられる。

　あるとき政五郎は、大名の屋敷に人足の手配の件で呼ばれた。この大名は将軍家慶《いえよし》の側用人・松平筑前守《まつだいらちくぜんのかみ》の息子、進弥だったという説もあるが、はっきりしない。当時、すでに政五郎は町の名物男として知られていたため、この大名は、政五郎を試そうとしきりに酒を勧めた。下戸の政五郎が辞退すると、酒乱だった大名は腹を立て、政五郎に唾を吐きかけた。政五郎は唾を手ぬぐいで拭うとやおら脇差を抜き、左手の小指を切り落とした。そして、指を杯に入れて差し出し、「これをお受けいただけるのなら、動けなくなるまでここで酒に付き合いましょう」と告げると、震えあがる大名を残して立ち去った。

この話を知った容堂は、政五郎の激しさに惚れ込み、人足頭として出入りさせるようなった。容堂にも酔狂で洒落を好むところがあったから、痛快に感じたのだろう。

政五郎は文化七（一八一〇）年生まれで、容堂より一七歳年上。代々、「大和屋定右衛門」の看板を掲げる人入れ稼業の家に生まれ、大名屋敷に人足や六尺担ぎ（駕籠かき）を送り込んでいた。家督は兄が継いだため政五郎は口入屋を営む相模屋幸右衛門の養子にもらわれた。政五郎は養父から気に入られたが、相続を実子に譲り、自分は分家を立てて日本橋箔屋町で大名や旗本を相手にした口入屋を開業する。

政五郎は短気で喧嘩沙汰も多かったが、自分から仕掛けることはなかったという。前述の大名屋敷で小指を切り落とした事件は、まさにその性格が表れたものだろう。なお、政五郎はこの件を後悔し、子分たちによく「一時の怒りで小指を落としてはならない。不便だから後悔する」と戒めていた。また、喧嘩の仲裁が得意で、これにより一段と名を上げていった。

◉山内容堂から姓を与えられる

政五郎は、単に土佐藩から人足を請け負っただけでなく、間接的にではあるが、政局の余波を受けながら仕事をさばいていた。

容堂が参与として加わった文久二（一八六二）年の幕政改革では、参勤交代の緩和や大名屋敷の規模縮小が断行された。これにより、大名に雇われていた中間《ちゅうげん》、小者などが大量に解雇され、路頭に迷った。政五郎はこのとき、彼らを集め、同時期に発足した幕府陸軍の常備軍、歩兵に送り込むなどしている。

その歩兵たちへの責任を感じたのか、その後も腐れ縁が続いた。歩兵隊の編成が変わり、それまで旗本に差し出させていた「兵賦」（兵士）が金納に代わると、幕府直接雇用の兵以外の兵賦数千人が解雇された。彼らが町で起こした騒動はなかなか収まらず、社会問題となる。このとき、見かねた政五郎が、元歩兵に二分《にぶ》ずつ与えて国元へ帰るよう手配し、さらに死んだ兵士を葬ってやり、事態の収束に協力した。また、鳥羽伏見戦の後、歩兵が脱走したときも、勝海舟の依頼を受けて沈静化に向け動いている。

明治時代になると、大名相手の口入屋は成り立たなくなった。容堂は公務から退き、橋場《はしば》（東京都台東区）の別荘に移る際、政五郎の労苦を称えて一〇〇両を与えた。

政五郎はこれを元手に土木・建築工事の口入屋に転身する。容堂の口利きがあり、元土佐藩士・岩崎弥太郎《いわさきやたろう》が興《おこ》した三菱商会の事業を引き受け、新生東京の町づくりを支えた。

明治四（一八七一）年、政五郎は容堂から戸籍法交付の折に「山中《やまうち》」の姓を与えられた。容堂の「山内」と一字違いのこの苗字には、親しみが込められていた。直情家の政五郎は感激した。

容堂が脳溢血で倒れたのはこの翌年のことだ。長年の飲酒がたたったものとみられ、まもなく四六年の生涯を閉じた。政五郎は、晩年の容堂が暮らしていた橋場の別荘に駆けつけ、遺骸が置かれた部屋の次の間で殉死をしようとしたが、板垣退助に止められた。

名物男として町人から大名までを魅了し、江戸の悪と花を背負った政五郎は、後世の人々にも「江戸の面影」として愛された。幸田露伴は『侠客の種類』で、政五郎をこう書いている。――「人入れ親方なるものは、職業の性質上どうしても侠客肌の者で無ければならぬ処《ところ》から、斯《こ》う云ふ種類の親方なるものは大抵侠客の名を以て呼ばれたもので、たとへば近世の大侠客相政の如きも亦《ま》た土州候の人入れであった」

＊

武士のために尽くす政五郎のような親分の姿は、やくざならではの義理立てを思わせ、健気さすら感じさせる。だが、その背景には、「忠義心」のような時代の価値観とともに語られてきたことも忘れてはならない。また、博徒には権力へのゆがんだ憧れや功名心もつきものだ。単純な義侠心のみで動いた者もいれば、追い込まれて仕方なしに腰を上げた者、打算を働かせたしたたか者もいたというのが現実だったのだろう。

お台場の裏面史に名を残した「台場やくざ」

◎最大の難関、人足集めの裏

嘉永六（一八五三）年六月三日、浦賀沖に黒船が来航した。黒塗りの船体から煙を吐きながら進む威容に人々は圧倒され、黒船のニュースは列島をかけめぐった。幕府はにわかに海防の対応に追われ、名代官・江川太郎左衛門《えがわたろうざえもん》（英龍《ひでたつ》）が陣頭指揮をとることになった。

江川は一般に「伊豆韮山の代官」と表現されるが、その管轄範囲は広く、相模・伊豆・駿河・甲斐・武蔵の天領にも及んだ。民政にすぐれた手腕を発揮し、百姓蜂起が多い甲州を任されたことは第一章で述べた通りだ。

江川のもうひとつの顔が、西洋流砲術の普及に努めた海防の先覚者である。長崎で砲術家の高島秋帆《たかしましゅうはん》に入門していた江川は、幕府に高島流砲術を取り入れるよう働きかけ、自身の塾では大鳥圭介《おおとりけいすけ》、佐久間象山《さくましょうざん》、桂小五郎《かつらこごろう》、橋本左内《はしもとさない》らを育てている。そして黒船来航後、老中・阿部正弘《あべまさひろ》に見出され、勘定吟味役に抜擢されたのち、大砲を据えるための台場築造を命じられる。海岸防御の実務担当者だ。

翌年、ペリーが再びやって来るまでに、台場を築かなければならない。江川は台場を築く場所を見分するため、川崎、浦賀水道、大森、品川を回った。結果、スケジュールを優先して江戸湾内海の品川に決まる。

さらに、江戸の町を黒船から守るためには、艦隊の大砲に対抗しうる大筒と、それを据える砲台も必要だ。そこで江川は、大筒を鋳造するための反射炉の建設も急ぐ。

一方、台場造営の正式な幕命が下る。総工費七五万両余り、埋め立てだけで七万両余りを要する大工事だ。一〜三番台場は、大工棟梁の平内大隅《へいのうちおおすみ》が三万五〇〇〇両余りで請け負い、八月から着工した。四・五・七・九番は、勘定所御用達の棟梁・岡田治助《おかだじすけ》が約一万九五〇〇両で落札した。後者は、江戸湾の海中および海岸に築くという難しい工事であり、台場の数も多く、落札額が前者より少ないため難題だった。すみやかに五〇〇〇人もの人足と資材を手配しなければならないが、これは至難の業と思われた。台場築造までの全工程で、予断を許さない状況が続いた。

◎名代官の肚で遂げられた大仕事

資材が集まっても、それを扱う人材がそろわなければ、工事は始まらない。江川はさっそく、人材確保の難題に直面した。これを解決したのが、森久八《もりきゅうはち》という男だった。久八は伊豆を拠点に駿河東部から甲州にかけて勢力を張った博徒である。

文化一一（一八一四）年、田方郡間宮村に生まれた久八は、一〇代で無宿に転落すると、やがて博徒として伊豆一帯で売り出した。天保一三（一八四二）年、博奕の罪で韮山代官に捕縛され、中追放を科された。しかし、立ち入りを禁じられた伊豆や駿河、東海道筋などで引き続き喧嘩出入りに明け暮れる。駿河国・御宿村では無宿者二人を殺害し、その後も逃亡を続けた。

その頃、江川の支配地で大事件が起きていた。嘉永六（一八五三）年六月八日、五日前に来航した黒船艦隊がまだ江戸湾に停泊中の日の夜、甲州竹居村の安五郎が、遠島刑で流されていた伊豆新島から島抜けしたのだ。安五郎は、前章で述べたように、甲州の黒駒勝蔵と兄弟分で、久八とも兄弟の契りを交わしていた。安五郎をかくまったのが、久八だった。

安五郎が島抜けの大罪を犯した日、江川は高島秋帆を手代《てだい》に抱え入れることを幕府に許され、アメリカの知識に長けた土佐の中浜万次郎《なかはままんじろう》を登用した。万次郎は、土佐から漁に出て漂流し、アメリカ船に助けられて渡米、一〇年ほどを過ごして前年に帰国したばかりだ。

台場造営に追われているとはいえ、江川ほどの人物が支配地の大物博徒の島抜けという前代未聞の事件を知らなかったはずはない。前述したように、久八は江川に捕らえられて追放刑を受けた身だった。実情は、代官として民政にあたる余裕がなく、「それどころではない」という状況だったのだろう。さらに、ある思惑から、あえて目をつぶったと思われるのだ。それが、久八の異名「大場の久八」にある。

「大場」とは台場のこと。史料によっては「大場の久八」と記したものがあるが、これは久八の生地、田方郡間宮村の隣村である大場村から誤って伝わった表記である。台場の久八こと間宮村の久八は、台場造営に際して博徒の動員力を活かし、人足を集めた。

じつは、安五郎の逃亡を見逃し、間接的に手伝ったのが、江川のもとで台場造営に際して奔走した甲州郡内境村の名主・天野海蔵《あまのかいぞう》だった。天野は薪炭商、回船業を手広く営むやり手の豪商でもあり、同い年の安五郎は若い頃の悪友だ。そして、久八は天野の弟分であった。

かつて幕府を悩ませた郡内騒動（四六頁参照）など、荒れた土地柄で知られた甲州は、赴任してきた江川が善政をしいたことで快方に向かい、江川は「世直し江川大明神」と祀り上げられるほどであった。江川の政治にはいくつかのポイントがあるが、最大の特徴のひとつが、大胆な人材登用である。台場造営でも中浜万次郎をとりたてたように、慣習にとらわれずに人材の持ち味を適所に配して活かすことを得意とした。甲州の民政においては、難治を解決するためにあえて血の気の多い天野を取り立てたことが成功したようだ。

台場の普請事業が動き出すと、天野は江川から石の調達を引き受けた。台場や石垣に用いる石は、伊豆周辺が産地だ。天野は、さっそく伊豆石、三浦石を手配させ、品川へ運び込む。作業に当たる大勢の人足には、現場で駄賃として銭も与えた。木樽に手を突っ込み、中の銭をつかみ取らせるというもので、これがなかなか評判だったらしい。

一方、肝心の人材確保はうまくいかず、久八に託すこととした。いくら事業を広く展開する天野でも、五〇〇〇人もの人足は集められなかったのだ。当時、久八は中追放の身であり、立ち入れないエリアは武蔵、東海道筋、木曾路筋、甲斐、駿河、伊豆、山城、摂津、和泉、大和、肥前の広範囲にわたった。この刑を遵守していては、久八は動けない。つまり、天野がこれに目をつぶるよう上役の江川に働きかけたものと思われる。

天野に人足集めを頼み込まれた久八は当初、気乗りがせず、説き伏せられて渋々引き受けたという。五〇〇〇人もの人を短期間で集めるのがいかに大変だったかということだろう。久八は、伊豆・駿河・相模周辺の石工の棟梁たちに話をつけ、職人や人足を動員してもらうことにした。さらに、街道筋の雲助らもかき集めた。この裏では、作業中の手なぐさみとして「博奕御免」だったという逸話が残っている。

無事、人足が集まり、安政元（一八五四）年、工事がおおむね終了して人足たちは帰っていった。

莫大な金額の請負金を与えられた天野は、数十個の千両箱を馬の背に乗せ、そのひとつを久八の家に礼金として届けた。ところが久八は、これを頑として受け取らなかった。台場の親方としての給金はすでにもらっているから、それ以外はもらえないという。結局、その千両は韮山代官所に寄託され、生活保障金として無利息無期限で貧民に貸し出された。なお、天野には、安政大地震の際、津波被害の大きかった伊豆下田に生活用品や白米を大量に届けたという話も伝わっている。二足の草鞋を履くことを嫌った久八と義侠心のあつい天野は、やはり通じ合うものがあったのだろう。

品川台場は、計画された一一基のうち六基がわずか八か月で完成し、二度目のペリー来航を迎えた。江川は、大仕事の重圧でストレスがたまったのか間もなく病に倒れ、並行して進めていた韮山反射炉の完成をみることなく、安政二（一八五五）年一月に病没した。

台場造営は、早くから海防の必要性を訴え、かつすぐに作業に移せるよう具体案を練っていた江川の知見のたまものである。背後では膨大な数の人が作業にあたり、それをまとめ上げたのが天野・久八のラインであり、同時に、罪人博徒を見逃すという江川の肚があったからこそ台場はできあがった。単なる正義の役人では成し遂げられない仕事であり、それを久八も飲み込んでいたはずだ。

第四章

「遺体の埋葬」というタブーを打ち破る

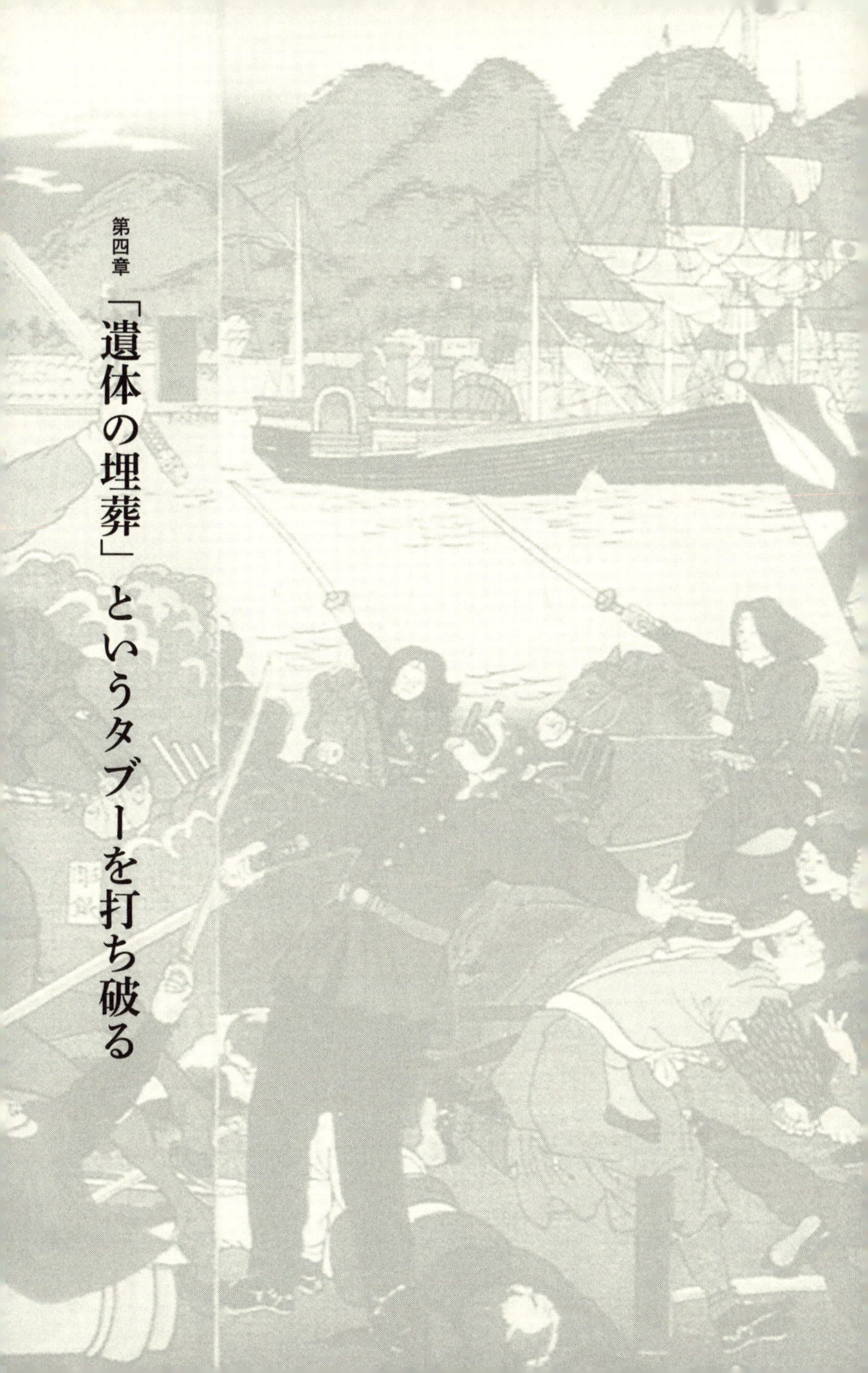

鳥羽伏見の戦場を駆けた「会津の小鉄」

◉会津藩邸出入りの武闘派博徒

江戸時代、刑死者の遺体は埋葬されずに刑場内に「取り捨て」とされた。幕府の基本法典である公事《くじ》方御定書《かたおさだめがき》に従った処置で、見せしめとするためだ。

江戸・小塚原《こづかっぱら》形場に隣接する南千住回向院《えこういん》では、江戸後期より政治犯を埋葬するようになり、幕末期、安政の大獄で処刑された吉田松陰《よしだしょういん》、橋本左内《はしもとさない》らが葬られた。

松陰の死から四年後、高杉晋作ら松陰の門下生は回向院から師の遺体をひそかに運び出し、世田谷若林村の長州藩の土地、大夫山（現・松陰神社）に改葬した。当時、尊攘派が藩論を決定し、松陰の復権が進みつつあったということもあるが、やはり師の霊を藩ゆかりの地で丁重に慰めたかったのだろう。

このように、当時、「罪人」の遺体の扱いには慎重さが求められた。

戊辰戦争中は、各地の奉行所がかろうじて機能していたこともあり、原則として徳川時代の刑罰が踏襲されていた。「賊兵」の遺体を勝手に埋葬することは許されず、激戦地では埋葬が遅れるなどして死体が取り捨てられ、その凄惨な光景と臭気に地域住民が苦しめられた。

そんななか、亡骸を埋葬するというタブーに挑んだのが、土地の博徒たちだった。彼らが処罰を恐れずに遺体を葬ったことについて、新政府軍はどのように対応したのか。また、その行いは博徒のイメージや周辺住民になんらかの影響を及ぼしたのだろうか。

＊

尊王攘夷運動が全国で盛り上がり、政治の舞台となった京都ではテロが続発し、治安維持を担ってきた京都所司代、町奉行所（いずれも幕府の組織）が機能しなくなった。そこで、上部組織として京都守護職というポストが新設され、これに会津藩主・松平容保《まつだいらかたもり》が就任する。京都守護職の大きな特徴は、幕府の支配下にありながら、朝廷の指示も直接受けるというところにある。単なる警察職ではなく、当時の公武合体を象徴する政治機関でもあったのだ。

文久二（一八六二）年の暮れ、容保は千人の藩兵を率いて入京した。守護職の本陣が置かれた黒谷・金戒光明寺までの沿道には、秀麗な容姿で評判となっていた容保をひと目見ようと、町人が詰めかけたという。無政府状態の都で暮らす人々にとって、堂々たる会津の武者行列は期待をもって迎えられた。

容保の入京に先立ち、会津藩の作事奉行・外島機兵衛《としまきへえ》が九月に入京し、黒谷一帯の三万七〇〇〇坪の用地に二七〇〇坪の会津藩邸を、京都所司代の敷地内には京都守護職の屋敷を、それぞれ建設する準備にとりかかっていた。藩邸および守護職屋敷は大工頭が請け負い、職人・人足・資材は中間部屋元締の大垣屋清八《おおがきやせいはち》が担当した。一一月に着工すると、ほぼ毎日、近畿諸国から出稼ぎ人足や職人など千人余りが現場に詰め、夜は金戒光明寺を宿とした。

この大がかりな普請の現場監督、「会津部屋総取締」を命じられたのが、清八の子分の上坂仙吉《こうさかせんきち》という男だった。仙吉は、京都で売り出した博徒・口入屋で、この仕事で会津藩と関わったことを機に「会津の小鉄」と名乗るようになる。戊辰戦争により会津藩が都を去るまで関わった。

一方、翌文久三(一八六三)年八月一八日の政変で孝明天皇の信頼を勝ち取った容保は政権を掌握し、その存在感は良くも悪くも格段に増した。

◉京都政権の裏稼業を担当?

仙吉は天保四(一八三三)年、大坂に生まれた。幕末の志士と同世代だ。水戸藩を脱藩した父・上田友之進は物心つく前に行方不明になり、母も幼い頃に死去した。

一〇歳の頃、大坂でさかんだった子どもの賭博「カッパ博奕」にのめり込んだ。博奕に集まってくる子どもたちとの喧嘩が絶えず、いつもしつこく摑みかかることから「すっぽん」とあだ名がついていたと伝わる。この頃に親しくなった水売りの少年・音吉は、のちに大坂で一家を構えて上坂姓を名乗る。「上坂仙吉」は、音吉が名義親となって名付けたものだ。

仙吉を預かっていた祖父は、日々、喧嘩騒ぎを起こす孫を持て余し、自身の郷里である丹波国福知山の正覚寺に預けることにした。仙吉はここで住職・善覚のはからいにより、森山清水右衛門という浪人から剣術を教わり、腕を上げた。五年ほどして祖父のもとへ帰されたが、相変わらず博奕や喧嘩からは離れられず、仙吉を慕う子分も増えていった。

小鉄が病死した翌年の明治一九（一八八六）年に刊行された『大日本人名辞書』（嵯峨正作編）には、仙吉がこう書かれている。――「江戸の俠客なり。本名は上坂仙吉。安政中人と争って、これを殺す。匿れて会津侯に投ず、侯その義気を愛して、これを蓄う。小鉄またその恩を感じ、尽すところあり。維新後、京都に住し、雇丁の総頭たり。明治十八年三月十九日没す」

「江戸の俠客」とあるのは、二〇代前半の頃、修行旅行中に江戸で過ごしたことを指す。江戸では中元部屋元締の吉右衛門という男の世話になり、そこで博奕を覚え、賭場でしばしば刃傷沙汰を起こした。

京都へ戻ると、口入屋の親分・大垣屋清八《おおがきやせいはち》（本名は大沢《おおさわ》清八）の賭場を預かるようになる。清八が会津藩の鳶部屋を任されていた関係で、やがて仙吉も藩邸に人足頭として出入りするようになった。仙吉と会津藩との関係は、あくまで清八との親子関係によるもので、政治的な関心はなかったようだ。

「会津の小鉄」と名乗り始めた頃、仙吉は京都・二条新地の大文字町に一家を構える。二条新地は祇園と肩を並べるほどの繁華街だったが、祇園のように長州藩士と浮名を流した「勤王芸者」の逸話は残っていない。その代わりによく知られたのが、土佐藩の岡田以蔵《おかだいぞう》らに「天誅」として殺害された「目明し文吉」である。文吉は妾に茶屋を任せ、十手を悪用して界隈で悪事を働く鼻つまみ者だった。以蔵らは「刀が穢《けが》れる」として文吉を絞殺すると、三条河原に首をさらしたという。

この文吉が仙吉の子分であり、池田屋事件の前後からは、会津藩、新選組による諜報活動や事件後の残党狩りに仙吉一家が協力したとの説がある。当時、会津藩の指示により、新選組はそれまでの治安維持活動から、浪士の探索・捕縛に活動の軸を移していた。だが、誰がどのように情報収集、諜報活動を行ったかはよくわかっていない。博徒や目明しなど市井の情報網を活用したと考えられ、会津とつながり、かつ多数の目明しを抱える仙吉が絡んでいたというのは自然に推測できる。

大文字町を拠点にした仙吉の勢力は、増すばかりであった。仙吉は、前科を問わず誰でも子分として受け入れたため、養う費用も莫大にかかり、賭場荒らしを繰り返した。当然、賭場での喧嘩沙汰も増えた。仙吉は、喧嘩の仲裁よりも強さで名を上げた男で、この頃には左手の指は親指と人差し指しかなく、右手も二、三本が曲がって動かなくなっていたという。顔、前身に刻み込まれた刀傷も、会う者を恐れさせた。

やがて鳥羽伏見戦争が始まると、仙吉は子分五〇〇人を動員したが、戦果がないまま大坂まで敗走する。その後、京都へ戻ると、会津・桑名藩兵の遺骸が打ち棄てられているのを見て、遺体と遺品を集めてまわった。まだ戦場の空気が殺気だっていたこともあり、最初は深夜、いやがる子分たちを連れてひそかに決行した。ところが、二、三日経っても新政府軍からはなんの咎《とが》めがない。そこで、人員を増やして昼間にも作業を進め、一〇〇体以上を荼毘に付した。

昭和三一（一九五六）年、旧会津藩出身者で結成された「会津会」は、かつて守護職本陣が置かれた黒谷に会津墓地保存会を設け、翌年、大規模な法要を行った。今も境内に残る容保の事績を記した案内碑文には、小鉄のことがこう明記されている。――「（前略）鳥羽伏見の戦に於ける会津藩殉難者の遺骸は無情にも朝敵の汚名のもとに街路に放置され世人は後難を恐れて顧る者もなかった処、幕末の大侠客会津の小鉄は、容保公の知遇とその忠誠に感じ、あらゆる迫害に動ぜず、数か月に至り数百人の子分を動員して、遺骸を探索収容して合葬したという隠されたる義挙がある」。

残忍なことで知られた小鉄も、会津藩への恩義は堅かった。これにより、遺体を埋葬した「会津の小鉄」の侠名は後世に残ることになった。

咸臨丸事件と次郎長伝説

◉戊辰戦争の要地で十手を預かる

幕末の親分衆の中でももっとも知名度が高い清水次郎長は、宿敵・黒駒勝蔵のように政治的に抹殺されることなく生き延びた、維新の俠客だ。明治以降、講談や浪曲で人気を博し、喧嘩出入りの派手なエピソードで知られるが、幕末の前半生ははっきりしないことが多い。

次郎長が後世、有名になる背景には、まず幕臣・山岡鉄舟《やまおかてっしゅう》との出会いがある。知り合ったきっかけは、次郎長が戊辰戦争の折に旧幕臣の遺体を埋葬した事件だった。

江戸無血開城が行われた翌月の慶応四（一八六八）年五月、次郎長に転機が訪れる。両軍の進軍上の要所にあたる駿府周辺の治安維持を命じられたのだ。これにより、次郎長は十手を預かることになる。黒駒勝蔵とは対照的に、清水に腰を落ち着けたまま、動員力とネットワークを軍事的に活用されたのだ。

江戸城が新政府に明け渡されてからも駿府には城代や旗本が常駐していたが、脱走者も多く、周辺では混乱が続いていた。自軍が去った後の治安を危ぶんだ総督府は、浜松藩家老・伏谷如水《ふせやじょすい》を駿府町差配役に命じ、町奉行の機能を引き継がせた。駿府の土地勘がなく、現場の差配に悩んだ如水が目をつけたのが次郎長だった。百姓騒動にも加わっておらず、両軍いずれにも加担して

山岡鉄舟

いないと思われる次郎長は、港や街道筋の取り締まりにはうってつけだった。
如水から十手を預かることを命じられた次郎長は当初、固辞した。しかし、如水から、二六年に及ぶ博徒稼業の罪状を記した書面を示され、ついには断りきれなくなった。
じつはこの前にも次郎長は倒幕派から従軍を求められたことがあったが、博徒であることを理由に断っている。のちに勝蔵が消されることを考慮すると、次郎長は時勢を読む目を持っていたようにも見える。同時に、自分の領域から出て、別世界の判断を求められる活動には手を出したくなかったようにも見える。後者は、勝算が読めない博奕は打たないという保身のあらわれである。固めてきた自分の領域を守ろうとするのは、博徒としてはごく自然な考えだ。
静岡の夜明けは、皮肉にも徳川家の新天地として始まった。明治二（一八六九）年、静岡藩となった駿府藩には、徳川宗家が七〇万石で移ってきた。以降、次郎長と鉄舟ら静岡藩政関係者や為政者側とのつながりができるが、それ以前に目明しとして権力と絡んだことは、強みになったはずだ。如水もまた、「改心」したとされる維新後の次郎長を育てたひとりだったかもしれない。

◉遺体の埋葬、その美談と現実

幕府がオランダに発注して作らせた咸臨丸《かんりんまる》は、幕末の激動をくぐりぬけた軍艦である。万延元（一八六〇）年、日米修好通商条約の批准書を交換するための遣米使節団が咸臨丸に乗り、太平洋を渡った。当時、軍艦操練所にいた勝海舟や通訳の中浜万次郎たちである。帰国後は小笠原諸島の巡視などに使われ、その後、船体が故障したため蒸気機関を除去して帆船となった。そして、戊辰戦争において再び酷使されることになる。

明治元（一八六八）年、榎本武揚《えのもとたけあき》は咸臨丸を含む八艦隊を率い、品川沖から出航した。その後、銚子《ちょうし》沖で台風に見舞われ、艦隊とはぐれた咸臨丸は下田港に漂着。救助にきた蟠竜丸《ばんりゅうまる》とともに清水港へ入った。

清水港に錨をおろした咸臨丸は、大砲などの武器を船外へ出して修理に入り、蟠竜丸は先に出航した。一方、榎本艦隊の一連の状況を知った新政府は、富士山丸、武蔵丸、飛龍丸を追捕として清水港へ差し向ける。

清水港に入った富士山丸などは、停泊中の咸臨丸を砲撃した。このとき、咸臨丸の艦長・小林《こばやし》文次郎《ぶんじろう》は報告のため駿府に出向いており、他のほとんどの兵士も清水や三保《みほ》の民家で休息していたため、船内にはわずかな兵しか残っていなかった。武器もなく、臨戦態勢がとれない咸臨丸では、副長の春山弁蔵《はるやまべんぞう》らが白布をふって戦意がないことを示した。だが、新政府側からの砲撃は続き、咸臨丸の兵士は息絶えた。二〇数人～三五人ほどだったという。

咸臨丸が拿捕《だほ》されて清水港を去ると、港内には投棄された遺体が浮かんでいた。遺体を勝手に埋葬してはならないという原則があるため、亡骸は二日間、海に漂い、やがて腐臭を漂わせた。漁師や周辺住民らの間に緊張と不満が高まるなか、次郎長が動く。

すでに述べたように、次郎長は東海道探索方という新政府軍の手先となっている。また、このときは「幕府軍に味方する者は極刑」という触れも出ていた。だが、それも無視して次郎長は七体の亡骸を引き上げ、手厚く埋葬したのだ。網元たちから要請を受け、埋葬にかかる費用を受け取って作業にあたったという。

のちに書かれる次郎長の一代記『東海遊俠伝』でも、この咸臨丸事件のくだりは熱っぽく書かれている。――「ことの是非はわからない。だが、この者たちはみな国家に命を捧げたのであって、魚の餌になってしまうのを見すごすことはできない」。埋葬に対する見解を、次郎長はこう述べている。

遺体を引き上げた後も、緊張は続いた。新政府の役目を仰せつかっている次郎長が独断で行ったことが、旧幕軍からも問題視されたのだ。徳川宗家を継いだ徳川家達《いえさと》に従い静岡に赴任していた鉄舟が、次郎長を訪ねてきた。「朝敵となった者たちを葬ったこと」を責める鉄舟に対し、次郎長は「賊軍か官軍かはわかりませんが、それは生きている間のこと。死んだ後は敵も味方も同じ仏です」と返したと伝わる。このやりとりを機に、次郎長の行いに感動した鉄舟との交流が始まる……というのが、よく知られる二人の交流であり、次郎長の美談となっている。だが、次郎長としては、屍が海に浮いていては港の暮らしが成り立たず、稼業も立ち行かなくなる、という現実問題のほうが大きかったに違いない。近隣の人々が腐敗臭のため閉口していることは次郎長もよく知っていたし、地域住民にも賭場の客がいるから、大事にしなければならなかった。

次郎長は、喧嘩出入りで殺した相手を葬ったことはなく、簀巻きにして川に投げたりしている。「死ねば仏」という次郎長の言葉と矛盾する所行だが、咸臨丸事件の処理は、当時の「遺体の身分差」の観念や、やくざが公共の場の掃除や汚物処理を任じてきたことを抜きには考えられない。また、役目を得ているとはいえ、次郎長はあくまで市井の者であり、旧幕軍の兵ではない。だから新政府軍も、地元の迷惑も考慮して、とがめなかったのだろう。次郎長が遺体を葬った塚には、鉄舟が「壮士之墓」と揮毫《きごう》した碑が建ち、今も清水の向島に残る。

◉街道一の大親分はほかにいた?

鉄舟は、同じ幕臣の遺体が無残な状態にあることに胸を痛めつつも、やはりよくいわれるように、次郎長の「侠気」に感じ入ったのだろうか。

幕末の頃の鉄舟は、旗本ながら過激な攘夷派であり、人脈も一風変わっていた。清河八郎《きよかわはちろう》や伊牟田尚平《いむたしょうへい》・益満休之助《ますみつきゅうのすけ》(ともに薩摩藩士)など、血気盛んで突出した者を好んだ。清河が浪士組を立ち上げる際は、その案を幕閣に上げるよう尽力したのは鉄舟である。清河ら無鉄砲な者との付き合いを周囲に止められたこともあったが「始末におえぬやつを叩き直したり、やっかいものの面倒をみてやるのが、本当の世話だ」と後年、弟子に語っている（小倉鉄樹『おれの師匠』）。こうした考えが、次郎長との交流の背景にあったのではないか。

鉄舟がどの程度次郎長に入れ込んでいたのかはわかっていないが、いずれにせよ、鉄舟と縁を結んだことは、その後の次郎長に影響を与えた。

明治五（一八七二）年、鉄舟は西郷隆盛の依頼を受け、明治天皇の侍従《じじゅう》となる。以後一〇年、側近として仕え、宮内大丞《くないたいじょう》、宮内少輔《しょうゆう》を歴任。功績により子爵に叙され、従三位宮内卿内裏にまで栄達した。明治二〇（一八八七）年に病死した際は、数人の門人が殉死をはかり、ふたりが墓前で割腹を遂げている。鉄舟はきわめて人望があつく、男が惚れる男だった。

明治二〇年頃までは、天皇を絶対視する価値観が急速に浸透した時代である。この時期に天皇の側近である鉄舟の知遇を得たことは、次郎長の評価を高めたはずだ。鉄舟に会った後の次郎長は、ときに改心したかのように言動を改め、成長しようとした痕跡がみられる。

さらに、鉄舟と知り合わなければ、次郎長は天田五郎《あまだごろう》（愚庵《ぐあん》）を養子に迎えることもなかった。五郎は、次郎長の名を世に広めた伝記『東海遊侠伝』の著者だ。同書は数多ある次郎長伝のネタ元となり、のちに一世を風靡する神田伯山《かんだはくざん》の講談も、これによっている。なお、次郎長一家には流れ者の講釈師・松廼家太琉《まつのやたいりゅう》が草鞋を脱いだことがあり、あの荒神山の決闘にも大政らに従って参加したといわれる。事実だとすれば、次郎長が世に名を残したいという欲のあらわれだろう。

次郎長の食客だった五郎が、鉄舟の世話を受けて次郎長の養子になったのは明治一一から一四年にかけてのこと。岩城平藩《いわきたいら》（福島県浜通り南部）の藩士だった五郎は、一五歳のときに参加した戊辰戦争の混乱によって家族と生き別れになり、戦後、家族を探す旅に出て、次郎長のもとに流れ着いた。

天涯孤独の五郎を次郎長はかわいがり、養子となったときはおおいに喜んだ。明治一四（一八八一）年というまだ早い時期に子分たちから聞き取りを行って書いた『東海遊侠伝』は、次郎長の恩義に報いるための伝記である。そのため、次郎長と好意的に付き合った人物を列記して勢力・交流範囲の大きさを表現するなど、基本姿勢は美化で貫かれている。

実際は、次郎長よりも貫禄も名もある親分が駿河にはいた。次郎長が生涯、頭が上がらなかった安東《あんどう》の文吉《ぶんきち》（本名は西谷《にしたに》文吉）だ。文吉は次郎長より一回り年上で、駿府代官の筆頭目明しとして十手捕り縄を預かっていたが、十手の権威を振りかざさないため博徒内で評判が高かった。また、仲裁者としても名高く、縄張り争いの局外にいたため慕われたという。駿・遠の一円を抑える「街道一の親分」だったのは文吉であり、駿府での勢力範囲も次郎長より大きかった。

事実、明治時代までの次郎長の知名度は、中堅クラスといったところで、まだ名実ともに街道一の大親分という存在ではなかった。なお、現在ではあまり有名ではない上州の大前田英五郎《おおまえだえいごろう》も、明治～昭和初期までは講談や新聞小説、映画などで広く描かれ、大衆文化での知名度だけみても次郎長より断然、上だった。

明治二五（一八九二）年の『俠客有名鏡』という博徒・俠客の番付表がある。本書で紹介した人物をはじめ幕末維新期の大物が並ぶなか、今ではもっとも有名な次郎長一家の大政・小政や森の石松が入っていない。次郎長の名は中央一段目の左から二番目。当時、次郎長は七三歳で健在だったが、この番付では「清水湊長次郎」と誤記されており、「そこそこの」知名度だったことがわかる（次郎長の本名は「長五郎」）。次郎長の人気は明治末期から昭和初期にかけて、おもに浪曲によって巷間に広まった、「演出された」ものだったから、浪曲で有名になった大政小政らが漏

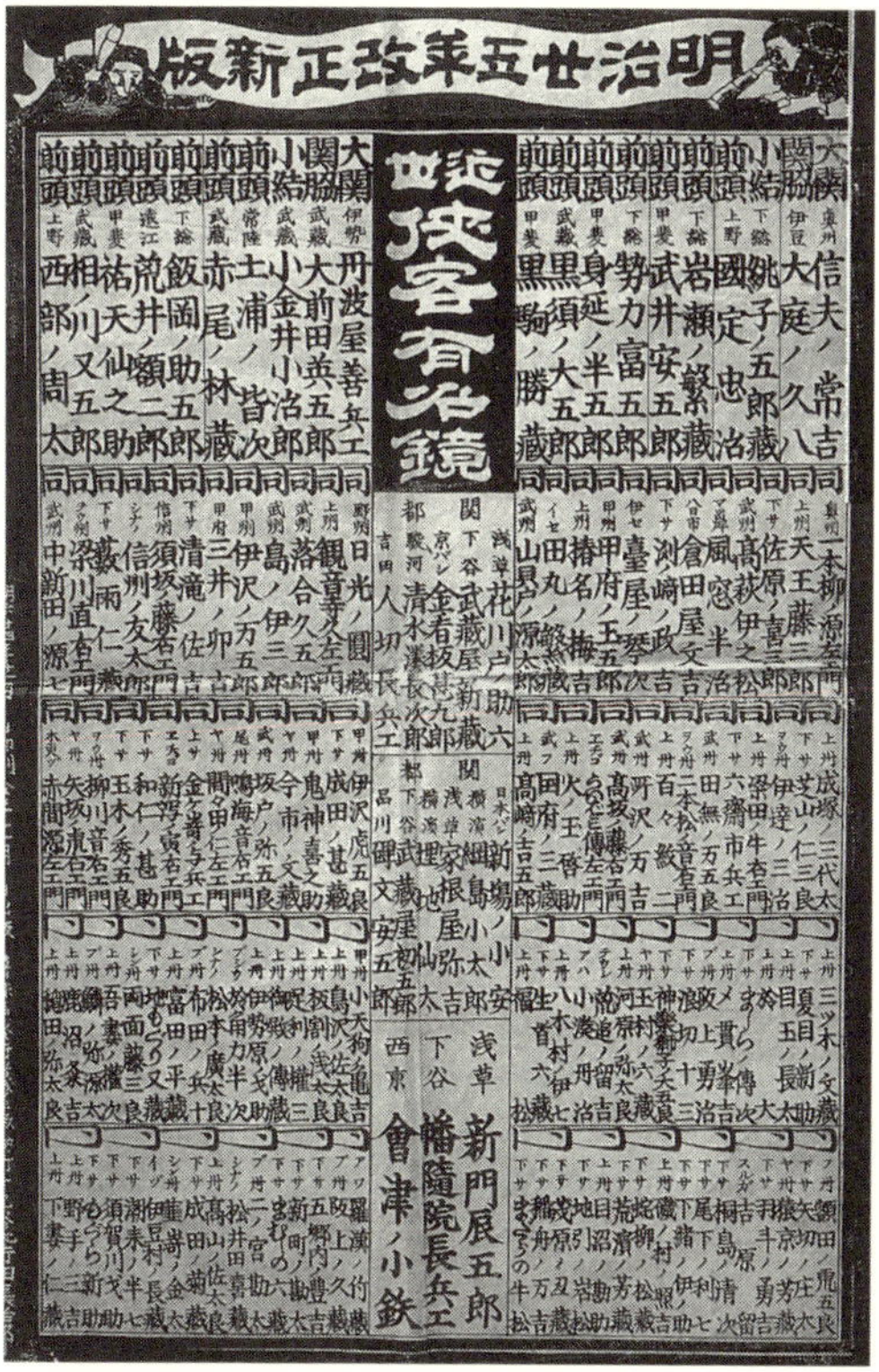
明治廿五年改正新版
近世侠客有名鏡

『侠客有名鏡』

れていても、当然といえば当然なのだ。

次郎長人気は『東海遊侠伝』を機に、実態を越えてフィクション性を帯びながら膨れ上がっていった。遺体の埋葬も、次郎長としては現実の複雑な事情のほうが理由として大きかったと思われるが、後世の創作で濾過されるうちに、次郎長伝説のクライマックスとなったようだ。

江戸っ子の意地で彰義隊を守る——三河屋幸三郎

◉彰義隊士の残党狩り

——両国の巾着《きんちゃく》切りでこの錦《きん》ぎればかりをするものがあった。

落語家の柳家小《やなぎやこ》さんが後年、上野戦争のことを語った言葉である（東京日日新聞社会部編『戊辰物語』）。

旧幕臣の抗戦派・彰義隊と、新政府軍が上野の山で激突した上野戦争。戦闘が始まる前の江戸では、肩に目印として錦の布切れをつけた新政府軍の兵士を「きん（錦）ぎれ（切れ）」と呼び、嫌った。小さんの言葉にある「巾着切り」とはスリのこと。当時、きんぎれを奪う「きんぎれ取り」が流行し、幕臣で腕の立つ者は、喧嘩をしかけて奪った。上野の方角を新政府軍の兵に聞かれて、逆方向を教えて後で大笑いする江戸っ子もいた。上野戦争を振り返る小さんの言葉にも、権威を嫌う江戸っ子らしさがにじむ。

上野戦争の始まる頃は両軍ともに混乱が見られ、巻き込まれる市民も多かった。「私なんざアなにも彰義隊へ出る気はなかったんですが、出ないと斬《や》られて了《しま》いますんで、引張出され党なんです」（篠田鉱造『幕末百話』）と、無理やり彰義隊に加えられた者もいれば、新政府軍が送り込んだ内通者の兵もいた。

彰義隊はもともと、徳川慶喜の家臣だった一橋家の渋沢成一郎《しぶさわせいいちろう》（実業家・渋沢栄一の従兄）や天野八郎ら抗戦派が上野を拠点に結成したもので、当初は十数人ほどしかいなかった。

その後、彰義隊は幕府から市中警備を命じられたが、上野の寛永寺で謹慎していた慶喜が水戸へ向かうことになると、渋沢が離脱。天野ら強硬派は寛永寺に集まり、輪王寺宮（のちの北白川《きたしらかわの》宮能久親王《みやよしひさしんのう》）を擁立した。やがて彰義隊には諸国から集まったさまざまな階層の者が加わって爆発的に人数が増え、最盛期には三〇〇〇人ほどに膨れ上がる。彰義隊は資金が豊富だったため、金に釣られて入った者も多く、死を覚悟した隊士は吉原で派手に遊んだ。色街では「情夫《いろ》に持つなら彰義隊」ともてはやされたりもした。

江戸での戦闘を避けるため尽力してきた勝海舟は彰義隊に解散を命じ、山岡鉄舟が輪王寺宮の側近・覚王院義観《かくおういんぎかん》に解散勧告をしたが、応じなかった。緊張が高まるなか、慶応四（一八六八）年五月一五日午前七時頃、大村益次郎《おおむらますじろう》（長州藩）率いる新政府軍が寛永寺一帯にたてこもる彰義隊を包囲。両軍は、正門の黒門口、谷中門などで激突する。

この日はじめじめとした雨が降り続き、隊士たちは夏仕度だった。麻のぶっさき羽織に朱鞘の大刀を差し、高下駄を履いた軽装で上野山に陣取っていた。対する新政府軍は強力な火器を擁して攻め込む。なお、新門辰五郎の子分衆が弾除け用に土を詰めた米俵を山に運び込んでいたが、連日の雨で縄が緩み、あまりの重さに移動もできず役に立たなかったという。

雨の中、戦闘は続き、昼頃に加賀藩上屋敷（現・東京大学構内）から撃ち込まれた佐賀藩のアームストロング砲が流れを変えた。諸堂が炎上し、さらに西郷が指揮した黒門口からの攻撃も彰義隊を大きく崩し、隊士たちは一気に敗走。夕方五時頃には、大村益次郎の読み通りに戦闘が終わった。

戦闘が終わると、「三日間切り捨て御免」「脱走兵を捕らえた者には、兵一人につき一両を出す」との触れが出されたため、逃走兵は必死だった。

◉遺体を火葬した「三幸」と円通寺の僧

新政府軍は、町をうろつく江戸市民を捕らえて自軍の戦死者を運ばせた。逃げ出さないように、ふたりずつ腰縄でくくられ、囚人のような姿で働かされた者もいた。

一方、彰義隊士の遺体は上野の山に打ち棄てられたままだった。

下谷（台東区）生まれの江戸っ子、一七歳の光蔵は、戦争が終わったと聞いて見物に出かけた

上野戦争の激戦

が、遺体を二、三見ると気分が悪くなり、すぐに引き上げた。上野三枚橋（現在のアメヤ横丁、上野四丁目）のあたりから黒門まで遺体が雨に打たれながら累々と横たわる様子は、じつに陰惨だった。後年、彫刻家となった光蔵は高《たか》村光雲《むらこううん》と名乗り、彰義隊が黒門側へ射撃したあたりに建つ西郷隆盛の銅像を作っている。

　戊辰からちょうど干支が一周した六〇年後の昭和三（一九二八）年は、旧幕府軍の者たちにとって「復権」の年だった。この年、かつては許されなかった戊辰戦争の回顧談が新聞などで相次いで語られた。松平容保の孫・勢津《せつ》子《こ》と秩父宮《ちちぶのみや》とのご成婚も象徴的な出来事となった。光雲も当時、著書『幕末維新懐古談』で上野戦争のことを回想している。一七歳という多感な時期だけに、彰義隊士の遺体が目に焼きついて忘れられなかったようだ。――「東叡山三十六坊火の海となり山中の樹根にしかばねうず高く、彰義隊討死するもの百八十三、官軍死傷六百に余った」「彰義隊のは鉄砲で死んだのが多いから、割に綺麗だった」「その死んでいるのをいい事にして官軍の連中がまたむやみに斬る」など、光景が目の前に立ち現れるような描写で語っている。

折からの雨と暑さで、遺体が腐るのも早かった。この惨状を見かねて動いたのが、神田旅籠町の錺《かざり》職問屋「三幸」こと三河屋《みかわや》幸三郎《こうざぶろう》という男である。この頃、齢四〇を超え、苦み走ったいい男だったと伝わる。高村光雲はこの幸三郎についても次のように書いている。


榎本武揚とも往来をして非常な徳川贔屓の人であって剣道も能く出来た豪傑、武士道と俠客肌を一緒につき混ぜたような肌合いの人物で、この気性で、時勢を見て貿易商になっているのであるから、なかなか、話も分るわけである。


幸三郎は海外輸出用の雑貨の型彫りを、光雲に五年ほど発注していた。ふたりは親しくなり、のちに幸三郎の息子・草刈豊太郎《くさかりとよたろう》にも世話になったと書いている。

幸三郎は、三輪・円通寺の仏磨《ぶつま》和尚と相談のうえ、隊士の屍を引き取って埋葬した。幸三郎の没後に建てられた碑文によれば、その数は二六六体。だが、実際はすべて荼毘に付されたわけではないらしい。

幸三郎、仏磨和尚に協力した南千住在住の箒屋《ほうき》・大井清太郎《おおいせいたろう》は後年、『彰義隊戦史』を記した山崎有信《やまざきありのぶ》に、当時のことを打ち明けた。清太郎によれば、戦後三日ほどたち、清太郎ら一〇人ほどの人足が仏磨を手伝い、火葬に従事した。だが、数百体もの遺体を一日で焼ききることはできず、残った遺体を円通寺に運び入れて一部を荼毘に付し、さらに残りは山王台（現・上野公園内）の塵溜の穴へ入れ、まとめて埋葬したのだという。その後、仏磨が山王台の埋葬地を訪れ、供養を続けたそうだ。なお、清太郎は過去に南町奉行所から孝子として表彰されたことがあるという。

円通寺は当時無名の小さな寺だったが、後世、この出来事が知られるようになると、一時は高輪の泉岳寺と並ぶ名所となり、江戸っ子の人気を集めた。

◉「侠商」と彰義隊のめぐりあわせ

幸三郎は八丈島生まれの神田っ子。八丈島は、父・与平《よへい》が罪を得て流された地である。

与平は、湯島の天神門前町にあった金貸業の浅野家に養子入りして家業を継ぎ、店を任された。ところが、手代が武士に返済を迫ったことが奉行所の耳に入り、手代は佐渡へ、与平は八丈島へ流罪となった。文政六（一八二三）年、島の三根村百姓・笹本《ささもと》ゆうとの間に生まれたのが幸三郎だ。

文政一〇（一八二七）年、赦免《しゃめん》された与平は二〇年ぶりに江戸へ戻ると、かつて勤めた日本橋富沢町の大黒屋又兵衛《だいこくやまたべえ》方を頼り、再び貸付金取り立ての仕事につく。同時に、時間を見つけては神社仏閣を歴訪した。島で身に着いたのか、与平はこの頃にはかなり信心深い人物になっていたらしい。幸三郎と円通寺のつながりはわかっていないが、遺体の埋葬も含め、父譲りの信心深さが行動を起こさせたのかもしれない。

与平はしばしば奉行所に通い、幸三郎の離島許可を請願した。罪人が流刑先でもうけた子は、罪人が赦免されても連れて帰ることは許されなかったからだ。

与兵衛の願いがついに叶ったのが、天保元（一八三〇）年、幸三郎八歳のときのこと。なお、与平は同年、浅草諏訪町にあった市原家の売薬（一粒金丹）の株を買い、市原と改姓している。なかなか才覚のある男だったようだ。そんなところも幸三郎は引き継いでいたのだろうか。

だが、江戸に来た頃の幸三郎は冴えない日々を過ごした。生まれつき吃音で、成人後も五尺足らずの小柄な体格だったため、「島小僧」などと馬鹿にされていたのだ。さらに、与平の後妻とそりが合わず、家を飛び出し、与平の旧主人・大黒屋に丁稚奉公する。しかし長続きせず、その後は神田の糸商・辰巳屋嘉兵衛《たつみやきへえ》へ移るなどして奉公先を転々と変えた。

馬丁、火消なども経験し、やがて小鳥商になった。すると、この小鳥商の二階が賭場だったことから博奕にはまり、さらに堕落していく。その放蕩ぶりを見かねて意見してくれたのが、かつての主人、糸商の辰巳屋嘉兵衛《たつみやかへえ》方で世話になった老婆だったという。

幸三郎は心を入れ替えた。そして、貿易で活気づく横浜に賭けると、銹商に転じて成功する。神田旅籠町のお成り道沿いには「三河屋」の大看板を掲げた。この頃には、小鳥商時代の逸話や持ち前の義俠心が評判となり「俠商」の異名もとっていた。

幕府瓦解後は家に火薬蔵を作り、武器を貯蔵して彰義隊を支援した。上野戦争が終わったばかりの頃、それを聞きつけた新政府の者が、店まで来て詰問したことがあった。ところが、幸三郎があまりに平然とした表情で蔵まで案内しようとしたため、誤報だと判断して探索せずに引き上げたという。のちに幸三郎は、「蔵に官軍を招いて面倒なことになったら、火をつけて蔵で死ぬ覚悟でした」と語っている。

彰義隊士との縁はその後も続いた。明治二（一八六九）年、幸三郎のもとを鉄五郎という旅の博徒が訪ねて来る。鉄五郎は、石川忠恕《いしかわちゅうじょ》という男に託された原稿を届けに来たと話す。石川は上野戦争を戦った後、榎本艦隊に加わって北上し、箱館戦争までを戦い抜いた男で、現地では江差奉行支配調役に任命された。戦後、青森の蓮華寺などで謹慎中、戦記を著したが、罪人ゆえいずれ没収されてしまうと恐れ、江戸から来たという鉄五郎に託したのだった。

箱館軍の罪人が降伏後に書いた文書が新政府に渡れば、当然、咎めを受ける。だが鉄五郎もまた、義侠心あふれる男だったようで、危険を承知で引き受けたのだ。石川と幸三郎の関係はわかっていないが、上野戦争の前後に幸三郎が彰義隊を支援するなかで知り合ったと考えられる。

石川の原稿は、幸三郎の没後の明治二八（一八九五）年、幸三郎の七回忌を期して嗣子・岩太郎《いわたろう》が福地源一郎《ふくちげんいちろう》（旧幕臣・ジャーナリスト）、三宅雪嶺《みやけせつれい》（評論家）に序文を依頼して印刷し、知人に配った。それは『説夢録《せつむろく》』と題され、今に伝わっている。また、幸三郎のことは、開拓奉行の沢太郎左衛門が雑誌『旧幕府』にも「三河屋幸三郎の伝」と題して書いている。

幸三郎は明治二二（一八八九）年、肺を病んで没した。享年六七。墓は保谷の本願寺にある。

世間では「三幸さん」と親しまれた幸三郎は人望があつく、顔も広く、会葬者は数千人にのぼったといわれる。一方、仏磨和尚は明治二五（一八九二）年に六六歳で死去。ふたりの死後それぞれ一年後に墓碑が建てられた。

幸三郎の跡は、高村光雲が書き残したように、草刈豊太郎が継いだ。豊太郎は会津藩士・草刈業助の長男として安政五（一八五八）年に江戸の下屋敷で生まれ、一〇歳で維新を迎えた。その後の生き方を探すうち、手先が器用だったため工芸に興味を持った豊太郎は、明治三（一八七〇）年、神田の幸三郎の店を訪ね、弟子入りを志願した。一〇年を勤め上げた豊太郎は、幸三郎のたっての願いで娘婿となり、やがて店の支配人となった。

冒険心で響き合った柳川熊吉と榎本武揚

◉榎本武揚、開拓心を抱き北へ

戊辰戦争が始まった頃、旧幕府は列島最強の艦隊を持っていた。榎本武揚はこの艦隊を率い、北関東、東北の戦地を経由しながら旧幕府軍の兵を吸収し、蝦夷地に渡り、最後の時を迎える。

榎本艦隊は「徹底抗戦」を掲げて北上していったというイメージが強いが、榎本自身は当初から抗戦のみを目指していたわけではない。旧幕臣のために「新天地での開拓」を基本方針としていたのだ。一方、同時期に蝦夷地に渡った諸藩の浪士や江戸の侠客、職人なども榎本と共鳴するようにして新たな世界を求めていた。

＊

艦隊が品川沖から北上する前のこと。榎本は、徳川家の処分を見届けるため、館山《たてやま》沖に艦隊を停泊させていた。館山藩の藩主・稲葉正巳《いなばまさみ》が旧幕府で陸軍奉行・海軍総裁を務めたことから、安心と見てここに錨を下ろしたらしい。榎本は当時、徳川宗家を存続させ、領地の保障も求める内容の嘆願書を新政府に出していた。その結果が出ていなかったため、艦隊を背景に圧力をかけようとしていたのだ。

もっとも、榎本個人は新政府と武力衝突を望んでいたわけではない。徳川慶喜の政治生命は大坂城を抜け出した時点で終わっており、慶喜も政府との対決を望んでいないことは明白だったからだ。だがもし、新政府が徳川宗家に対して厳しい処分を下せば、禄を失った多くの旧幕臣が路頭に迷う。それを見越して、榎本は彼らを蝦夷地で開拓に従事させつつ、海岸警備の任務にあたらせようと考えていた。この構想を聞かされた勝海舟は、徳川処分が決まった後に計画を実行するよう榎本に伝えていた。勝も、徳川に不利な処分を望んでいない。榎本が艦隊を使って新政府軍を攻撃することはないと信頼していたのだろう。

　榎本が目指した蝦夷地では、安政六（一八五九）年に箱館が開港し、幕府の直轄地として箱館奉行所が置かれていた。

　江戸後期、近海に外国船が現れるようになると、幕府は松前藩に命じて箱館周辺の防備を強化した。箱館は海から近く、外国船からの攻撃が想定されたため、対岸の亀田村（北海道函館市）には城郭と政務所を兼ねた土塁を武田《たけだ》斐三郎《あやさぶろう》に設計させた。武田は伊予国・大洲藩出身の兵学者で、適塾で蘭学を、佐久間《さくま》象山《しょうざん》のもとで兵学を修め、箱館奉行所では諸術調所の教授を務めた人物だ。武田は、大砲による戦争が一般化した西洋の築城法を取り入れ、砲台を五角形の星形に配置した五稜郭を築いた。

　幕府は蝦夷地調査・開拓にも着手しており、目付・堀利熙《ほりとしひろ》らが現地を調査していた。結果、堀らは産業開発の可能性を報告し、旗本の次男三男を屯田兵として農林漁業に従事させることなどを提言する。幕末になると蝦夷地への関心は諸藩でも高まり、徳川斉昭《とくがわなりあき》（水戸藩主）や山内容堂（土佐藩主）らも調査に乗り出している。土佐藩では、実際に交易を始めて利益も得ており、坂本龍馬の本家・才谷屋も関与していたという。龍馬の周辺では北添桔摩《きたぞえきつま》らが視察に向かっており、維新後は龍馬の甥で海援隊士だった坂本直らが移住した。

　このように、当時、蝦夷地は開拓対象として脚光を浴びる土地だった。開港以来、町では商品流通が進んで経済が活性化し、外国人居留地からは異文化がもたらされ、変貌を続けていた。以上のような背景を踏まえ、榎本は新政府への嘆願書で、開拓・移住構想について『『皇国』および『徳川家』のため」と説明した。蝦夷地を、「天皇と政府が承認した駿府徳川本藩の支藩」とする案だ。だが、嘆願書は無視され、榎本としては「挑まれれば」戦う構えだったため、結局は箱館戦争が勃発する。

榎本は徳川処分を見届けたあと、構想を実現させるため品川沖から北上し、総勢二五〇〇人以上が蝦夷地に上陸した。

一方、新政府軍は旧幕府直轄領を引き継ぐため、大坂・長崎・箱館など一〇か所に新たな行政機関「裁判所」を設置する。箱館ではすでに五稜郭で引き継ぎ式が行われ、裁判所は「箱館府」に改称されていた。東北諸戦が終わった後は津軽藩などが箱館から退去したため、箱館を守る兵は箱館府の兵一〇〇人と松前兵の一小隊しか残っていなかった。

慶応四（一八六八）年一〇月、鷲ノ木浜《わしのきはま》から上陸した榎本らは松前藩兵を退け、箱館を占領。一二月末には五稜郭に入城し、土方歳三が松前城を攻略した。土方の指揮下には彰義隊など七〇〇人ほどがおり、京都からの新選組の生き残りは二五人ほどに減っていた。蝦夷地を平定した旧幕軍は、榎本が総裁、大鳥圭介が陸軍奉行、土方が陸軍奉行並となって暫定政権を打ち立てる。

◉江戸の侠客と職人が遺体を埋葬

新政府軍は、明治二（一八六九）年五月一一日より箱館に総攻撃をかけて制圧した。

降伏勧告が届き交渉が始まったが、榎本はここに来て交戦意志が固く、旧幕臣による開拓が認められない限りは降伏しないと返書を送った。この折、榎本はかつてオランダ留学で求めた無二の書『万国海律全書《ばんこくかいりつぜんしょ》』が戦火で失われることを惜しみ、新政府軍の田島圭蔵《たじまけいぞう》（元薩摩藩士）に送った。田島はこの本を受け取り、誠意をもって恭順を勧めたが、榎本の籠城の決意は固かった。

一方、市街戦で敗北が続き、兵糧も底をついた旧幕府軍では、箱館奉行・永井尚志《ながいなおむね》、弁天崎台場の主将・相馬主計《そうまかずえ》ら二四〇人が武装を説き、投降した。榎本は切腹をはかるが周囲に止められ、ついに白旗を上げる。五稜郭に残った兵は箱館の称名寺《しょうみょうじ》、実行寺《じつぎょうじ》に収容され、榎本ら指揮官は東京へ送られた。

五月二一日、新政府軍は自軍の戦死者約二二〇人のために箱館・大森浜で招魂祭を行い、戦死者名簿を作らせた。しかし、旧幕府軍の戦死者七〇〇〜八〇〇人余り（異説あり）の遺体は放置されていた。

箱館でも、打ち棄てられた死体に苦しめられたのは市民だった。遺体をすぐに片付けたら、旧幕軍に内通する者として処罰されるかもしれない。そのため、ここでも惨状を見かねて動いたのは両軍に関わりのない柳川熊吉《やまがわくまきち》という男だった。江戸から渡った侠客として知られた熊吉は、旧幕軍の兵が収容されていた実行寺の住職・日隆《にちりゅう》らと遺体の埋葬に奔走する。

熊吉はまず遺体の引き受け先を探し、知人の日隆の協力をとりつけると、子分六〇〇人を動員して遺体七〇〇体ほど（異説あり）を、数日かけて運んだ。熊吉が子分らと埋葬した寺院は、実

箱館戦争

行寺・称名寺・浄玄寺（現・東本願寺函館別院）だが、各寺の正確な埋葬者数は史料により異なり、はっきりしない。

熊吉の行動は新政府軍の知るところとなり、処刑されそうになるが、軍監・田島圭蔵のとりなしで罪一等を減じられ、放免された。田島は、榎本から本を預かり、降伏交渉を行った元薩摩藩士で、戊辰戦争の始まった頃に脱藩し、新政府軍の軍艦の艦長となった人物だ。田島の軍艦は旧幕府軍に拿捕されたのちに助けられたことがあったため、旧幕軍への恩義から熊吉を助けようとしたようだ。

あまり知られていないが、熊吉とともに遺体の埋葬に奔走した人物がもうひとりいる。五稜郭築城の折、江戸から渡って来た大工の棟梁、大岡助《おおおかすけ》右衛門《えもん》だ。助右衛門の檀那寺は実行寺で、住職の日隆が埋葬に踏み切ったのは、助右衛門が説得したからだともいわれる。

天保五（七年とも）年、武蔵野国久良岐郡大岡村（神

奈川県横浜市）の農家に生まれた助右衛門は、少年時代に江戸に出て大工となった。

五稜郭築造の際、土木、石工事などが各棟梁に命じられ、木工事は江戸の大工棟梁・中川伝《なかがわでん》蔵《ぞう》が担当することになった。中川家は幕府の小普請方、鍛冶方、石方を指揮した請負人で、箱館では、若い伝蔵に代わり父の中川伊兵衛《いへえ》が現場を指揮している。この時、江戸の大工から大工頭（棟梁）に抜擢され、肝煎《きもいり》（技術責任者であり支配人）を命じられたのが、当時二三歳の助右衛《すけえ》門《もん》だった。腕はもちろんのこと、現場をまとめる統率力もなければ務まらない仕事だから、助右衛門の人物像が少しうかがえる。五稜郭の建物部分は安政五（一八五八）年から建築が始まり、元治元（一八六四）年に完成した。助右衛門は中川伊兵衛とともに箱館に残っていた。

熊吉が箱館に渡ったのは嘉永年間のこと。助右衛門とおよそ同じ時期、江戸から子分たちを率いて渡ったことになり、境遇に似たところがあった。熊吉は当時、蝦夷地調査にあたる目付・堀利煕、その従者として同行していた当時一七歳の榎本とも知り合ったとされる。

熊吉は、浅草で料理屋を営む野村鉄次郎《のむらてつじろう》の長男として育ち、本名は野村熊吉といった。江戸での経歴は、浅草一帯を取り仕切る侠客だったとか、新門辰五郎の子分だったとか諸説あるが、いずれの逸話も侠客としてのものだ。「柳川」の姓は、熊吉の作る柳川鍋を気に入った堀に与えられたと伝わる。箱館に渡ると、花街の火消差配を務め、五稜郭の建築現場には口入屋として出入りした。やがて旧幕府軍が上陸してくると、熊吉は榎本と再会したという。かつて堀のそばにいた青年の成長ぶりを、どのように感じたのだろうか。

戦死者の七回忌にあたる明治八（一八七五）年、旧幕軍兵七九六名が函館山の山腹に合祀された。土地は熊吉が購入したものだと伝わる。大きな墓碑には「義に殉じた者の血は青（碧）色になる」という故事にちなみ「碧血碑《へきけつひ》」と刻まれている。

◉函館を復興させ盛り立てる

熊吉のように江戸から渡った人足や職人も含め、箱館の市民は、乗り込んできた榎本艦隊をどう思っていたのだろうか。

碧血碑

旧幕府軍は箱館を占拠した早々から軍資金に悩み、明治二（一八六九）年より御用金を市中に命じた。例えば商人には、年二回上納させる運用金の一括前納を命じ、祭礼の見世物や物売りからも運上金（一割五分）を徴収。賭場からは、営業を公認する代わりにテラ銭の上がりを、「仕入れ金」と称した上納金として取り立てた。また、遊郭で働く女性や宿屋、居酒屋などの小商いをする女性に対しても、切手（営業鑑札）を発行するかわりに運上金（月に一両二朱）を出させた。あらゆる「営業」に対して上納金を命じたのだ。ところが、それでも軍資金は足りず、五稜郭で新金（私鋳金）も鋳造し、この贋金が通用したことで市中の経済は混乱した。

さらに、各戦線で評判が悪かった歩兵が箱館でも暴れ、「賊徒の者どもが市民の家に入り込み、押し借りや乱暴、暴行をはたらき、言葉に言い尽くせないほど」（『渡島国戦争心得日誌』）といったありさまだった。市民から税を取り立てたうえ、兵が茶屋遊びで金を浪費し、軽輩の者はゆすりを働いたから、町では悪評が絶えなかった。だが、逆にそれを恥じた者もいた。彰義隊士の丸《まる》毛牛之助《もうしのすけ》は著書『感旧私史』に、市中の店に金を借りに行った仲間の隊士・佐野豊三郎《さのとよさぶろう》が、のちに後悔の念に苦しんだ末、自刃したことを書き留めている。

蝦夷暫定政府が公認した博奕は、土木建築の人足が大量に渡った安政期以降、広まっていた。熊吉が率いた江戸出身の人足も、仕事の合間に博奕遊びをしていたに違いない。彼らにとって博奕は生活の一部であり、「あって当たり前」だ。「博奕を認めるから、あがりを上納せよ」との命令には、承服できない気分があったはずだ。

その暫定政府も戦に負けて箱館を去り、榎本は熊吉の前から再び姿を消した。

ところが三年後、榎本は再度、北海道（明治二年に改称）に現れ、以後、深い縁を結ぶ。

明治二（一八六九）年、明治政府は「北海道開拓使」を設け、前佐賀藩主・鍋島直正《なべしまなおまさ》が長官に、旧家臣の島義勇《しまよしたけ》が判官に命じられた。島は堀利熙に従って蝦夷地を調査した経歴があった。八月には蝦夷地が北海道に、箱館は「函館」に改称された。そして、明治五（一八七二）年、榎本が開拓使に任官する。

一方、熊吉は自宅のある谷地頭《やちがしら》を拠点に町の発展に大きく関わっていく。谷地頭で経営した料亭「柳川亭」は、一〇〇畳の広間をもつ数棟と、三つの池と滝を配した庭園が名物となった。また、蕎麦屋「柳川」も展開し、江戸の蕎麦文化を函館に伝え、近くの谷地頭温泉とともに評判を呼ぶ。熊吉が料亭で成功したのは、料理人の息子に生まれたことに加え、江戸から連れて来た人足にも秘訣があった。江戸の口入屋の人足というと、土木建築現場で働いた印象が強いが、板前や蕎麦職人、料理人も少なくなかったのだ。

やがて、谷地頭には大型の料理店や宿、貸座敷、豪商の別荘などが建つようになり、保養地のようになった。温泉につかり、柳川の蕎麦を食べて帰るというコースは明治期、函館市民から好まれた。

昭和四〇（一九六五）年、熊吉の孫・柳川徳蔵《やながわとくぞう》が語ったところによれば、熊吉は明治二年頃に一家を解散したという。解散式で見られた熊吉の姿は、一見したところ素人のようだった。子分たちのように入墨もせず、酒もたばこも呑まなかったためだろうか。熊吉は、日ごろから子どもたちにはやくざにはなるなときつく戒めており、実際、子息らは官吏や教育者など堅い職業に就いた。「女、子どもを叱る奴にはロクなのがいねえ」というのが口癖だったという。

晩年は碧血碑の整備にも尽力した。大正二（一九一三）年、熊吉の八八歳の寿を祝い、有志が碧血碑のかたわらに「寿碑」を建てた。同年、他界した熊吉は碧血碑ゆかりの実行寺に眠った。

＊

新天地に渡り、町づくりに貢献した熊吉に対して、榎本もまた、新天地「北海道」の任務において開拓熱を保ち続けた。榎本の生涯からは、開拓に対する一貫した熱意が読み取れる。

戊辰戦が始まるまでの幕末の動乱期、榎本は長崎の海軍伝習所で機械学や化学を学んだ後、六年間オランダに留学し、軍事や国際法、造船など最先端の科学技術や学問をどん欲に吸収した。留学を終えて帰国したのは慶応三（一八六七）年、戊辰戦争が始まる一年前のことだ。

戊辰戦争後の開拓使時代は、北海道で資源・物産調査を精力的に進めた。開墾事業においては、プロイセン商人ガルトネルと契約して西洋式農具を導入し、旧仙台藩士ら移民の開墾に役立てた。さらに、各地を巡って石炭山の調査など地質研究に並外れた意欲を見せ、石狩山地では空《そら》知《ち》炭田を発見した。

明治七（一八七四）年からは駐ロシア公使に任命され、海軍卿などを歴任する。ロシアでの経験を活かしてシベリア横断の旅へ出た際も、物見遊山はせずに風土の研究調査に没頭した。さらに、アジア開発に関心を示し、メキシコ移民政策にも尽力した。

このように、積み上げて来た自然科学の知見を活かしながら、知識欲と冒険欲を糧に開拓を続けた人生だった。新天地として蝦夷地を目指し、人・町を介して共同体を作りあげていった熊吉とも、どこか響き合うものがあったのではないだろうか。

なお、熊吉とともに旧幕軍の戦死者を弔った大工の大岡助右衛門は維新後、開拓使の仕事を請け負い、開拓使仮庁舎、札幌農学校寄宿舎、豊平館などの洋風建築物を建築。新たな函館の顔を作り上げた。

「維新」の陰日向で踊った明石家万吉

◉一五歳で賭場と相場を荒らす

幕末維新期に大坂を賑わし、明治末期まで町方で「浪華《なにわ》の老侠《ろうきょう》」と呼ばれた小林佐兵衛《こばやしさへえ》という名物男がいた。これまで紹介してきたように戊辰戦争の戦死者を弔ったわけではないが、明治二〇年頃、旧長州藩士の遺体を改葬したことでも名を上げた人物だ。「明石家万吉」と名乗った幕末の頃から晩年まで、義侠心あふれるユニークな言動で知られた。

*

万吉の父は、明井采女《あけいうねめ》（九兵衛）という幕臣で、隠密として大坂に来たが、任務を終えても江戸へ戻らず、そのまま浪人となった。やがて、堂島中町船大工町の質店・明石家儀左衛門《あかしやぎざえもん》の養子となり、百姓・杉本長兵衛の娘およねを妻とした。ふたりの間に万吉が生まれたのは文政一二（一八二九）年のことだ。采女は家業を手伝わず、学問や茶、俳諧、謡などに入れ込み、しばしば養父と衝突した。さらに、茶屋に入り浸って店の金を使い込むようになったため、養父は手切れ金として住居を与えて離縁した。

天保七（一八三六）年、堂島（大阪府大阪市）の薬師堂裏手から出火した火災で万吉の家は全焼した。母子で途方に暮れていると、万吉の叔父で北野村（大阪市北区）の村役人を務める岸本重兵衛が引き取ってくれた。

九歳になっていた万吉は、家計を助けようと、平野町堺筋角の茨城屋吉右衛門《いばらきやきちえもん》方へ住み込みで丁稚奉公に出る。茨城屋は市中の十人衆に数えられる富商だ。体格がよく、利発な万吉は番頭たちからの受けもよく、めきめきと成長する。一年ほど経ち、万吉の親代わりの茶道具屋が、「采女が母と万吉の三歳の妹お房を捨て、姿を消した」との知らせを持ち込む。采女は、万吉が五歳の頃、養父に与えられた家で高利貸を始めたが失敗し、行方知れずとなったのだという。万吉が急いで駆けつけると、母は力を落として泣くばかりだった。

天保一一（一八四〇）年正月、万吉は北野村の庄屋・大西弥右衛門《おおにしやえもん》のもとへ駆け込み、勘当してほしいと懇願する。勘当されれば、人別帳《にんべつちょう》（戸籍）から除かれる。罪を犯してでも母のために金を作ろうと決意した万吉は、迷惑がかからないように親子の縁を切ろうと考えたのだ。弥右衛門は根負けし、家出ということで処理した。

当時、大坂でも博奕が流行しており、路地や神社境内で「カッパ博奕」なる子どもの博奕まで広まっていた。大量の一文銭を手でつかみ、合計額が奇数か偶数かをあてるというもので、子守や丁稚、職人見習い、豪商の若息子など諸階層の子どもが熱中した。奉行所の与力も見て見ぬふりをするほどの隆盛ぶりだったという。

万吉は、カッパ博奕に没頭する集団を見つけると、隙を見て銭をつかみ、走り去るという我流の「賭場荒らし」を続け、金を貯めた。やがてこの悪行が界隈に知れ渡ると、今度はイカサマ博奕で荒稼ぎした。貯めた金は北野村で青物屋を営む知人の老婆に預け、母に届けてもらった。

やがて、一連の悪事が役人に知れて万吉はついにお縄となる。しかし、万吉は頑として白状しなかったため、母およねが出頭。およねは、「万吉が悪いことをして稼いだことに勘づいたから、七〇両も貯まっていた金には一切手を付けていない」と述べた。それでも万吉は罪を認めず、証拠も出なかったことか

小林佐兵衛

ら、奉行所は村預けを命じ、庄屋・大西弥右衛門が引き取ることになる。後年、大阪朝日新聞で「老侠小林佐兵衛」（明治四二年）が連載されたとき、母を悲しませたこの時のことが、生涯でもっとも苦しかったと万吉は回想した。

後日、万吉は賭場荒らしの一件で奉行所に再び呼び出された。あろうことか、母のために金を貯めた行いが「殊勝な親孝行である」として、褒美に青ざし二〇貫文（約二五万）が下されたのだ。青ざしとは、江戸時代に領主が行った領民への報奨のひとつで、穴が開いた銭に端を青く染めた藁を通したもの。当時、万吉は一五歳にして早くも子分を抱える博徒になっており、親孝行で褒美をもらった博徒の珍事は大きな話題となって町をかけめぐった。

昭和四二年発行の『百年の大阪』（大坂読売新聞社編）には、万吉の事績がこうまとめられている。――「根がなみの極道者と違う。以後、やることも、スケールが大きい。十五歳でひとかどの親分になった弘化二（一八四五）年、堂島米相場の売り方問屋から頼まれ、公儀かい上げ米の相場をつぶした」。

母のための賭場荒らしで名を上げた万吉の次の舞台は、商都大坂の顔、堂島の米市場だ。当時、江戸の政商が高級官吏と組んで堂島の米取引所で価格を操作し、巨利をむさぼっていた。そのために米価は高騰し、米商人や庶民は大きな被害を受けていた。そこで、米穀商人らが万吉に米相場の破壊を依頼する。謝礼は二〇〇〇石分の米だ。万吉はこの依頼をおもしろがり、屈強な子分や職人衆を従えて堂島の取引所に乱入すると、政商や官僚側の用心棒を締め出し、米相場が営業できないようにした。

万吉一五歳の相場荒らしは成功し、その名を一躍、大坂に広めた。西町奉行筆頭与力の内山彦次郎は、万吉の背後にいる米商人らの存在をかぎつけると、名前を吐かせようと数日間、万吉を拷問した。しかし、どれだけ痛めつけられても万吉は白状せず、結局、依頼主の与力らの尽力で釈放された。

◉大坂キタの火消頭として活躍

攘夷運動が盛り上がり、政治の中心地が京都に移った動乱期。政局の中心人物だった一橋慶喜が摂海防御を任され、諸藩に大坂の河岸警固が命じられた。文久三（一八六三）年、幕府は浪士を取り締まるため、大坂市中を四区画に分けてそれぞれを大名に受け持たせる。

播州・小野藩の一柳末徳《ひとつやなぎすえのり》は横堀以西の区域を割り当てられた。一柳家はわずか一万石の小藩であり、担当区域を受け持つには家臣団が足りない。そこで、人材確保に奔走した末、浮上したのが、万吉だった。一〇人扶持で足軽頭に召し抱えられた万吉は名字帯刀を許され、以後、「小林佐兵衛」と名乗るようになる。

万吉改め佐兵衛が、この役目を引き受けた経緯は明らかになっていないが、その後の言動をみても、佐幕・勤王いずれにも振れてはいないようだ。幕府の役目として足軽頭を務めても、気にかかる尊攘派浪士を逃がしたこともある。その中には桂小五郎、遠藤謹助《えんどうきんすけ》など長州藩士がいて、彼らの背中に油墨を塗って入墨のように見せ、万吉一家の法被を着せて逃がしたという。長州藩士を助けたことは、明治以降の万吉に大きく影響する。

万吉が一柳家から与えられたわずかな扶持は、現場に詰める子分数百人の給金を賄《まかな》うにはまるで足りなかった。そこで万吉は、一柳家の高張提灯を掲げた賭場を開くことを町奉行所に公認させるという大胆な策を一柳家に願い出る。ここでのあがりを子分に配当しようというのだ。藩ではこれを許可した。賭場の顧客には町の旦那衆も多い。普段から賭場になじみがある佐兵衛としては、付き合いのある町衆のために一柳家の役目を引き受け、町の治安に尽くそうとしたのかもしれない。

大坂でも博奕は流行し、交通の要路もあり、貨幣経済が浸透していたが、関東のように博打を生業とする有名な親分は出なかった。それは、関西の庶民文化の特徴が作用しているのだろう。大坂は商いの町だ。江戸とは違って多くが地元出身者で、懸命に才覚し、町で自己完結するような気風が根づいている。働かない者はいやしまれるという価値観のなかでは、遊侠や流れ者は低く見られたのだろう。また、大坂は他国のように封建体制の影響が比較的少なく、武士やお上への態度も江戸ほどはへりくだっておらず、町人の誇り、美意識を重んじる。だから万吉も、生業とするほど博奕に入れ込まず、町とのつながりを意識した稼業を選んだのだ。

維新後、さっそく佐兵衛と長州藩との縁が活きた。博奕から足を洗った佐兵衛は、かつて命を助けた長州藩の元隠密で相場師・磯野小右衛門《いそのこえもん》の指導により、堂島米相場で五〇万円の資産を築いたのだ。磯野は当時、政府高官と親しかったため、政府の方針をつかむとそれをすぐさま投機に活かした。万吉の威勢はますます上がり、この資金を元手に新境地に向かう。

明治四（一八七一）年、渡辺昇《わたなべのぼる》が大阪府知事に就任する。肥前国・大村藩で勤王家として活動していた渡辺は、安井息軒《やすいそっけん》（儒学者）の三計塾《さんけいじゅく》、練兵館で桂小五郎（木戸孝允）と親しくなり、薩長同盟において坂本龍馬とともに奔走した人物だ。

渡辺は消防を請負制度にすると、大坂で名の知れた親分衆の統率力を見込み、彼らを頭に任命した。東大組を若林巳之助、西大組を吉備吉兵衛、南大組を浅野利助、そして北を佐兵衛が請け負うことになる。

佐兵衛は、定められた一〇〇人の消防人足を差し出し、さらに、自費でもう一〇〇人を雇った。これにより、佐兵衛の組は他の組よりも仕事ぶりが際立ち、「北のおやじさんの早消し」と評判を呼ぶ。佐兵衛は子分の面倒見がよかったため、みな捨て身で消火にあたった。市民は、佐兵衛が莫大な費用をかけていたことなど知らなかったが、絶大な信頼は一家の宝となる。

明治一三（一八八〇）年、消防組が警察の指揮下に入り、佐兵衛の役目は終わった。だが、その後も火事場で焼け出された人を見ると、北区真砂町の自宅に引き取るなどして支援した。火消を通して佐兵衛の義侠心が燃えたのか、以降は私財を投じて長町・上町・福島など貧民窟での炊き出しも行うようになる。やがて、この活動は孤児や困窮した人の保護・自立支援施設「小林授産場」を生む（第五章で詳述）。

また、興業関係でも活躍した。明治八（一八七五）年、大阪と東京の力士を合併する話が持ち上がったとき、大阪の年寄衆から相談を受けた佐兵衛は、双方の仲介役として費用の折衝をまとめるなどして、何かと世話を焼くようになった。

◉町の任侠の幕末維新

明治の佐兵衛は、私費を投じて消火活動や貧民救済事業などを展開し、ますます大阪の親分として名を上げた。やがて、その義侠心と動員力と頼みとして、元長州藩士の改葬という大仕事を頼まれることになる。

江戸時代、大坂でもっとも陰惨な場所であった千日前の刑場は明治七（一八七四）年に取り潰され、弁次郎と名乗る香具師の親分が一帯の土地を買った。弁次郎は千日前を出店や興業のための場とし、やがて歓楽街として発展していく。

一〇年余りが過ぎ、繁華街となった千日前に南鏡園という料理店ができた。店の敷地内には、佐兵衛が番所の差配をしていた幕末期、禁門の変で犠牲となった長州藩士六六人の首塚があった。店主はこの首塚を客寄せに使おうと思いつき、「長州の勤王家六六人をお祀りしております」と書いた看板を出したところ、思惑通り評判を呼び、大繁盛する。やがて話を聞きつけた毛利家から使者が訪ねてきて遺骨の引き渡しを求めたが、主人は頑として応じなかった。「手厚く供養しているし、地面に埋まっているものを取り出すのは難しい」との理由で断ったという。

禁門の変の戦闘が終わった直後、会津や幕府兵が長州藩兵を厳しく追撃し、要所を封じた。首塚の六六人はこのときに逃げ遅れた藩士の一部で、生け捕りにされて辱めを受けるよりはと一斉に船の中で自害して果てた。その遺体を見つけた会津兵が首をはね、千日前に埋めて首塚としたのだ。以上のことが、毛利家の調査により明らかになった。

後日、木戸孝允の旧知である府知事・渡辺昇、造幣局長・遠藤謹助（元長州藩士）が主人を訪ね、遺骨の引き渡しを求めた。遠藤はこの頃、大阪でもっとも位の高い役人のひとりだったが、やはり主人は応じなかった。そこで渡辺、遠藤が頼みとしたのが佐兵衛だった。遠藤は、佐兵衛が一柳家の番所を差配していた頃に助けられて以来の付き合いがあり、渡辺も佐兵衛をよく知っている。

佐兵衛は店を訪ね、主人と向き合った。主人はでっぷりと肥えて貫禄があり、なかなか癖がありそうな面構えだ。交渉は難航するかと思われたが、佐兵衛の顔を見るなり「委細承知」とすぐに察し、許してくれた。

佐兵衛はさっそく子分たちと掘り出しにかかった。六六人分だけあって、かなり骨の折れる作業だったという。

骨はすべてしゃれこうべだった。佐兵衛自ら清水を汲み、ひとつずつ洗い清めて箱に納めると、「殉難志士之遺骨」と紫の縮緬《ちりめん》に白地で染め抜いた旗を立て、改葬地の阿倍野まで市中を練り歩いた。毛利家ではその後、南区大江神社のかたわらに碑を建てると、佐兵衛に礼として二〇〇〇円を送った。しかし、佐兵衛は「霊を鎮めるためであり、仕事として引き受けたわけではない」と、固辞する。毛利家はやむなく三組の定紋入りの盃を謝礼とし、埋葬した藩士全員の名を記した感謝状とともに届けた。

冷たい土の下から出された亡骸は名前を取り戻し、ようやく故郷の人々によって弔われた。佐兵衛と遠藤らのつながりがあったからこそ実現したといえるが、佐兵衛が町人に慕われる「町の親分さん」でなければ南鏡園の主人も承服せず、さらに難航しただろう。町に「俠客」がいた時代ならではの出来事である。

*

戊辰戦争における遺体の埋葬問題には、タブーの匂いがつきまとう。

「死者は等しく弔ってあげたい」という素朴な願いと拮抗した、さまざまな「事情」があったからだろう。それは、武の世界における規範であり、罪への恐れであり、穢れを忌む価値観であり、ともかく誰もが嫌がった。

一方、埋葬した博徒側にも「事情」はあった。関わった藩への恩義や単純な義俠心が原動力だった者もいたが、渡世のために地域社会とのつながりを重視した者がやや目立ったようだ。地域社会との縁を重視した清水次郎長、会津の小鉄、小林佐兵衛の三者は、その後、福祉事業などで公共に尽くしたという点でも共通している（第五章で詳述）。

無法者にもかかわらず人を惹きつけてきた「親分さん」の最大の魅力である利他性は、じつはこの遺体の埋葬にこそ、よく表れていたのではないだろうか。埋葬してもらった側の深い感謝が広まって博徒の理想化に結びついたりもしたが、好ましい美談があってもいいのかもしれない。

義侠の僧、戦死者を弔う

◎国定忠治ゆかりの田村仙岳

これまで見てきたように、戊辰戦争の犠牲者を埋葬するのに住職が関わった例は少なくない。ここで紹介する田村仙岳《たむらせんがく》も僧侶だが、義侠心を備えた一風変わった人物だったらしい。なお、ここでの記述においては、高橋敏『国定忠治を男にした女侠　菊池徳の一生』に多く依ったことを断っておく。

田村仙岳は、あの国定忠治ゆかりの僧である。忠治には愛人がふたりいて、そのうちのひとり、菊池徳《きくちとく》は仙岳の九歳上の姉だった。徳は、忠治の事績を書いた羽倉外記《はくらげき》の『赤城録』に「鷙悍《しかん》ヲ以テ愛セラル」と書かれている。「鷙悍」とは、猛禽類のこと。猛々しいほど鉄火肌の女だったようだ。晩年、中風を病み、衰えた忠治を激励し、処刑に向かう忠治の旅路を演出したのも徳だった。忠治伝説を作り上げた人物ということになる。

そんな徳の弟、仙岳はどんな人物だったのか。

姉弟の生家は、有馬村（群馬県渋川市）の百姓・一倉家。父・佐兵衛は入り婿で、長男をもうけたのち妻に先立たれたため、中里村（高崎市）の岸家から後妻を迎えた。後妻との間に生まれた子が徳と仙岳だ。徳は二五歳のとき、五目牛《ごめうし》村（群馬県伊勢崎市）の菊池千代松に嫁ぎ、仙岳は母の実家のある中里村（高崎市）の徳蔵寺（真言宗）へ出家修行に赴いた。仙岳の本名はわかっていない。

仏門に入った経緯は不明だが、『高崎市史』によれば、福島村（群馬県高崎市）の金剛寺を経て、清水寺《せいすいじ》（群馬県高崎市）に入ったとされる。忠治が磔刑された後の慶応三（一八六七）年末のことだ。清水寺は、京都東山の清水寺から勧請《かんじょう》して開基したと伝えられ、征夷大将軍・坂上田村麻呂《さかのうえのたむらまろ》が蝦夷征伐の折に兵士の武運長久・健勝を祈った地として知られた。

清水寺の正面右手には「田村堂」が建つ。元治元（一八六四）年一一月一六日、水戸天狗党との戦闘で死んだ高崎藩士ら三六人の霊を供養するために建てられたものだ。堂内正面には坂上田村麻呂の木像を祀り、阿弥陀如来と観音像などを配し、三六人の木像がずらりと安置される。この三六人の霊を弔い、田村堂を建てたのが仙岳だった。

◎屈辱と悲劇の下仁田戦争

元治元（一八六四）年三月、水戸藩で藤田小四郎《ふじたこしろう》ら百数十人の浪士が、横浜鎖港を訴えて筑波山に挙兵した。幕府は追討を決め、譜代大名であり北関東有数の規模を誇る高崎藩に対して追討兵を出すよう命じた。これに対し、高崎藩は、「そもそも水戸藩が鎮圧すべき筋だから、水戸藩が出兵するならば従う」と申し入れた。

水戸藩が浪士勢の討伐に赴いたため、兵を出さざるを得なくなった高崎藩は、六月に出兵する。兵一〇〇〇余りを二隊に分け、六門の大砲を引き進軍した。清水寺が高崎藩の祈願寺だったことから、仙岳はこのとき、藩士たちに武運長久の守護札を授けた。

七月、筑波の高道祖《たかさい》村（茨城県下妻市）で始まった戦闘では高崎軍が勝利し、退去した浪士勢は本陣の多宝院《たほういん》（同）に入る。高崎兵二〇〇は、そこから約一キロ離れた雲充《うんじょ》寺《うじ》（同）に陣取り、残りの主力八〇〇人は一〇キロほど離れた関本村（茨城県北茨木市）に着陣した。すると、数時間後、逃げたと思われた水戸浪士らが雲充寺を急襲する。多宝院に火を放ち、早くも祝杯を挙げていた高崎兵は動転し、武器弾薬を放置したまま戦わずに敗走した。彼らは、藩主の銘入りの大砲や武器を捨てて一目散に南に走り、鬼怒川《きぬがわ》の宗道河岸《そうどうかし》（茨城県千代川村）までたどり着くと、地元の人々に炊き出しを命じた。だが、彼らは恐怖に囚われており、朝飯が用意されても食べずに再び駆け出し、地元の人に高崎の方角を尋ねると、教えられた通り走り出したという（高崎市史編さん委員会編・高崎市『高崎市史　通史編3近世』）。あまりに無様な姿から「右京様（高崎藩主）は卑怯様」という落首が広まる始末だった。

高崎藩では、放置された武器類が浪士勢の手に渡る前に取り戻そうとして、うろたえた。その任務を引き受け、無事に成し遂げたのが、仙岳と城下の書肆《しょし》店主・澤本屋要蔵《さわもとやようぞう》という男だった。ふたりはすみやかに人足を送り出して武器弾薬を高崎まで運び入れた。

その後、高崎藩は幕府の目付から敗走したことを責められ、藩内でも、恥を払拭するために再び交戦すべきだとの声が高まった。そして九月、幕府軍と合流して那珂湊《なかみなと》で浪士軍と再び戦闘におよび、なんとか勝ち戦を演じた。

一一月、大勢を立て直した水戸浪士らは「天狗党」と名乗り、尊王攘夷の意志を京都の一橋慶喜に訴えようと進軍を開始した。総大将・武田耕雲斎《たけだこううんさい》、藤田小四郎、山国兵部《やまぐにひょうぶ》、田丸稲之右衛門《たまるいなのえもん》らが率いる総勢九〇〇人余りの大軍だった。

高崎藩は、天狗党と再度交戦を決意した。だがこのとき、藩の主力はまだ常陸の那珂《なか》湊《みなと》に残っていたため、高崎にはわずか六〇〇人ほどの兵しか残っていなかった。藩では、この六〇〇人を四つの部隊に編成し、ひとつは高崎城を守らせ、残りの三つは遊軍として各地に出兵させて天狗勢を迎え撃つことにした。

下仁田《しもにた》に天狗党の先遣隊約二〇〇人が到着し、一一月一六日から戦いが始まった。一五門もの大砲、戦闘慣れした約七〇〇人の歩兵らを擁する天狗党は強く、高崎藩は最初こそ健闘したものの、圧倒的な数に三方からじりじりと包囲され、総崩れとなる。

遺体が散乱した下仁田の戦場には無残な光景が広がっていた。仙岳は、続々と駆けつける遺族ともに戦場を読経してまわった。天狗勢が首実験をして本誓寺《ほんせいじ》（群馬県甘楽郡下仁田町）に埋めた首も掘り出され、胴体と合わせて遺族の元へ送られた。

仙岳は寺に戻ると、改めて戦死者三六人の木像を祀って供養した。三六人のうち五人は、医師や町人など民間人だという。「藩の寺の」僧侶としてというより、ひとりの僧侶として戦の犠牲者をみな弔ったのだ。

◎水滸伝の豪傑僧にたとえられる

仙岳の藩との関わりは維新後も続いた。明治二（一八六九）年、年貢軽減を訴えて起きた一揆「五万石騒動」において、百姓たちの間に入り調停に乗り出したのだ。廃藩置県後、百姓たちの要求は認められたが、三名の百姓代表者が責任を取るかたちで処刑された。

騒動に一六歳で加わった細野格城《ほそのかくじょう》の著書『五万石騒動』には、調停に尽力した仙岳が「一種性格の違った淡白な豪雄肌」「変り者で他人の企図し難い美徳を持って居る」「正体の知れぬ僧で随分面白き経歴を持って居た」などと表現されている。

仙岳は、天狗党との一連の戦闘を通して藩に貢献し、大きな信頼を得ていた。藩士を除き、藩主にお目見えし優待される数少ない人物でもあった。そのため百姓たちは交渉に現れた仙岳を藩の間諜だと疑い、ひどくののしったり、大根を投げつけたりした。だが、やがて仙岳の粘り強い交渉と誠実な言動は、人々の心を溶かしていく。前掲書の細野は「最後の顚末」の項目で田村をこう評する。――「無髪の偉僧にて、水滸伝中の『ゝ大和尚』の如き磊落率直な謂わば一種の変人」「脱俗僧である」「誠意赤心のある」「平素の侠気傍観するに忍びず」

　百姓たちから嫌がらせを受け、暴言を投げつけられても、仙岳は腐ることはなかった。騒動で罪に問われた村人が獄中で苦しまないようにと監獄まで出向いて、獄の外で体を動かせる楽な役をつけてもらえるよう嘆願したりした。そうした地道な言動が認められて、慈悲深い僧侶であることが知れ渡っていったのだ。仙岳には、困っている人を見ると身を呈して助けようという義侠心が備わっていたのだろう。

　その後も、仙岳は寺を介して人々のために働いた。明治三一（一八九八）年には、脚気患者の転地養生園として清水寺の境内に遊園地を建設しはじめた。諸堂の修繕や樹木の整備、井戸堀と用水の確保、道路開通などを計画し、一部を実行に移したが、完成を待たずに翌年、七四歳で死去した。養生園はその後、建設が続けられたという（高崎市史編さん委員会編『高崎市史　資料編　社寺』）。

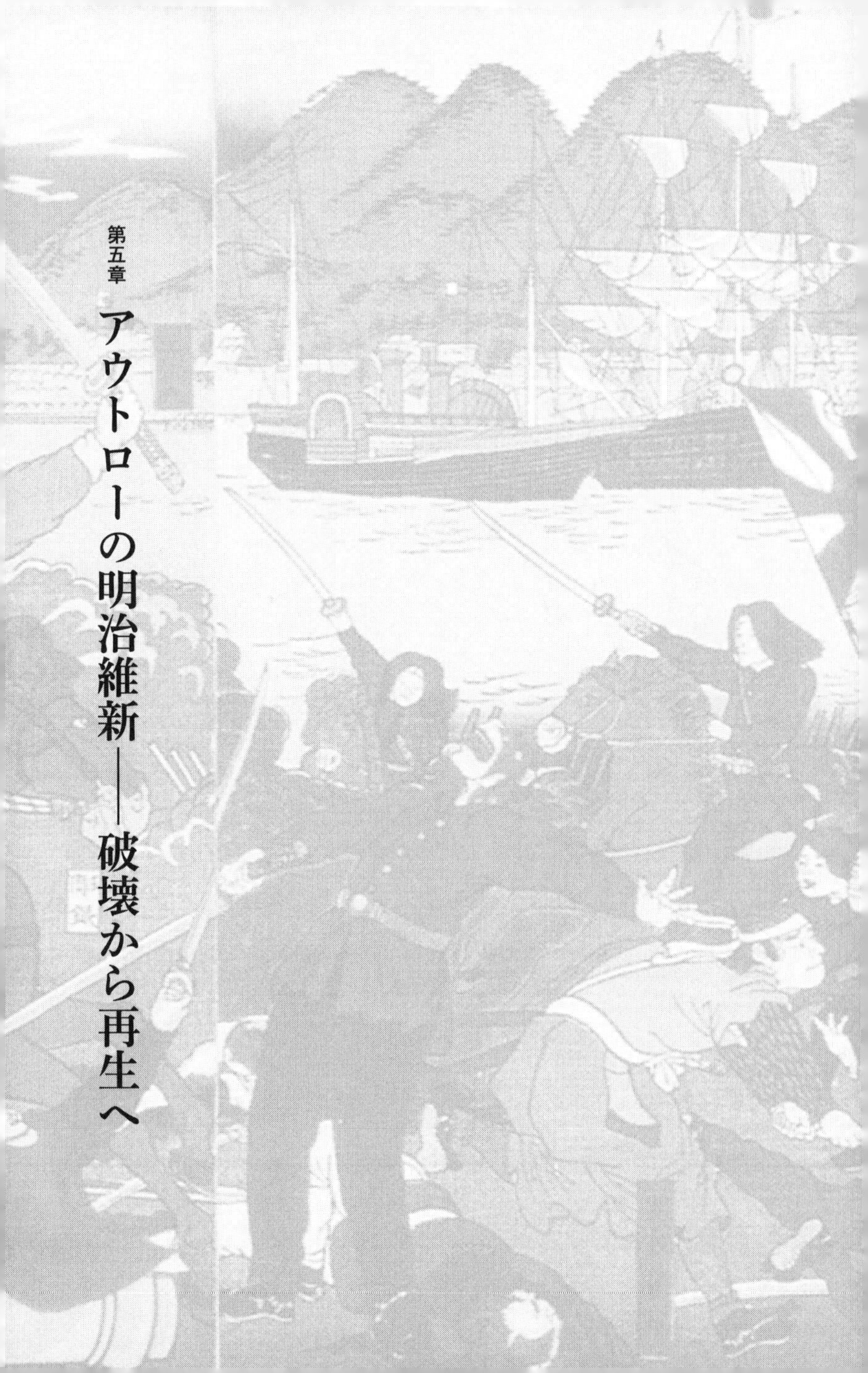

第五章

アウトローの明治維新——破壊から再生へ

戊辰戦争と日常の喪失

◉幕府の瓦解と上方騒動

これまで見てきたような「権力とアウトロー集団との依存・対立関係」は、時代の移行期ならではの特徴だった。旧社会が滅びゆくなか、新たな体制が確立されておらず、両方の権力からお呼びがかかるためだ。

近代へ移る時期には、世界のどの社会でも内戦とそれにともなう騒乱が起こりやすい。日本の場合、一揆や打ちこわし、テロ、戊辰戦争、西南戦争などであった。

本書ではおもに戊辰戦争に関わった博徒集団の動きを追ってきた。ここでは、彼らのその後――アウトローたちの明治維新をたどってみたい。まずは、その接続期として、戊辰戦争の起きた慶応期~明治初頭の一揆や打ちこわしと博徒の関係を振り返る。

＊

強訴、一揆、徒党、打ちこわしなどに「悪党」が参加した例は江戸後期に増え、天保期（一八三〇〜一八四四）がとりわけ多く、ピークは慶応期（一八六五〜一八六六）だという（須田努『「悪党」の一九世紀 民衆運動の変質と〝近代移行期〟』）。慶応二（一八六六）年は全国的に凶作だったことから米の買い占めが始まり、米価が暴騰した。

勝海舟は、同年四月二八日付の松平春嶽宛ての書簡で、幕長戦争や政治の行き詰まりを憂慮する気持ちを伝えた。──「このまま長引くと、庶民は蜂起してしまうかもしれず、人心はますます離れていく。もっとも恐れるべき事態です」。実際、五月になると、上方《かみがた》で大規模な打ちこわしが始まる。大坂市内では、一日に八〇〇軒以上も商家が壊された。春嶽の返書（六月四日付）は、これらの騒動に触れつつ勝に同意している。彼ら幕府の権力者が「政治の停滞は庶民の騒動を呼ぶ」という危機感を共有していたことがわかる。

また、大坂・天満の古着屋に奉公していたある男が、鳥羽伏見戦の頃に体験した「お札降り」騒動を後年、こう振り返った。

古着でヨク売れましたのは錦の布《きれ》で、陣羽織にされたんだそうです。商人《あきんど》は商いも相応にありましたが、恐い渡世《よわたり》で、いつ戦争が持上るか知れません。コノ前歳（慶応三年の暮）イカイ事御札が降りまして、アレが誠に妙でした。夜になると颯々《サッサッ》と降ります。降った商店《うち》では大層祝いまして、附景気《つけけいき》にもせよ、御札のお庇《かげ》で店が繁昌する。天狗様の御指図だというので降らない店は悄然《しょげ》て、罰でも中《あた》ったような始末。スルと前晩《ゆうべ》降ったというので、俄《にわか》に縮緬の揃いで、市中を練歩き、酒盛をする、まるで夢中でした」（篠田鉱造『幕末百話』）

商業が活発な上方では、町人が町組を取り仕切るなど、横のつながり、自治意識がきわめて強かった。政治意識も商いと結びつきやすく、「ええじゃないか」騒動も特徴的だ。「ええじゃないか」は伊勢神宮の御札が降った例が多かったが、上方《かみがた》では商業神である大黒やえびすが描かれた御札が多く、降った場所も商業地域に集中していた。「ええじゃないか」は体制変革、理想を求める世直し運動の一種だが、上方の「ええじゃないか」騒動には、それに加えて商売繁盛、景気回復の願いが込められていたのだ。

また、京都の世直し運動は、倒幕運動への支持を込めた薩長びいきの気分も強かった。幕長戦争の頃に町で見られた落首や張り紙などにも、明らかに薩長への期待が示されていた。町人たちの期待は鳥羽伏見戦まで続き、薩摩軍の士気を高めた。西郷隆盛の書簡にも、上方の民衆の倒幕軍への歓迎ぶりが驚きをもって書き留められている（慶応四年正月一〇日付、桂右衛門宛て、西郷隆盛他『大西郷全集　二』）。

だが現実は、倒幕軍が当初掲げた年貢半減や民衆生活の優先といった約束は反故《ほご》にされ、民衆が懇願した生活改善は見込めなかった。むしろ、徳川時代より悪くなった地域もあったくらいだ。

「ええじゃないか」騒動

そのため、明治初年のあほだら経は「やれやれ皆さん、聞いてもくんない、天朝御趣意は、まやかしものだよ」などと歌ったりした。

◉関東では博徒が騒動の旗振り役に

上方で騒動が起きた翌月からは、打ちこわし、一揆が江戸、武州一円に飛び火し、二〇〇以上の村で五〇〇〇戸以上が襲われた。土地の博徒が主導した件もあれば、逆に、博徒集団が領主の要請を受けて鎮圧に駆り出されたケースもあった。百姓たちは疲弊したあまり組織化できず、アウトローの動員力に頼らざるを得ない村が少なくなかったのだ。世は騒然としたまま、翌慶応三（一八六七）年、鳥羽伏見で戊辰戦争が始まる。

以降、打ちこわしなどの騒動は戦地を中心に増えていく。参加者は、食料や米価の引き下げといった現実的な要求よりも、豪商や豪農の屋敷の破壊を目的とするようになり、やがて、年貢減免と村役人の罷免《ひめん》を訴えるなどして「世直し」の声が高まり先鋭化する。

社会秩序が乱れた戊辰戦争時、このように庶民がアウトロー化する例は各地で見られた。武蔵国小川村（東京都小平市）の一揆勢は、取り締まりを命じられた博徒・小川《おがわの》幸蔵《こうぞう》の子分四〇～五〇人と乱闘になった結果、五、六人が死亡、一〇人余りが捕らえられた（高尾善希「幕末関東村落における博徒集団と地域社会――武蔵国多摩軍・入間郡域の事例を中心に」『遊戯史研究21』所収）。これは、博徒が豪農層の用心棒として自衛にあたった例であり、もはやどちらがアウトローかわからない状況になっていたことが読み取れる。

◉戦地の疲弊と世直し願望

戊辰戦争の戦地で百姓の打ちこわしや世直し一揆が多かったのは、戦争のあおりをまともに受けたからだった。なかでも、会津藩の領民の疲弊と憎悪はいちじるしかった。

幕末の会津藩は、藩主・松平容保が京都守護職という大任を命じられたうえに、品川や蝦夷地など各地の沿岸警備任務も重なり、藩財政は破たん寸前だった。領民も、戊辰戦争の頃には農兵に取り立てられ、悪鋳貨幣（贋金）を大量に流通されて生活が混乱していた。さらに、新政府軍の侵攻が始まると、村々は焼き払われ、甚大な被害を受けた。こうしたことから、会津戦争で戦ったのはほとんどが藩士であり、落城に対しても領民は同情を示さなかった。秩序ある日常、共同体を壊され、さらに「賊軍」の遺体を周辺に放置されたとあっては、その苦悩と怒りは計り知れない。

会津戦争が終わると、会津の百姓たちは「肝煎征伐《きもいり》」の旗を押し立てて反撃に乗り出す。藩と結んだ肝煎（名主）の不正や貨幣の悪鋳への非難、年貢半減を訴えて数万人が一揆を起こしたのだ。会津藩が、戦後処理において新政府から転封先を示されたとき、近くの猪苗代《いなわしろ》地方も提示されながらも本州最北端の斗南《となみ》地方を選ばざるを得なかったのは、領民の殺気だった怒りを実感したからでもあった。

北越戦争における長岡の領民も同様で、軍役に駆り出され、屋敷・畑を焼かれ、荒らされた領民たちが生活に深刻な打撃を受けた。また、箱館戦争における箱館の町民も、旧幕府軍から重税を課されたり、金品を強奪されたりして恨みが長く残った。

江戸時代の庶民には、「権力が衰退する時期には貸借を反古《ほご》にするべきだ」という考えが浸透していた。中世以来の「徳政」に基づく主張である。質流れとなった土地でも地主は小作料を得ているのだから、元金を戻せば取り戻せるという慣行はその一例だった。ところが、戊辰戦争の頃、新政府軍は世直し運動の主導者を処罰し、質物・質地を質屋や地主に返すよう命じたため、百姓たちの反発をまねいた。

当時、「世直し」と表裏をなして民衆宗教が登場したのも、人々が壊れつつある秩序の再生を求めたからだった。

江戸後期から貨幣経済が農村にも押し寄せ、貧富の差が拡大して村落共同体が崩れゆくなか、開国による物価騰貴は農村にも打撃を与えた。市場化による共同体の破壊は、もとの社会に戻ってほしいという秩序再生の声を高めていく。人々にとっては共同体の維持・復活こそが大切だった。維新後、地租改正に反対する一揆が頻発したのも、新たな土地の私有制度が、共同体を破壊するものだったからだ。

こうして、変革と、ある種のユートピアを求める一連の騒動は、民権運動激化期（明治二〇年頃）まで続く。そして、これらのいずれにも博徒が密接に関わっていた。博徒はそれまでの間、どう地域社会と関わっていったのだろうか。

「難民」を生んだ裏・戊辰戦史

◉戊辰戦争中に出た「攘夷」中止宣言

戊辰戦争時から明治初年にかけて、戦地では深刻な社会問題がいくつも生まれていた。一方、生まれたばかりの明治政府にはまだ目鼻がついておらず、政府高官は理想と現実の落差を埋めようとして右往左往した。

＊

新たな国家を作っていくにあたり、明治政府は大きな方向性を「万国対峙《ばんこくたいじ》」と表現した。「万国対峙」とは、列強と並び立つ国を目指すという意味で、幕末の政治変革や争乱を経るなかで諸勢力が探り、たどり着いた答えだ。薩長だけが掲げたわけではなく、徳川慶喜の大政奉還の上奏文も「政権を朝廷に帰し奉り、広く天下の公議を尽くし（略）必ず海外万国と並び立つべく候」と述べていた。つまり、「万国対峙」はさまざまな政治勢力にとって共通の目標であり、その方策が争点になってきたのだった。

そこで、具体的にどう実現するかを考えたとき、まず障害となったのが「攘夷」だった。戊辰戦争が始まったばかりの慶応四（一八六八）年一月には、西宮の警備にあたっていた岡山藩兵の隊列をフランス人の水兵が横切ろうとして、銃撃戦になった（神戸事件）。文久期に頻発したテロのようなこの一件を、西欧列国は激しく非難した。抗議を受けた新政府は、幕府が結んだ条約をすべて遵守《じゅんしゅ》すると約束せざるを得なかった。さらに、翌月には大坂堺港を警備する土佐藩兵がフランス兵を殺傷する（堺事件）。これは土佐藩の一方的な過失だったため、フランスの抗議を受けて藩士一一人が切腹した。新政府は攘夷を掲げて幕府を崩壊させたにもかかわらず、幕府が結んだ外国との和親を改めて公表したのだ。そして、「大勢《たいせい》止むを得ず」と弁解した。

とはいえ「外（内）を立てれば、内（外）が立たない」というジレンマを埋めていかなければならない。ただ攘夷をやめるだけでは国民は納得しないからだ。そこで、「万国対峙」できる実績をつくるため、まずは近代化に向けた国内体制の整備を急ぐことになった。

その大きなステップとなったのが、明治四（一八七一）年の廃藩置県だ。これにより、大名・領主が消えて中央集権的な統一国家の大枠が整う。その後、「万国対峙」は、強力な政府主導による「殖産興業」「富国強兵」などの近代化政策によって実現していった。

◉江戸の貧民の行方

戊辰戦争の起きた慶応期、上方や武州で打ちこわしなどの騒動が続発したことはすでに述べた。一方、幕府が瓦解し、上野戦争の舞台となり、新政府が乗り込んできた江戸（東京）にも、困窮した町人らによる都市問題が生まれつつあった。

例えば、下谷、芝、品川、浅草、本所など広範囲にわたり、「貧窮組《ひんきゅうぐみ》」という筵《むしろ》の旗を立てた数百人の男女が鍋などを持って徘徊するという騒動があった。貧窮組は、物乞いをしては道端で煮炊きして食べ、鬨《とき》の声をあげるとまた別の町へ向かった。打ちこわしのように破壊活動は一切行わず、ただ食料を所望して食べ歩くという異様な光景だったという。そのため、しばらくは放置しておいた幕府も腰を上げ、神田佐久間町の広場にお救い小屋を設置し、困窮した人々に米を与えた。

元号が明治に改まり、江戸が東京と改称された慶応四年（一八六八）九月。明治天皇が大行列を率いて東京へと向かった。新政府は、急ぎ発行した太政官札（紙幣）を沿道諸藩に「貸与」するなどして約八〇万両を絞り出してこの費用にあて、東征の大デモンストレーションを敢行したのだ。新政府の近代国家政策の突貫工事ぶりがうかがえる。新生東京の都市問題は、この華やかな行幸の裏で進行していた。

すでに開港の頃までに、江戸では日雇いや棒手振《ぼてふ》り（店を持たずに天秤を担《かつ》いで売り歩く商売）などの「其日稼《そのひかせぎ》」と呼ばれた貧民層が、町方五〇万人の半数を超えていた（牧原憲夫『日本の歴史一三　文明国をめざして』）。

上野戦争の頃、旧幕臣や武家出入りの職人・町人の失業対策を講じていた勝海舟は「江戸の市中の事とは、おれはかねて精密に調べておいたのだが、当時の人口はざっと百五十万ばかりあった」（『氷川清話』）と述べている。諸藩の大名が江戸の屋敷を引き払って国元へ帰ったため、武家相手に商売をしてきた町人が一挙に失業していたのだ。

幕末の江戸の人口は諸説あるが、およそ一〇〇～一三〇万人とされる。戊辰戦争を機に武家と武家奉公人が減ったため、明治二（一八六九）年の東京の人口は約五〇万人に激減した（『東京市史稿』より）。そのうち「極貧民」が一〇万三四七〇人、「極々貧民」は一万八〇〇〇人以上。合わせて二五パーセント弱を貧民が占めた（野口武彦『幕末気分』）。東京にはおびただしい数の貧民、浮浪者が生まれていたのだ。

こうして、徳川幕府と同様、明治政府もまた、都市ならではの病理と向き合わざるを得なくなる。そして、どの時代の為政者も行ってきたように、一か所に浮浪人や行き倒れ人、病人を囲い込んだ。徳川時代の収容所は維新直後に満員になってしまったため、小伝馬町《こてんまちょう》牢屋敷に約三〇〇人、石川島人足寄場に約三〇〇人、浅草溜に四四人、品川溜に七人を収容。品川が少ないのは、衛生環境が悪く、入所した者がすぐに死んでしまったためで、一年で二一八人も死んだという（塩見鮮一郎『弾左衛門とその時代』）。新政府はこの品川溜を閉鎖すると、明治二（一八六九）年、新たに三田と麹町《こうじまち》、高輪《たかなわ》に「救育所」を設置する。被差別人用とされた高輪はすぐに九〇〇人ほどが集まり、埋まったという。高輪では、集められた病人の看病のほか、その後の自立支援として仕事を教える「授産《じゅさん》」も行われた。その後、いわゆる「解放令」で高輪が閉鎖されると民間に渡り、新たに上野の護国院を買い取り「養育院」とした。「解放令」によってかつての所属を失い、共同体を失った非人たち窮民はこの養育院に集まったり、かつての地縁をたぐり、旧共同体を細々と維持したりして生き延びた。

一方、徳川の瓦解後、江戸の岡っ引き（十手持ち）は、明治政府において警察の手先として引き続き存在した。十手を預からない博徒と対立するのも、江戸時代と同様であった。自由民権運動の頃になると、前者が与党的、後者が野党的な存在となり、政治的闘争にも発展していく。

博徒の「社会奉仕」と共同体の再生

◉「公共」を博徒が受け持つ

地域社会に定着した博徒は、賭場の上客である旦那衆や村役人に対して日頃から奉仕的な態度を崩さず、原則として共同体の一員であることを意識していた。大きく見れば、戦前までのやくざは体制ともつながっており、きわめて「社会的」だった。土木や漁業、建築などの肉体労働に人材を投入し、芸能、相撲、賭場などの大衆興業・娯楽施設を取り仕切るなどして、庶民の生活と切り離せない生業についていたからだ。

ここでは、戊辰戦争後のやくざと地域社会との日常的なレベルの関係を見ていきたい。戊辰戦争では集団武力として即戦力を発揮し、戦争終結後はそれまでの地縁を活かして共同体の再生に尽くした博徒もいた。

まずは、戊辰戦争前に地域社会に貢献した大前田英五郎《おおまえだえいごろう》、飯岡助五郎《いいおかのすけごろう》、小金井小次郎《こがねいこじろう》の例を挙げる。

＊

第一章で、天保飢饉における国定忠治の施業について書いた。忠治が「叔父貴」と慕った同じ上州の大物、大前田英五郎もまた、縄張り内で社会奉仕的な言動を残している。

英五郎は忠治より一七歳年上の寛政五（一七九三）年生まれ。生家の田島家は祖父の代まで名主を務めたが、草相撲でならした父・久五郎が博徒の親分になると、英五郎、その兄・要吉《ようきち》も貸元となって父の縄張りを守った。なお、要吉は盲目だったが、気力体力ともにあふれ「大前田の盲親分」と呼ばれた。

やがて英五郎の一家は東上州の多くを勢力範囲とするまでになった。幕末の上州に存在した二八家のうち、ほとんどが英五郎の子分か兄弟分の盃を受けたと伝わる。

それほどの勢力を誇りながら、英五郎には地域社会に対する控えめな言動で知られた。例えば、勢力圏では決して駕籠に乗らず、高札場の前を歩かなかったという逸話がある。駕籠は賭場に来る旦那衆が乗るものであり、人殺しをする渡世人は高札場の前をはばからねばならない、というのが理由だった。賭場を開いたと思われる赤城神社に灯篭を寄進したのも、同様の地域奉仕的な考えに基づくのだろう。また、英五郎は毎朝、村人より早く起きて屋敷周辺の道を掃き清めるのを日課とした。これは、「昔から橋はやくざの持ち場であり、橋が汚れているのは土地のやくざの恥」との伝承に従った行いで、子分たちにも勧めていたという。

明治元（一八六八）年九月、英五郎は諸国の親分衆に引退の挨拶状を出すと、明治七（一八七四）年に八二歳で死去するまで、大胡《おおご》村（群馬県前橋市）の屋敷で穏やかな余生を過ごす。

晩年の様子は大胡の古老たちの回顧談が伝えられている。相変わらず体は大きかったが、いかめしい容貌が和らぎ、村人たちに対して以前に増して腰が低くなり、慇懃《いんぎん》といってもいいほどだったらしい。往来で役人や警察を避けるのも相変わらずだった。家の前の三本辻に建つ石標は、道しるべとして英五郎が建てたものだという。大間々《おおまま》街道と日光裏街道の分岐点となっていて、旅人がよくここで道を間違えたためだ。これもまた、地域社会へのささやかな貢献といえるだろう。

『天保水滸伝』によって徹底的に悪玉のイメージが定着した目明し・飯岡助五郎も、地元では公共工事などに尽くした人物としても知られ、実像との落差を嘆く声もある。飯岡、銚子で勢力を張り、網元として漁村の一員でもあった助五郎は、時化《しけ》や台風で漁船が遭難するたびに、子分たちを動員して復興作業に専念した。護岸工事に人材を送り込んだ話も伝わっている。

◉興業と治水事業で貢献した小金井小次郎

武州の親分・小金井小次郎は、流罪で送られた三宅島での井戸掘りがよく知られ、『慶応水滸伝』でもこのくだりは特に筆が乗っている。

三宅島は、ほぼ円形の椀を伏せたような形の島で、周囲の地形は険しく、川らしい川もなく、治水が不十分だった。このため、寛政年間に流されてきた禊《みそぎ》教の教祖・井上正鉄《いのうえまさかね》は江戸から石灰を取り寄せて漆喰《しっくい》にして、井戸を作ったという。

小次郎が掘った井戸は、「小次郎井戸」「小金井井戸」と呼ばれるようになり、現在も伊豆小学校の裏手に残っている。小次郎は、小金井村に書簡を送って数十人の人足を雇い、数百俵の漆喰と石炭を取り寄せて三和土《たたき》を作った。故郷で同様の作業を経験したのか、あるいは井上の井戸を参考にしたのかもしれない。流人のなかには石工や左官などの職人もいて、小次郎が彼らを指揮した。

小次郎が作った井戸は、よくある円柱型ではなく、縦一三メートル、横七メートル、深さ二・五メートルの大きさの貯水池型だ。井戸ができてからは日照り続きでも水が尽きることなく、島民にたいへん喜ばれたという。現在は史蹟として整備され、近くには小金井市から贈られた桜が植えられている。

今も残る小金井井戸

私費でこれだけの大きさの井戸を掘ったのだから、流罪中でも小金井での影響力は健在だったのだろう。遠く三宅島から子分たちを従わせるだけの人望、指導力がうかがえる。小次郎のように、与えられた条件下でじっとしていられない覇気は、侠客と呼ばれた親分に共通する性質だ。

小次郎はまた、娯楽に恵まれない島民のため、よく芝居興行を催した。もっとも、小道具として武器刀剣を集めて島抜けに使おうとの目的もあったとの噂も広まっていたらしい（演劇を手伝ったという吉田フク談。昭和一三年に九四歳で没）。『三宅島流刑史』『三宅島の歴史と民俗』の著者で三宅町観光課長を務めた池田信道の調査によると、小次郎が三宅島で暮らしたのは普済院《ふさいいん》という寺の隣の借家だったという。侠気にかられて井戸掘り、興業などに奔走しながらも博奕はやめられず、島でも捕らえられ、普済院など島の寺が連名で身柄を引き受けた。

興業好きの小次郎は後年、小金井でもその腕を発揮した。

小金井は、明治天皇が観桜に訪れるほど、東京郊外では珍しい桜の名所だった。桜の時期になると小次郎一家は周辺の茶店や露店を手配し、興業を展開した。小次郎が死ぬ前年、明治一三（一八八〇）年四月には、小康を得たのを幸いに小金井橋で子分二〇〇人ほどを招いて自身の一代記の講釈を聞かせた。柳亭種彦《りゅうていたねひこ》の『落花清風慶応水滸伝』、通称『慶応水滸伝』だ。きわめて盛会だったため、長く語り草になった。その前年には天満宮に狛犬を寄進しており、そこに刻まれた子分の名は一九八人にものぼる。小次郎は晩年まで地域と良好な関係を保ったまま、最期の花を咲かせ、死を迎えたのである。

◉次郎長、事業欲を発揮する

幕府が崩壊し、徳川家が静岡の一大名になると、数万人の旧幕臣が家族とともに静岡に移住した。なかには新政府に仕える者もいたが、無禄でも徳川家につき従いたいという者が多かったのだ。だがほとんどの者が先の見通しも立っていなかった。勝海舟ら旧幕府首脳は、彼らの生計がたつように帰農や開墾事業を勧めた。代表例が、金谷原（牧之原台地）の開墾である。

それまで徳川慶喜を警護していた「精鋭隊」は、久能山東照宮の警護という新たな任務を得て、久能村（静岡県静岡市）の民家や寺に移住した。明治元（一八六八）年には「新番組」と改称され、諸経費として二万円が下されたが、隊士たちの生活は困難をきわめた。やがて周辺の農家を荒らす者が出始め、先行き不安による喧嘩沙汰も増えた。

翌年、駿府藩は静岡藩となり、新番組は解体される。元隊士約二五〇人、家族を含めて五〇〇人以上が、行き詰まりを打開するため、藩の命令に従い金谷原の開墾を始めることにした。標高二〇〇メートルほどの金谷原は、土壌が酸性のため樹木が育たず、放置されてきた不毛の地だったが、彼らは辛苦に耐えながら茶の栽培を始めるために開墾を続けた。

一方、咸臨丸事件を機に旧幕臣との縁ができた清水次郎長は、彼らに刺激されて新たな事業を展開するようになる。

旧幕臣が清水から続々と上陸した頃、当面の宿泊先すら決まらない者が多く、騒然とした。これを知った次郎長はただちに寺社を宿として手配し、困窮した旧幕臣とその家族の失業対策に乗り出す。やがて、彼らの知恵を借りながら、留学帰りの旧幕臣を教師とした清水英語塾、油田開発、清水港から茶直接輸出、横浜行きの定期航路線を営業する静隆社設立などの社会事業を打ち出していく。いずれも時代に即した斬新な案であり、次郎長の事業欲が旺盛な姿がうかがえる。

なかでも、子分の失業対策も兼ねて打ち上げた富士南山麓の開墾事業は、『東海遊侠伝』でも次郎長の「改心」を示す出来事として、文章に力がこもる。次郎長はここで、将来的に養蚕を軸とした殖産興業を構想していた。

富士山麓の開墾は、山岡鉄舟が働きかけて静岡県令の大迫貞清《おおさこさだきよ》の許可が下りた。しかも、大迫は「皇国の為にとひらけ駿河なる富士の裾野のあらぬかぎりは」と次郎長に歌を与えて激励し、資金を与えた。

次郎長は奮起した。子分を集めて開墾に取りかかるも、あまりの規模に人材が足りず、囚人まで借り受けて作業にあたった。しかし、用水が絶望的に足りず、山林が広がる土地を畑にするのは至難の業だった。

結局、開墾は進まず、次郎長は挫折した。ほかに企画した新規事業も、まともに商取引をしたことがないこともあり、採算が見込めず相次いで失敗する。すべてかたちにならなかったが、次から次へと事業を見つけては立ち上げたときの次郎長は、八方破れな彼らしさにあふれ、いっときの光芒を放っていたようにもみえる。

一方、次郎長の股肱の子分、大政は実子のいない次郎長の養子となっていたが、明治一四（一八八一）年に病死する。『東海遊侠伝』を記した天田五郎《あまだごろう》（愚庵《ぐあん》）も養子となっていたが、次郎長のもとを去るときが迫っていた。

明治一六（一八八三）年、次郎長の開墾事業を見守ってきた県令・大迫が警視総監に栄転したため、後任に奈良原繁《ならはらしげる》（元薩摩藩士）が就任した。次郎長の命運は、時代の潮目とともに変わっていく。二か月後の明治一七（一八八四）年、次郎長は突然、静岡県警に逮捕される。全国規模の博徒一斉手入れ、いわゆる「明治一七年の大刈込《おおかりこみ》」（後述）だった。次郎長がかわいがってきた五郎は、鉄舟に相談のうえ、養子縁組を解消して清水を去った。

◉やくざの「改心」の是非

京都守護職として都の治安を担った会津藩の部屋頭・会津《あいづ》の小鉄《こてつ》（上坂仙吉）は、鳥羽伏見の戦いで死んだ会津藩士を弔ったことで俠名を上げた。明治になると、京阪神でさらに勢力を広げ、関西を代表する親分となる。小鉄もまた、新たな時代に即して新事業や社会貢献的な活動を展開したが、長年のやくざとしての所行を考え併せると、その評価は難しい。

明治一六（一八八三）年三月二八日付『東京日日新聞』に、「会津の小鉄捕縛」という記事がある。罪状は賭博だ。――「小鉄は戊辰戦争に子分を率いて加わり戦功もあったが維新後は一時勢いを失い、近年再び盛り返して賭場を開き、日に一〇〇円の寺銭がある」と、当時の勢いについても書かれている。小鉄が洛南吉田村に構えた大名屋敷のような邸宅には、役人の手入れを想定して逃げ道を隠し、熊本の生人形師《いきにんぎょうし》・安本亀八《やすもとかめはち》に作らせた小鉄そっくりの人形まで置いていた。

小鉄のこの一件は釈放されるまで各紙で報じられ、同時期に掲載された次郎長の記事の数の倍に達し、彼の知名度がうかがえる。

釈放後の続報によると、小鉄は仏門に入り、罪を悔い改めて博奕をやめ、土木事業を専門に請け負うようにし、子分たちにもこの正業に就かせることにしたようだ。さらに、土地を所有する吉田村に私立学校を設立し、子分の子弟たちも入学させる構想を実行に移す。そして、早くも明治一七（一八八四）年二月、「小鉄小学校」が開校した。貧しさから学校に通えない子も受け入れたいとして、授業料は無料、筆記具など必要なものも寄贈して入学者を受け入れた。

晩年のこうした社会事業の実績にもかかわらず、小鉄の後半生の評判はあまりよくない。「改心」するまでの明治期の行いが、「任侠」らしからぬものばかりで、敵が多かったためだろう。

例えば、明治一〇年前後は西南戦争で荒稼ぎした。

西南戦争では、戦線が延長されたうえに交通網が発達していなかったため、物資輸送に二〇〇〇万人以上の人足を要した。この二割を、関西で成功した実業家・藤田伝三郎《ふじたでんざぶろう》（元長州藩）が供給した。藤田はこれで大儲けしたが、人足に契約金の半額しか支払わなかったため、戦後、労働者側の代言人《だいげんにん》（弁護士）から訴訟を起こされる。そこで藤田は、数名のやくざに処理を依頼する。代言人に圧力をかけて事件をつぶせということだ。

そのやくざのなかに、小鉄がいた。小鉄は、五人の代言人に一万円ずつ渡して手を打つよう告げると、これに屈しなかったひとりの代言人を刀で切りつけ、屈服させる。その後、代言人たちが通報したため小鉄は逮捕されたが、藤田が警察に手をまわして釈放され、最終的に訴訟もなかったことになり、小鉄は五〇〇〇円もの謝礼を得た。

こうした小鉄の「仕事」の数々への反発からか、小鉄の息子・仙之助《せんのすけ》(明治八年生まれ)は成長とともに複雑な思いに悩むようになる。明治一一年二月一六日付『読売新聞』には、やくざの父を持つ仙之助の心痛をテーマにした記事が掲載されている。

明治一七(一八八四)年、全国で博徒への一斉手入れが始まると、小鉄も投獄され、翌年、獄中生活の疲労がたたり、病死した。新たに馬車の会社を立ち上げようとしていた矢先だった。葬儀は、まるで大物政治家のものと思われるほどの規模だったという。小鉄は犯罪者であろうと誰彼構わず子分を望む者は受け入れたというから、人望もそれなりにあったようだ。晩年は子分たちに、正業について刑事事件を起こさないようにと説き、死の直前、改心後の自分を手本とするようにと念を押していた。

人間は矛盾に満ちた存在であり、善悪の境目はあいまいだ。例えば、江戸時代より歌舞伎や講談では、善人がやむにやまれず悪事を働いてしまうという話や、逆に悪人が最後に善をなして浄化されるという筋立てが定番化しており、善悪を行き来する人物は庶民に愛されてきた。小鉄のような人物が新聞のネタとして好まれたというのも、そうした精神性を反映していたのだろう。とはいえ、それはあくまでも物語上のことで、当事者——息子の仙之助にとっては深刻な問題だった。

小鉄の死後、仙之助は父が建てた学校へ通ったが、読み書き、学問を身につけるにつれ、父の所行の非道ぶりを知り、苦しむようになる。小鉄の記事は長く新聞のネタになっていたから、同級生から非難されることもあったのだろう。当時の仙之助を取材した記事によれば、卒業後は上京して法学を学び、外国に留学するつもりだったようだ。

だが、仙之助は二一歳になったとき、姿を消した。父のようになりたくないから学問を身につけなければ――。そう決意する一方で、「父の建てた学校で父の悪を知った」という残酷な現実が、仙之助を縛る枷《かせ》となったのではないだろうか。その後の仙之助の消息はわかっていない。

◉大坂の貧民を助けた小林佐兵衛

江戸時代には、五人組制度を軸とした相互扶助・監視の仕組みや「お救い小屋」の制度が、ある程度の貧困対策として機能していた。ところが、幕府が瓦解すると、これらの救済施設や制度は、町の自治組織による救済を除いて、ほとんどがなくなった。

東京では、流民や困窮民があふれていたため各地に施設が設けられたが、大阪では圧倒的に不足していた。明治以降、関西の産業化を担った大阪には地方農村部から労働者が一挙に押し寄せたため生活環境が悪化し、対策が急がれた。福祉施設の空白期に生まれたのが、小林佐兵衛（明石家万吉）が設立した「小林授産場」である。

明治元（一八六八）年、現在の天王寺区空堀あたりに「府立救恤場《きゅうじゅつじょう》（困民救済施設）」が設けられたが、早くも翌年に廃止され、約九〇人の入所者には当面の米が与えられて町に放たれた。折からの米価の高騰もあり、府は政府に援助を願い出る。当時の大阪の人口三〇万七〇〇〇人のうち、困窮者は五万六七〇〇人。一八・五パーセントにものぼったという（西尾祐吾『小林授産場の研究』第一福祉大学紀要二、八五―一〇〇)。府立救恤場は明治三(一八七〇)年以降、再開と廃止を繰り返したため、施設からしばしば孤児や病人があふれた。佐兵衛はこの中から障がい者など特に深刻な状態の者たちを引き取り、さらに、旧幕府から府に移行した粉川町(大阪市)の救恤場も引き受けた。

佐兵衛はもともと自宅にも貧民を引き取っていたため、右記の府の施設から引き受けた人々も一括して世話をする慈善団体を立ち上げることにした。とはいえ、府から許可は下りたものの、支援は望めない。そこで、市内一八〇の橋の清掃を一手に引き受け、府から払われる掃除代金を経費とすることにした。

だが、この掃除代は大した額にはならず、施設の財政は佐兵衛が終始、抱えていく難題となる。さらに、当初は周辺からの蔑視というもうひとつの障害があった。もともと授産場は孤児院としての性格が強かったが、府の施設を併合するにあたり、行き倒れ人や身寄りのない老衰者など最下層の貧民を抱えることになったため、市民から苦情や立ち退きを求める声が届くようになったのだ。後先考えずに困った人を受け入れてしまう佐兵衛の性分が災いしたのだった。

こうして、小林授産場は、さまざまな境遇の困窮者を養いつつ、教育、職業訓練を施して社会復帰と自立支援を支える施設としてスタートする。今風にいうと一種のセイフティネットとしての面をもっていたのだ。

当初、授産場に入ったのは男女合わせて十数人だったが、粉川町の府のお救い小屋を合併した明治一八（一八八五）年には男三〇女一六〇に増え、明治三六（一九〇三）年には男三二七女七〇に激増。これは同年、大阪で内国博覧会が開かれるにあたり、時の知事らが、市中の貧民を集めて収容するよう佐兵衛に頼み込んだからだった。運営経費は跳ね上がったが、佐兵衛は相変わらず市中の便所掃除などのわずかな収益を支えとした。

やがて佐兵衛は財産を授産場に使い果たし、運営していた小林遊園地なども抵当にとられ、巨額の負債を抱えた。それにともない、授産場内の環境も劣化していく。

◉福祉・慈善施設の先駆となる

日清戦争（明治二七年）から日露戦争（明治三七年）にかけての一〇年間は、戦争景気も受けて各種産業が発達した時期である。だが、それまでの手工業的な形態から工場制へと急速に移行するなかで、下層労働者の生活環境の悪化が社会問題となった。その実情を緻密に記録した『日本の下層社会』（明治三二年刊）には、著書の横山源之助《よこやまげんのすけ》が小林授産場を取材した記録が載っている。

同書では、大阪育児院、愛育社、棄児《きじ》養育館、慈恵病院、帝国慈恵女学院、博愛社などと並ぶ慈善施設として小林授産場がこう紹介される。

小林授産場は大阪にて侠客と称せらるる小林佐平（本年六十五歳とか聞く）なる人の設立

せる者、其の組織は兎も角も大阪市民に最も名を知られ、且市の公共事業にも多少の交渉あるを以て、或意味にては大阪市の慈善事業を知るに最も恰好なるものあるが如し、家は水田涼しき間に建てられ、前より見れば、何人の住居やらんと思はるるまでに建築厳かなり、入りて世話人と称する若者と語る。

横山が取材したときの授産場には八二名が収容され、うち一五歳以下が五〇人、五六歳の老人もいた。五五人はマッチ工場に勤務し、年長者二〇人は市内の便所掃除、七人が橋の掃除、残りは授産場および佐兵衛の自宅（北区真砂町）で炊事や雑務に従事した。

当時、日本のマッチは東南アジアなどに輸出されて外貨獲得を担っており、関西で工場が増えていた。削った軸木をそろえて並べ、黄燐《おうりん》をつけ、箱に納めるという単純な工程だが、蠟状の黄燐の扱いが難しく、猛毒が含まれていたため、マッチ工場で働く年少者の健康を損なっていた。

横山がつぶさに視察した結果、授産場での労働・生活環境は、とうてい褒められたものではなかった。月に二日の休日には外出を許されず、近所の祭礼には世話人（監督者）つきでないと出かけられない。盆正月の待遇は、食事が少し増えるだけだった。肝心の給料も低く、世話人が積立金と称して給金の一部を預かり、それを洋服の新調費にあてさせられた。さらに、当初、謳《うた》っていた教育や僧侶による説教もこの頃には行われておらず、児童の寝室はきわめて不衛生で、健康状態も悪そうだったと記している。

明治末年頃に入所した人の回想でも、環境は改善されていなかったようだ。それればかりか、佐兵衛の五〇歳年下の妻（当時二五歳）が、入所者に食事や古着を売りつけるなどしてなけなしの給金を巻き上げていた。八〇代後半の佐兵衛はもはや影響力を発揮できず、当初の彼の善意は食い荒らされてしまっていた。現場を受け持った子分たちは福祉の理念など持ち合わせておらず、また佐兵衛にも「社会の善意を受けて運営する」という慈善事業に求められる発想はなかった。佐兵衛は、自分の熱意だけでやっていけると純粋に信じていたようだ。そして、さまざまな事業を展開したことで佐兵衛自身が困窮していた。

やがて、佐兵衛に同情して支援する者が現れるようになる。佐兵衛の老後を守ろうと奔走した金森通倫《かなもりみちとも》（牧師・宗教家）や金原明善《きんぱらめいぜん》（実業家）らは、その一部である。

明治四三（一九一〇）年、佐兵衛は財政難と老衰を理由に、授産場を市の弘済会へ吸収してもらうことを願い出て許可され、大正元（一九一二）年、正式に買収された。後年は佐兵衛の理想通りにはいかなかったが、その意志は、キリスト教系の慈善施設や福祉施設に多大な影響を与えた。

◉侠客を演じ続けた「浪華の老侠」

佐兵衛は授産場のほかにもさまざまな事業を展開し、維新後も大阪の名物男として話題を振りまいた。新聞では「浪華の老侠」というタイトルで佐兵衛の事績をたどる連載が好評を博した。

明治一八（一八八五）年三月六日付「大阪朝日新聞一面」には、淀川の洪水による佐兵衛の災害支援の話が載っている。佐兵衛は六〇円余りを投じて雑炊の炊き出しを行い、五〇〇人以上にふるまったほか、被害の大きかった村の救助や復興支援にあたり、五〇円を寄付した話が載っている。また、授産場を売りに出した頃の明治四二（一九〇九）年には、天満焼けこと「北の大火」で佐兵衛が現場に出て防火にあたり、大阪天満宮を火災から守った。

侠客らしく、興業、調停でも活躍した。茶屋町（大阪府大阪市）の凌雲閣の近くに「小林遊園地」という庭園を造り、近隣の学校の運動会やサーカス、相撲興業などを催した。明治三四（一九〇一）年には、北新地（大阪府大阪市）で芸者たちの報酬を上げるよう置屋が貸座敷業者に要求してもめたとき、取締役とともに調停役として示談に持ち込んだ。また同年、綱敷天神（大阪府大阪市）での祭礼の喧嘩も仲裁している。

明治四四（一九一一）年には、堂島の米市場で仲買人の買い占めにより米価が高騰し、貧民たちが佐兵衛を頼った。このとき、佐兵衛は「大阪朝日新聞」の取材にこう語った。

佐兵衛は、年は取ったがまだ何時でも捨てていい命がある。というても昔の真似ももうできまい。（略）利益の外に立って本当に貧民を助けに出づる人が欲しい。誰でも構わない。その人に活き残って用のない生命を借してあげてもよい。

小林佐兵衛はサーカスの興行などにも携わった

齢八〇を越えた佐兵衛は、若い日、堂島を荒らして拷問を受けたときの古傷をさすりながら、歯噛みした。わきあがる覇気も、この身ではどうすることもできない。佐兵衛の晩年のこの侠気をみると、老いとは単に衰えることではなく、日々、目の前に現れる新たな出来事に翻弄され続けることだと思わされる。

佐兵衛は、近代社会が求めた多面的な侠客だった。無頼集団の親分、調停役、都市事業の請負（消防・掃除・街頭点灯）、救済事業所の経営、土木事業の請負、興業など、手がけた仕事はじつに多岐にわたる。近代都市が生まれる過渡期は「公共」の担い手が不足していたから、若い労働力を抱えるやくざの働きがもっとも活きたのだ。授産場では八万人もの人々が救われ、七〇〇人が死んだ。

明治三九（一九〇六）年、佐兵衛は長年の社会貢献を報奨され、やがて授産場も整理されると北野に隠居した。この折、佐兵衛を後世に伝えるべく、高野山に銅像を建てようという話が子分内で持ち上がる。佐兵衛は、授産場で死んだ七〇〇人の無縁仏を銅像の周りで一緒に弔うということで承知した。

銅像が完成すると、数百人の子分がそろいの紋付に高張提灯を持ち、木遣り音頭を歌いながら市中を練り歩き、高野山まで運んだ。その盛大な様子は長く語り草となった。

銅像の佐兵衛は、右手に扇子を持ち、天下を見渡すような雄々しい姿だったというが、戦争の折に供出されたため、今は碑だけが残る。だが幸いにも銅像の原型が小林遊園地に残っており、のちに有志が宝塚（兵庫県）の徳密院《とくみついん》に「慈侠窟」と名づけて安置した。

◉災害とやくざの「社会性」

第二章の細谷十太夫《ほそやじゅうだゆう》と衝鋒隊の項目で、東北の「往来宿」について触れた。他国から流入する芸能民や浪人、無宿人らを一時的に留め置く制度・施設で、無宿者宿とも呼ばれた宿だ。仙台や鶴岡城下、大石田町（山形県北村山郡）など東北各地に存在していたことが、史料から判明している。山形を例にとると、紅花生産がさかんで最上川船運を活用する村山地方に往来宿があった。交通と産業の交わる地点、つまりアウトローが発生しやすい条件がそろった場所だ。

往来宿は周辺の治安対策としての機能のほかに、福祉施設としての働きもあり、行き倒れ人や身元が不確かな無宿者を留め置き、療養することもあった。

往来宿の運営者もまた、困窮した町人であった事例が確認されている。つまり、宿泊者と社会的立場が似ていたことになる。領主としては、無宿者が領内に影響を及ぼさないように助成金を与えて往来宿を設置させたのだが、結果的には宿を拠点とした困窮者のネットワークが形成され、生活保護として機能した形跡があるのだ。似た例もある。信州佐久地方では、地域社会に改心圏が形成され、博徒の更生が行われていたという（菅原美咲「入組支配地域の犯罪・紛争処理と地域社会」平川新編『江戸時代の政治と地域社会　第2巻（地域社会と文化）』所収）。

往来宿に集まる人々の生業が下層社会のネットワークによって成り立っていることが背景にあったのだろう。こうした往来宿の性質は、博徒や無宿、盗賊を単に排除・追放するという江戸時代の手法とも、近代国家による囲い込み・労働利用とも異なり、ある種の生活保障ともいえる。博徒組織が本来持つ保護集団としての面が活かされたかのような機能だ。

＊

第四章から見てきたように、戊辰戦争を挟んだ混乱期、戦地となった土地を中心にアウトローが遺体の埋葬を行い、戦後は復興、貧民救済事業など奉仕的な活動を通して地域社会に貢献した。博徒が地域社会に根差して生計を立てるという前提を考えればそれは自然な流れだったが、中には大阪の小林佐兵衛のように、並外れた義侠心を発揮し、後進に影響を与えた事例もある。

彼らが社会奉仕活動を行ったのは、地震や洪水、火災、そして戦争などの大災害によって地域の秩序が崩れようとしていたときである。

災害時、古今東西の被災者に共通してみられるのが、相互扶助により即席の共同体を立ち上げることである。

レベッカ・ソルニットの『災害ユートピア　なぜそのとき特別な共同体が立ち上がるのか』（高月園子訳）は、一九〇六年のサンフランシスコ地震から長期間にわたる綿密な調査・先行研究に基づき、人々が災害時に助け合う「災害ユートピア」の事例を示した著作である。紛争や天災などの災害時には民族にかかわらず人々の間に連帯感がうまれ、共同体ができあがり、体験者は一様に、得も言われぬ幸福感を覚えるという。この「災害ユートピア」は、金銭が役に立たない世界だ。貨幣がない社会では人は本来の利他的な姿に戻り、他人を気にかけ、無料で物や気持ちのやりとりをし、格差や分裂が消える。金を必要としないことで普段の不安や悩みが吹き飛ぶ。

こうした事例の最大の特徴は、人が「利他的」になるということだ。戊辰戦における博徒の遺体埋葬やその後の都市づくり、社会事業、奉仕活動もこれに当てはまる部分が多い。しかもアウトローが主体的に関わったという点では興味深い例ではないだろうか。封建体制からはみ出しながらも、地域社会と結びついていたからこそなしえたことであり、日常のなかに「侠客」が存在した時代ならではの特別な社会である。

「侠客」の時代の終焉へ

◉明治一七年の大刈込

維新後も衰えなかった博徒勢力は、明治一七（一八八四）年、大きな転換期を迎える。全国の大物親分・博徒を一斉に検挙した「賭博犯処分規則」——いわゆる「明治一七年の大刈込」だ。これを機に、追い詰められた博徒たちの中には自由民権運動と関わり、激化事件に加わった者もいた。近代国家が確立したこの時期、博徒の侠客的な面も様変わりし、ひとつの時代の終わりを迎える。

＊

明治一七年の一斉手入れは、博奕が大衆の娯楽として広く定着してきたことを考えても、かなり重い刑罰だった。博奕の取り締まり自体は江戸時代にもあったが、同規則は、博徒集団の行動そのものを取り締まりの対象としていた。また、管轄がそれまでの裁判所から警察に移行したことで、弁護・公判・再審が省かれ、警察権がいちじるしく拡張された。警察は、捕縛した博徒の一時拘留・武器没収・博徒集団の解体・罰金徴発といった非常措置をとることができた。

この大刈込が行われた背景にあったのが、深刻な社会不安である。当時、大蔵卿・松方正義《まつかたまさよし》のデフレ政策によって農村部は不況から抜け出せず、没落した百姓が集団で地主を襲撃し、商家を打ち壊すという事件が続発していた。これに連動して、自由党などの急進派により民権運動が過激化する。慶応期の打ちこわしや一揆における博徒の動きが記憶に新しいこの時代、政府は、博徒集団が運動に結びつくことを恐れた。江戸以来の「地域社会の中の博徒」を根絶やしにするため、大刈込という手段に出たのだ。

大刈込によって、戦闘力を有する大きな博徒集団は徹底的に摘発された。愛知県では、旧尾張藩の集義隊で活躍した北熊一家や平井一家などが対象となり、静岡では次郎長も罰金四〇〇円、懲役七年というきわめて重い刑を受けている。明治一七年一〇月の時点で早くも博徒七二一人が収監された。

平井一家の亀吉の弟・原田常吉は獄中で模範囚として知られたという。あまりに常人ばなれした好人物だったため舎監の同情を集め、釈放を求める嘆願書では常吉が「泥中の蓮」と表現されたほどだ。大刈込を境に、常吉のような「むかしの親分さん」も徐々に姿を消していった。

江戸時代、上州とともに八州外で博徒産地であった甲州でも大量検挙が断行され、村は平和になったかに見えた。だが、一部の者はその後、自由民権運動などの社会運動へ身を投じ、引き続き当局からにらまれるようになる。

江戸時代は地域社会で当たり前の存在だった博徒、親分が非日常的な存在となったことで、「俠客」「義侠」というファンタジー的な要素が強まった面もある。例えば、甲府の早川助重という男は明治三九（一九〇六）年に土地均分論を訴えると、同様の活動をしていた土地復権同志会なる団体が早川を訪ね、こう記録した。――「彼は弱気を扶け強きを折く甲府第一流の義侠家、其名は関東に高し」（高橋修「甲州博徒論の構想」平川新編『江戸時代の政治と地域社会』所収）。また、大正期の山梨県史編纂会も『町村取調書』において、「社会的に顕著なる事跡」を残した者という認識のもと、各町村に「侠客」の調査を依頼したという（同）。この頃には、博徒や侠客という存在は、地域社会で理想化されていたようだ。

◉賭博を監督した旧高崎藩家老

大刈込のあと、一部の博徒は、自由民権運動に加わる者、弾圧する側にまわる者に分かれた。慶応期に、一揆を指導する者と、制圧する側に分かれたのと同じ構図が生まれたのだ。

「明治維新」の成果が現実に定着するのは、明治二〇年代の明治憲法体制と国会開設、資本主義の確立まで待たねばならない。それまでに、国会開設や地租軽減などを訴えたのが自由民権運動である。おもな担い手は豪農層や士族、ジャーナリストだったが、運動が激化すると、地租軽減を望む百姓たちが主力となった。

自由民権運動の激化事件が起きたのは、明治一五～二〇年。明治一五（一八八二）年、福島県令・三島通庸《みしまみちつね》の暗殺をくわだてた「福島事件」を皮切りに関東一円で困民党《こんみんとう》が結成され、明治一七

（一八八四）年に群馬・加波山《かばさん》・秩父《ちちぶ》・飯田・名古屋各事件が起き、翌年の大阪・静岡事件と続く。

一揆型の群馬事件は、博徒が深く食い込んだ事件だ。指導者は自由党員で、旧高崎藩家老・宮《みや》部襄《べのぼる》が組織した自由党系の壮士団体「有信社《ゆうしんしゃ》」に属した。

宮部は廃藩置県後、前橋警察署長を経て東京で代言人《だいげんにん》（弁護士）を務めた。署長時代、碓氷峠で群馬、長野の博徒による出入りが起きたとき、単身で乗り込み、仲裁した。さらに、期限つきで博奕の許可を与え、警察の制服姿でその現場を監督したという豪胆な男で、これを機に北関東の博徒から慕われるようになった。

こうして周辺博徒を従わせた宮部は、藩閥打倒を掲げて有信社を立ち上げると、上州博徒の親分・山田丈之助《やまだじょうのすけ》やその子分たちを活動の前衛隊とした。当時、かつての目明しは警察の手先として密偵を務めており、山田も警察から密偵にスカウトされていたが、断って宮部についたのだった。なお、山田には「当時は大前田英五郎が有名だったが、大前田以上の大親分だった」との評判もあったようだ（旧事諮問会編『旧事諮問録』）。

武装蜂起を目指して有信社に集まった博徒や百姓、猟師らは軍事演習を受け、監視に来た警察を武力で跳ね返した。こうして活動が激化するなかで群馬事件は起きたが、武器不足などにより最終的には失敗する。

◉やくざが加わった「明治維新」

群馬事件にも影響されて起きたのが、秩父（埼玉県秩父市）の困民党による秩父事件である。この事件では、利害が一致した博徒・士族・百姓の三者が公然と協力した。百姓は厳しい地租にあえぎ、博徒は大刈込と農村の荒廃とで賭場の経営が悪化し、士族は支配層から転落して困窮していた。三者は政府および政府と結ぶ地主層に怒りを募らせた。

土地が痩《や》せていた秩父地方では、稲作を補うために養蚕を展開していたが、明治一七（一八八四）年に生糸相場が暴落し、さらに、埼玉県が地租を増額した。秩父郡石間村（埼玉県秩父市）の豪農・加藤織平《かとうおりへい》ら名主層は高利貸に苦しむ百姓を集めて何度か団体交渉を行った結果、単に訴えるだけでは効果がないと実感する。ここに、宮部の配下であった大宮の博徒・田代栄助《たしろえいすけ》が結びつき、武力蜂起が決まる。

百姓らは白襷《しろだすき》に刀剣、竹槍、猟銃を持った江戸時代のような武装姿だったが、一万人にも膨れ上がり、警官隊を突破する。県警からの急報で東京の憲兵隊、東京鎮台《ちんだい》から歩兵一個大隊が出動する騒ぎとなった。警察隊らは九日間苦戦を強いられた末、鎮圧した。

一方、同年に起きた名古屋事件は自由党員が首謀し、政府転覆を狙ったクーデター型の事件だった。活動資金は強盗によってまかなわれ、その犯人の背後では旧尾張藩集義隊に加わった博徒が絡んでいた。

廃藩置県後に解体を命じられた集義隊《しゅうぎたい》は、その後六年間、近藤実左衛門《こんどうじつざえもん》が中心となって士籍と録を取り戻すための請願運動を展開した。運動の総代表を務めた博徒・大島渚《おおしまなぎさ》と近藤は、しばしば東京の内務・大蔵両省へ出願に出向き、私費を投じ、体を削って運動に打ち込んだ。その甲斐あって明治一一（一八七八）年には願いが叶い、この活動を通して博徒たちは名古屋事件へと移ったのだ。名古屋事件では、大島が処刑されて幕を閉じた。

一連の激化事件は、集会条例により運動への暴力的な弾圧が強化されたことで行き詰まっていった。

幕末から自由民権運動までの博徒史を俯瞰すると、明治維新とは、政府が勤王・佐幕それぞれの博徒を取り込み、さらにそのなかで生まれた「民権博徒」を制圧していった過程でもあったといえる。明治維新には博徒までもが関わっていて、その後は過渡期の地域社会に貢献した者もいたという事実は、歴史の多面性や人間の複雑さをよく示している。

*

博徒の多くが幕末期に博徒が縄張り争いに明け暮れた一方、「志士」たちはこの時代を暴力の時代にもした。後者が、大義名分のもとに略奪や殺人、強姦、放火を正当化したのもまた、事実だ。暴力性で共通する両者を並べたとき、「悪」とはなにか？　という命題が、歴史の淵から立ち上ってくるようでもある。

本書に登場した多くの博徒が姿を消した明治二〇年代、いわゆる文明化が一段落し、以後、近代化というブルドーザーが強制的にならしていった日本列島はみごとに均質化されていった。そして、誰もが悪に落ち、悪に惹かれるということが当たり前だった時代も終わりを迎えた。

再び戦地へ――近代やくざとメディア戦略

◎国主導の産業をシノギに

明治一七（一八八四）年の博徒大刈込は、博徒集団に打撃を与えた。しかし、息を吹き返し、日清・日露両戦争の好景気を受けて失地を回復していった勢力もあった。

この時代になると、収入源も、幕末期の博徒専業的な形態から変わり、寄生的な花柳界・興業界、産業資本を背景とした土建業・炭鉱業などにシフトした。花柳界では、廓《くるわ》の運営、用心棒の手配、遊女の逃亡の監視といった規則的な仕事、興業では縄張り内での興業や権利主張、挨拶料の徴収。土建、炭鉱業は人足の供給、逃亡の防止、現場監督、飯場《はんば》の経営などがおもな仕事内容だった。

このなかでも、土建・炭鉱業への労働力の供給は、江戸初期からの口入屋の系譜を引くやくざの伝統的な稼業であり、参入しやすかったことから、土建請負業に鞍替えする者は多かった。初期には官庁や軍など官製事業の大口受注、明治中期から大正時代には国内鉄道および日清・日露戦争・大陸侵略にともなう内外の大規模な軍施設の建設、系列の産業資本の土木建設などが、土建業界を活気づけた。

大正二（一九一三）年三月二〇日付『上毛新聞』の「所謂《いわゆる》上州博徒、其系統と改悛《かいしゅん》者《しゃ》」という記事には、当時の上州博徒の職業・住所・名前が記され、実態をうかがうことができる。職業で目立つのは料理店、土方業、製糸業、土木請負業で、江戸時代の博徒にも多かった。料理店の経営を除くと、他は近代産業の波に乗った職業である。記事にはまた、「県下博徒二六系統のうち改悛したる者は三五七名にして、博徒総数七〇四名に対し約半数」とあり、総数としてはかなり減ったことが推測できる。

◎従軍志願したやくざたち

明治以降、多くのやくざが参入した土木建築・炭鉱業は、政商でもある独占資本と密着していた。そのため、仕事を介して地方政界、中央政界に進出したやくざも少なくない。近代やくざは、自由民権運動への参加、明治一七年の大刈込という二つのステップを経て、政界進出を果たした。

自由民権運動の頃、博徒は政府側の御用博徒と民権運動側の野党博徒に分かれていたが、政党政治の時代になると、与野党の院外団（圧力団体）として暴力装置を任じ、やがてそのなかから一部が右翼団体に派生する。ここに加わったやくざは、アジアへの進出が加速すると、その背後で暗躍した。

明治二七（一八九四）年、朝鮮で農民の反乱である東学党《とうがくとう》の乱が起きると、日本政府は大鳥圭介《おおとりけいすけ》が海兵隊数百を率いて京城《けいじょう》に入るなどして鎮圧を始めた。朝鮮進出を狙っていた日本と清国の緊張は高まり、日本各地からで義勇兵に志願する声が上がった。

志願者のなかには博徒も少なくなかった。東京の大親分として知られた「石定《いしさだ》」こと高橋文吉《たかはしぶんきち》は、東京の子分衆を一〇〇〇人集めて従軍しようと奔走した。愛知県では、近藤実左衛門を祖とする北熊一家と信濃屋一家の総裁、中條増右衛門も子分三〇〇人と名乗りを上げた。

こうした流れは日露戦争の頃まで続き、当時、新聞紙上では、博徒が志願を申し入れる手紙を掲載したり、博徒のイメージアップにつながる記事が増えたりして、戦争協力ムードを盛り上げた。

例えば、明治三四（一九〇一）年には『日出国新聞《やまと》』が「富士見一三州（駿河・遠江・相模・甲州・信濃・上野・下野・武蔵・伊豆・安房・上総・下総・常陸）の侠客人気投票」を行い、投票結果を七月から九月二一日まで連日、紙面で発表した。現在では考えられない記事だが、戦争に向かう機運のなか、人気を博したようである。九月七日付の紙面では八位（五九九六票）に、今も下町でその名を知られる「佃政《つくまさ》」こと金子政吉《かねこまさきち》の名があり、九月二〇日には六位（四五七九二票）に上昇している。

かつての博徒狩りは不況や政治の行き詰まりを背景にしていたが、再び戦争の兆しが見えると、新聞はそれまでの「破落戸《ごろつき》」「無頼漢」といった言葉を使わず、「侠客」と表現して戦意高揚に加担したのだった。

明治の講談ブームのなかでも、西南戦争や日清戦争、日露戦争を背景にした時事講談がおおいに受けた。時事講談とは、時事報道や戦争報道を講談化したもので、江戸の軍談の系統である戦争ネタは特に評判がよかった。

京都・伏見を拠点とした砂子川《すなこがわ》一家の親分・西村伊三郎《にしむらいさぶろう》は日露戦争で軍夫の募集がかけられると、伏見第一六師団から要請を受けて従軍。子分五〇人余りを引き連れて兵站を担当し、旅順《りょじゅん》攻撃、二〇三高地の戦いにも加わり、多くの子分を亡くした。戦後、軍は褒章として、伊三郎の求めに応じて陸軍の山形のシンボルを代紋として使うことを許した。さらに、馬用の藁《わら》の独占納入の権利も与えた。

戊辰戦争で証明されたように、実際にやくざは戦争で力を発揮し、彼らの滅私《めっし》の精神は戦争協力に結びつきやすかった。ただ、利用されて捨てられた者もいた戊辰戦争の頃とは違い、伊三郎のようにしたたかな者が現れたことは、やくざが産業・資本主義・政治・軍という「国家」と、利権がらみで結びついていったことを示している。

【主要参考文献】

旧事諮問会編、進士慶幹校注『旧事諮問録：江戸幕府役人の証言』（上）（下）岩波書店
武陽隠士著、本庄栄治郎校訂、奈良本辰也補訂『世事見聞録』岩波書店
篠田鉱造『幕末百話』岩波書店
篠田鉱造『明治百話』（上）（下）岩波書店
府中市郷土の森博物館編・刊『アウトローたちの江戸時代：19世紀の府中の世相』
国立歴史民俗博物館編『民衆文化とつくられたヒーローたち―アウトローの幕末維新史―』歴史民俗博物館振興会
落合延孝『八州廻りと博徒』山川出版社
猪野健治『やくざと日本人』筑摩書房
平川新『日本の歴史12　開国への道』小学館
牧原憲夫『日本の歴史13　文明国をめざして』小学館
萩原進『群馬県遊民史：県民性と青少年犯罪の史的背景』上毛新聞社
増川宏一『賭博の日本史』平凡社
岩井弘融『病理集団の構造』誠信書房
藤田五郎『公安百年史：暴力追放の足跡』公安問題研究協会
三田村鳶魚『侠客と角力』青蛙房
稲垣史生編『三田村鳶魚江戸生活事典』青蛙房
高橋敏『国定忠治』岩波書店
高橋敏『国定忠治を男にした女侠　菊池徳の一生』朝日新聞社
高橋敏『清水次郎長―幕末維新と博徒の世界』岩波書店

高橋敏『博徒の幕末維新』筑摩書房
佐橋法龍『清水次郎長伝』三一書房
尾形鶴吉『本邦俠客の研究』博芳社
司馬遷著、野口定男訳『史記列伝』(三) 平凡社
「歴史的事実とは何か－文字資料と非文字資料のあいだ－(宮地正人、中村正則対談)」神奈川大学リポジトリ『非文字資料研究ニュースレター』(05：04－09) 所収
高尾善希「幕末期関東村落における博徒集団と地域社会――武蔵国多摩郡・入間郡域の事例を中心に」遊戯史研究編集部『遊戯史研究』(21) 遊戯史学会事務局 所収
高橋修「甲州博徒論の構想」平川新編『江戸時代の政治と地域社会2 地域社会と文化』清文堂出版 所収
安丸良夫『一揆・監獄・コスモロジー：周縁性の歴史学』朝日新聞社
エリック・ホブズボーム著、船山榮一訳『匪賊の社会史』筑摩書房
氏家幹人『サムライとヤクザ－「男」の来た道』筑摩書房
皆木繁宏『小金井小次郎伝』小金井新聞社
柳亭種彦・高畠藍泉『慶応水滸伝：落花清風』日吉堂
礫川全次『アウトローの近代史』平凡社
柳田国男監修『民俗学辞典』東京堂出版
有賀喜左衛門『有賀喜左衛門著作集』未来社
芳賀登『草莽の精神』塙書房
原口清『戊辰戦争』塙書房
石川孝『戊辰戦争論』吉川弘文館
東京日日新聞社社会部編『戊辰物語』万里閣書房

江北散士『烏組隊長細谷十太夫』江北書屋
野口武彦『幕府歩兵隊：幕末を駆けぬけた兵士集団』中央公論新社
野口武彦『幕末気分』講談社
三浦雅士『身体の零度：何が近代を成立させたか』講談社
長谷川昇「変革期における庶民エネルギーの源泉—博徒—草莽隊—「愛国交親社」の系譜に探る—」『思想』（663）岩波書店　所収
長谷川昇『博徒と自由民権名古屋事件始末記』平凡社
清水勝一『戊辰戦争咄　尾張藩草莽集義隊（小荷駄）日記』清水勝一
長谷川伸『佐幕派史談』大道書房
宮武外骨『明治密偵史』有限社
仲田正之『江川坦庵』吉川弘文館
松浦玲『新撰組』岩波書店
宮地正人『歴史のなかの新選組』岩波書店
佐藤文明『未完の「多摩共和国」：新選組と民権の郷』凱風社
水谷憲二『「朝敵」から見た戊辰戦争：桑名藩・会津藩の選択』洋泉社
東行庵著・刊『高杉晋作と奇兵隊』
一坂太郎『晋作と龍馬』春風文庫
一坂太郎『高杉晋作の「革命日記」』朝日新聞出版
大石学編『一九世紀の政権交代と社会変動：社会・外交・国家』東京堂出版
上毛郷土史研究会編・刊『上毛及上毛人』（100）
浅田晃彦『上州遊侠大前田英五郎の生涯』新人物往来社

幸田露伴『侠客の種類』作品社
鷲尾雨工『東海片割れ月』蒼生社
伊藤仁太郎『快傑伝』平凡社
相原言三郎（燕石會發行）「日柳燕石」　三田史学会『史学』18（4）慶応義塾大学　所収
草薙金四郎『勤王奇傑日柳燕石伝』文友堂
伊藤克司「19世紀前半の美濃国における伝説と身分的周辺―義賊鼠小僧次郎吉・流行神はだか武兵衛・やくざ水野弥太郎を題材として」岐阜県教育文化財団歴史資料館編・刊『岐阜県歴史資料館報』（19）所収
伊藤克司「水野弥太郎親分と新選組・赤報隊」西脇康編『新選組の論じ方：新選組史料フォーラムから』マツノ書店　所収
伊原青々園・後藤宙外編『唾玉集：明治諸家インタヴュー集』平凡社
勝海舟著、江藤淳編『氷川清話』講談社
山川浩『京都守護職始末』沼沢七郎
函館市史編さん室『函館市史　通説編』（第2巻）函館市
大鳥圭介著、山崎有信編『大鳥圭介何柯紀行』平凡社
山崎有信『大鳥圭介伝』マツノ書店
須藤隆仙『箱館戦争史料集』新人物往来社
石川安次郎『沼間守一』毎日新聞社
小倉鉄樹『おれの師匠』島津書房
『渡島国戦争心得日誌　明治元戊辰年』函館市中央図書館所蔵デジタルアーカイブデジタル資料館
高崎市市史編さん委員会『新編　高崎市史　資料編14　社寺』高崎市
高崎市市史編さん委員会『新編　高崎市史　通史編3　近世』高崎市

細野格城『高崎五万石騒動』あさを社
西尾祐吾「小林授産場の研究」第一福祉大学『第一福祉大学紀要』（2）所収
船橋半三郎『小林佐兵衛伝』小林佐兵衛米寿祝賀会
「司馬遼太郎『俄：浪華遊侠伝』の幕末大阪：『小林佐兵衛伝』との比較から」『阪神近代文学研究』（15）阪神近代文学研究会　所収
原田敬一「侠客の社会史—小林佐兵衛と大阪の近代」佐々木克編『それぞれの明治維新：変革期の生き方』吉川弘文館　所収
新聞集成明治編年史編纂会編『新聞集成明治編年史』（第1巻、6巻）林泉社
布川清司『近世町人思想史研究：江戸・大坂・京都町人の場合』吉川弘文館
レベッカ・ソルニット著、高月園子訳『災害ユートピア　なぜそのとき特別な共同体が立ち上がるのか』亜紀書房
アンドリュー・ゾッリ著、アン・マリー・ヒーリー著、須川綾子訳『レジリエンス 復活—あらゆるシステムの破綻と回復を分けるものは何か』ダイヤモンド社
塩見鮮一郎『弾左衛門とその時代：賤民文化のドラマツルギー』批評社
横山源之助『日本の下層社会』岩波書店

【図版協力・出典】
函館市中央図書館
国立国会図書館
ボストン美術館ほか

伊藤春奈（いとう・はるな）

1978年生まれ。長野県出身。立命館大学産業社会学部産業社会学科卒業。大学在学中にライターとして文筆活動を開始。出版社、編集プロダクションでの勤務を経て、2006年に編集者・文筆家として独立する。幕末維新期を中心に、おもに歴史・文芸に関する書籍・雑誌等の企画・製作・執筆を行っている。著書に『真説！幕末キャラクター読本』（アスペクト、2010年）、『勘太郎とは誰なのか？　伊那谷の幕末維新と天狗党』（信濃毎日新聞社、2014年）がある。

幕末《ばくまつ》ハードボイルド

明治維新《めいじいしん》を支《ささ》えた志士《しし》たちとアウトロー

●

2016年12月28日　第1刷

著者…………伊藤春奈《いとうはるな》

装幀…………藤田美咲

発行者…………成瀬雅人
発行所…………株式会社原書房

〒160-0022 東京都新宿区新宿 1-25-13
電話・代表 03（3354）0685
http://www.harashobo.co.jp
振替・00150-6-151594

印刷…………シナノ印刷株式会社
製本…………東京美術紙工協業組合

©Ito Haruna, 2016
ISBN978-4-562-05365-0, Printed in Japan